本书系北京市教育科学“十四五”规划
北京市教育学会 2021 年度研究课题
以中华传统美德故事为载体实施幼儿品格教育的研究
课题编号 MYYB2021--017 研究成果

经典故事助力幼儿成长

幼儿园基于传统美德故事的课程实践

李伟◎主编
吴春雪　张雪◎副主编

九州出版社
JIUZHOUPRESS

图书在版编目（CIP）数据

经典故事助力幼儿成长：幼儿园基于传统美德故事的课程实践 / 李伟主编. —北京：九州出版社，2022.1

ISBN 978-7-5225-0799-6

Ⅰ.①经… Ⅱ.①李… Ⅲ.①故事课—学前教育—教学参考资料 Ⅳ.①G613.3

中国版本图书馆CIP数据核字（2022）第011129号

经典故事助力幼儿成长：幼儿园基于传统美德故事的课程实践

作　　者　李　伟　主编
责任编辑　安　安
出版发行　九州出版社
地　　址　北京市西城区阜外大街甲35号（100037）
发行电话　（010）68992190/3/5/6
网　　址　www.jiuzhoupress.com
印　　刷　天津中印联印务有限公司
开　　本　710毫米×1000毫米　16开
印　　张　18.5
字　　数　300千字
版　　次　2022年1月第1版
印　　次　2022年1月第1次印刷
书　　号　ISBN 978-7-5225-0799-6
定　　价　59.00元

编委会名单

序言

随着《幼儿园教育实施指导纲要（试行）》《3~6岁儿童学习与发展指南》《幼儿园工作规程》的颁布，我国幼儿教育改革迎来了新的春天，“更新教育观念，改革课程实践，实施素质教育，促进幼儿发展”是幼教工作者的不懈追求。

近年来，密云区第一幼儿园不断尝试、积累，通过“快乐发展”基础课程、“民族情”特色课程、“世界风”拓展课程的有机组合，以“多元共育 快乐发展”课程体系总目标为方向，综合分析幼儿各方面水平，如知识、能力、情感等，紧密围绕园所的科研课题深入挖掘和传承中国优秀传统文化。密云一幼结合幼儿的年龄特点、发展水平、园所及社区资源，合理地将预成课程与生成课程相结合，开发了“中国娃”系列主题活动，即明理中国娃、乐群中国娃、智慧中国娃、自信中国娃、仁爱中国娃、健康中国娃、美丽中国娃、阳光中国娃等，主要关注教育总目标、年龄段目标、近期教育目标的适应关系；关注幼儿已有经验、水平与发展可能性间的适应关系；在分析幼儿优缺点，找到提升点的基础上制定主题目标，从而构成幼儿丰富多彩的成长空间。

密云一幼以新课程理念为指导，围绕课程目标，全面分析课程内容与幼儿发展、幼儿需要之间的关系，充分利用家园社教育资源，选择适合的活动内容与组织形式，为幼儿提供最适合的成长土壤，为一线教师搭建一个“支架”和“平台”，帮助他们理解教育观念，促进新观念向实践的转换，成为园所梯队建设的抓手，促进园所优质高效发展，辐射带动区域课程扎实推进。

密云一幼人以“匠人匠心”的精神打磨园本课程。我们坚信《经典故事助力幼儿成长》是一套开卷有益的资源，希望幼儿和幼教人都能成为受益者。

刘秀红

北京市密云区教育委员会副主任

2021 年 9 月

前 言

传统文化是一个民族的根，是一个民族的标志，也是一个民族的骄傲。一个民族想要立足于世界，立足于全人类，在积极吸收国外文化精髓的同时，必先注重自身的民族文化，继承并发扬属于自己的民族精神。我国“十三五”规划建议提出，要“构建中华优秀传统文化传承体系，加强文化遗产保护，振兴传统工艺，实施中华典籍整理工程”。中华文明之所以源远流长，历经5000多年而不衰，就是因为没有抛弃传统，没有割断精神命脉，其“根”其“魂”一直绵延至今。

密云一幼深刻理解传承弘扬优秀传统文化重大意义，根据幼儿的成长规律和年龄特点，在“多元共育　快乐发展”课程理念的引领下，对传统经典故事进行资源整合，将故事运用到教学过程中。故事教学是幼儿园教育中的一种重要手段，是幼儿园教育必不可少的组成部分，对培养幼儿良好的品德、提高幼儿的语言表达能力、丰富扩大幼儿的知识面具有积极的作用。

幼儿教育，是开发幼儿潜能的重要教育阶段。故事，是幼儿喜爱的文学形式，他们喜欢听故事，可以在故事中得到有利于个人成长的信息。当代幼儿教育从业者应当认识到经典故事的重要性，开发有效的教学方法，促进经典故事教育作用的发挥。

密云一幼采用经典故事进行幼儿教学，让幼儿在活动中倾听故事，有利于幼儿形成自己的感受与体验，促进幼儿创新能力与表达能力的提高，让幼儿在学习语言的同时也能提高审美能力。

《经典故事助力幼儿成长》根据幼儿实际情况，选择适合幼儿阅读的经典故事，开发了“中国娃”系列主题活动，包括明理中国娃、乐群中国娃、智慧中国娃、自信中国娃、仁爱中国娃、健康中国娃、美丽中国娃、阳光中国娃等，收集整理了小、中、大三个年龄班共24个主题活动案例。

经典动人的生活故事、奇妙有趣的知识故事、聪明机智的名人故事、神秘好玩的民间故事，这里的每一个故事都会让孩子有不一样的体验，体会不一样的乐趣，学习到更多的知识。

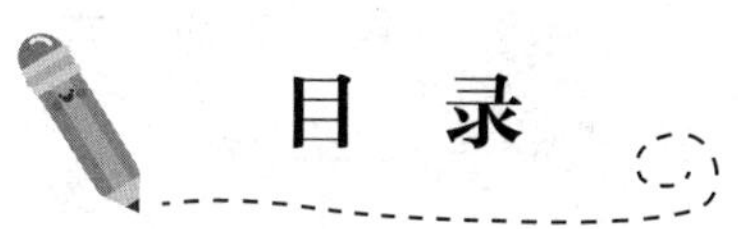

目　录

第一章　明理中国娃

第二章　乐群中国娃

第三章　自信中国娃

第四章 智慧中国娃

第五章 仁爱中国娃

第六章 健康中国娃

第七章　美丽中国娃

第八章　阳光中国娃

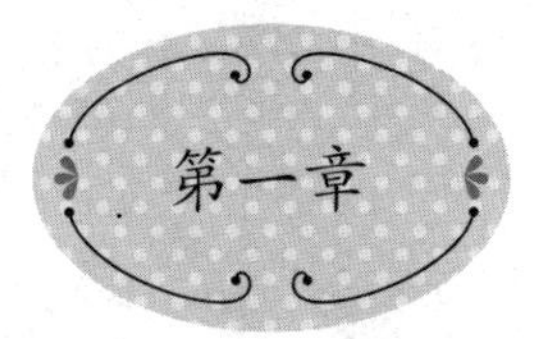

明理中国娃

明理，寓意明白是非，通晓做人、做事的道理。我国素有“礼仪之帮”“文明古国”的美誉，讲文明、懂礼貌、明事理是我国人民的传统美德。密云一幼一直致力于培养幼儿良好的思想道德素质和行为习惯。幼儿园结合幼儿小、中、大各年龄段的学习特点和发展水平，选取传统经典故事，如《懂礼貌的小白兔》(小班)、《孔融让梨》(中班)、《一诺千金》(大班)，开展主题活动，重点进行幼儿生活常规礼仪教育，以幼儿喜闻乐见的形式在一日生活中影响、渗透，促进幼儿良好生活常规及文明礼仪的养成。

小班：主题活动——懂礼貌的小白兔

主题活动由来

对于刚入园的小班小朋友来说，快速适应集体生活是他们的首要任务。我发现，每天小朋友来园时，都是老师主动和小朋友问好，大部分小朋友还不能主动和老师打招呼。针对这样的现象，我在午休前给小朋友讲了《懂礼貌的小白兔》这个故事。小朋友们听得很开心，时不时地问："老师，小兔子怎么问的路？""老师，小兔子后来又迷路了吗？""老师，小兔子真有礼貌！"为了让幼儿理解故事内容，养成讲礼貌的好习惯，我们生成了本次主题活动。

主题活动目标

1. 幼儿能够认真倾听故事，了解故事主要情节。
2. 知道礼貌用语的含义，能在成人提醒下恰当地使用基本礼貌用语。
3. 仔细观察小兔子，发现小兔子的明显特征，具有初步的探究能力。
4. 用简单的色彩给小兔子的裙子进行拓印装饰。
5. 观察食物，然后和图片一一对应。
6. 积极参加角色扮演游戏。
7. 想加入同伴的游戏时能友好地提出请求。
8. 培养幼儿平稳地双脚连续向前跳的能力。

主题活动思维导图

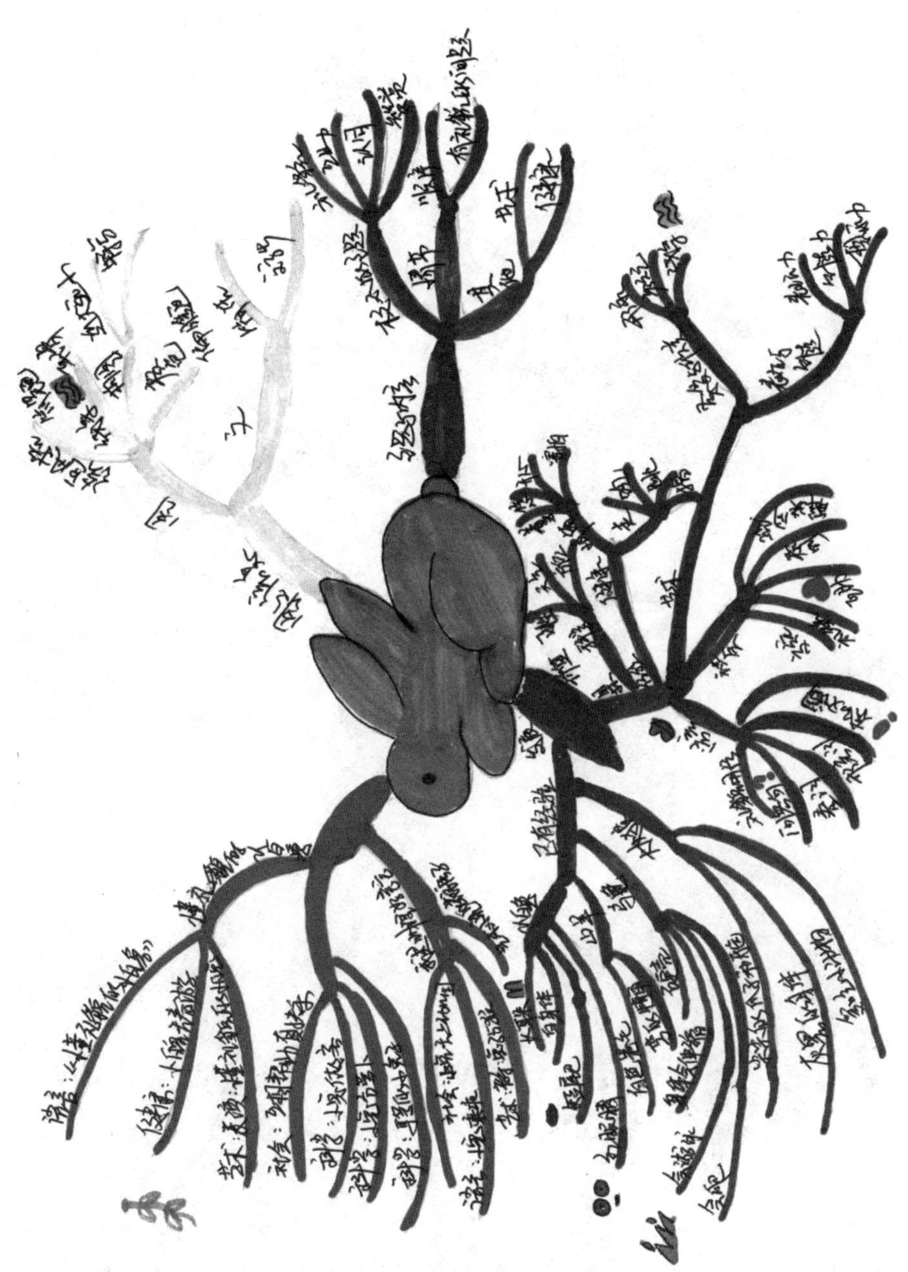

主题活动网络图

主题活动案例

活动一（语言领域）：故事讲述《懂礼貌的小白兔》

【活动由来】

在一次午睡环节，我给小朋友们讲述了《懂礼貌的小白兔》这个故事。小朋友们很感兴趣，追着我问小兔子后来又遇到了什么事情，为了满足小朋友们的好奇心，同时培养小朋友们礼貌用语习惯，我们开展了此次活动。

【活动目标】

1. 小朋友们能够认真倾听故事，并简单复述故事情节。

2. 在活动中愿意表达自己的想法，能够使用基本的礼貌用语，如早上好、再见、谢谢、不客气。

【活动重难点】

活动重点：能够使用基本的礼貌用语。

活动难点：简单复述故事情节。

【活动准备】

经验准备：幼儿听过老师讲这个故事。

物品准备：绘本、小兔子玩偶。

【活动过程】

1. 教师用谜语导入活动，激发幼儿学习兴趣。

师：今天老师给大家说一个谜语，耳朵长长吃蔬菜，蹦蹦跳跳真可爱。你们猜猜它是谁？小朋友们知道它是谁了吗？

2. 出示绘本，第一遍讲述故事，幼儿熟悉故事情节。

师：这个故事叫什么？小兔子遇到了什么事情？小兔子都是怎么问路的？

3. 再次出示绘本，第二遍讲述故事，幼儿认真倾听。

教师头戴小兔子头饰进行角色扮演，请幼儿说一说小兔子在遇到困难时应该怎么说。

师：小白兔迷路了，它向谁问路？是怎么问的？小兔子发现河上没有桥，请谁来帮忙？是怎么说的？大乌龟听了感觉怎么样？大乌龟是怎样夸小白兔的？鹿妈妈家的门开着，为什么小白兔不进去？小白兔是怎样说的，怎样做的？

4. 教师提出问题，幼儿自由表达自己的想法。

师：你喜欢小白兔吗？为什么？如果你是小白兔，你会怎么做呢？

5. 教师总结。

小白兔有礼貌地问路，在大家的帮助下回了家，我们都很喜欢它。小朋友们要向小白兔学习，与人见面时要主动打招呼说“你好”，获得别人帮助时要说“谢谢”。

【活动延伸】

请小朋友回家和家人说一说礼貌用语。

活动二（健康领域）：户外游戏“小兔子去春游”

【活动由来】

听了《懂礼貌的小白兔》这个故事后，小朋友们都向懂礼貌的小兔子学习。他们将小手比作小兔子的耳朵，学着小兔子蹦跳，在进行户外体育游戏时与同伴友好相处、团结合作，提高了动作协调性和灵活性。

【活动目标】

1. 培养学生的参与意识。
2. 在学乌龟爬、小兔子跳的游戏中，能平稳地双脚连续向前跳。
3. 在“小兔和狐狸”游戏中，提高动作的协调性和灵活性。

【活动重难点】

活动重点：学会与同伴合作，体验运动的挑战与快乐。

活动难点：双脚连续跳。

【活动准备】

经验准备：幼儿会小兔跳。

物品准备：每人一个呼啦圈、小兔头饰、小乌龟头饰。

【活动过程】

1. 激发幼儿参与体育活动的兴趣。

（1）教师当妈妈，带小兔出去玩。（“开火车”出场）

师：空气真好，让我们一起来锻炼身体吧！（做呼啦圈操）

2. 出示小兔子头饰，引起幼儿兴趣。幼儿学小兔平稳地双脚连续向前跳。

（1）幼儿自由学小兔跳。

师：每只“小兔子”开始小兔跳，看看哪只“小兔子”跳得高。

（2）增加难度，引导幼儿连续跳。

师：兔妈妈发现，每只小兔子都跳得很高。现在兔妈妈要增加难度了，看看是不是每只小兔子都能平稳地双脚连续向前跳。

3. 游戏“小兔和狐狸”，提高幼儿动作的协调性和灵活性。

（1）游戏规则。

一名幼儿扮狐狸，几名幼儿站在椅子上扮大树，其余幼儿蹲成一个大圆圈代表森林。

游戏开始，老师（兔妈妈）说：“今天天气真好，咱们到树林里去玩，好吗？”

幼儿们头戴兔头饰，边唱儿歌边双脚跳入圆圈：“小白兔，耳朵长，树林里边捉迷藏；采蘑菇，喜洋洋，当心狐狸莫上当！”

唱完儿歌后，“小兔”在“大树”周围跳、跑、蹲下采蘑菇，“树枝”随风自由摆动。

当“兔妈妈”说：“狐狸来了！”“狐狸”即从家跑出捉“小兔”，被捉到的“小兔”自觉到“狐狸”家蹲下。若“小兔”蹲在“大树”旁，表示“小兔”已进洞，“狐狸”则不能去捉洞中的“小兔”。捉6~10只“小兔”后，互换角色，游戏重新开始。

（2）游戏规则。

“小兔”要边说儿歌边做双脚向上跳的动作。

当听到“狐狸来了”，“狐狸”才能开始捉“小兔”。

“小兔”蹲到树旁时，“狐狸”就不能再抓它。

4. 总结。教师表扬幼儿，鼓励幼儿积极参与各种体育活动。

师：今天每只小兔都表现得很棒，兔妈妈相信，在以后的生活中，你们学到的本领会越来越多，现在太阳要下山了。我们一起回家吧！

【活动延伸】

在以后的体育活动中，继续练习小兔跳。

活动三（艺术领域）：绘本表演《懂礼貌的小白兔》

【活动由来】

在《懂礼貌的小白兔》主题活动中，我们发现小朋友们初步理解了《懂礼貌的小白兔》的故事情节，非常喜欢故事中的动物形象。他们时常模仿小兔、小羊、大灰狼的动作。在娃娃家活动中，我们为小朋友们准备了炊具、餐具和食物，小朋友们主动扮演故事中的角色并做游戏，如羊妈妈给小羊做饭等。他们萌生了表演的欲望。为进一步提高小朋友们的表现能力，我们根据小朋友们的兴趣爱好和实际生活经验，结合主题内容，开展本次主题表演活动。

【活动目标】

1. 在轻松、和谐的氛围中，小朋友积极参加故事表演活动。

2. 在熟悉故事情节的基础上，学会表达、交流自己的想法和感受。

3. 根据小朋友自己对故事的理解，模仿小兔子的形象和动作，尝试加入自己的想象和创造。

【活动重难点】

活动重点：积极参与故事表演活动，进一步理解故事内容。

活动难点：大胆表现自己的想法和感受，尝试加入自己的想象和创造。

【活动准备】

经验准备：幼儿熟悉《懂礼貌的小白兔》故事情节，了解主要角色的特征、动作等。

物品准备：将自制的大树、草、蘑菇道具布置在舞台上，篮子，小兔、小羊、羊妈妈、乌龟爷爷、大灰狼头饰，地上画有小兔、小羊、乌龟爷爷、大灰狼的家，背景音乐，《懂礼貌的小白兔》故事课件。

【活动过程】

1. 复述故事《懂礼貌的小白兔》，回忆故事情节。

（1）边看故事课件边集体复述故事，熟悉故事情节。

师：有一只非常懂礼貌的小白兔，今天到我们班做客，我们一起来讲一讲小兔子的故事吧。

（2）分角色复述故事，熟悉故事对话。

游戏“小动物找家”，分角色复述故事中的对话。

师：每种小动物都有自己的家，请小朋友选择自己喜欢的动物，站到自己的家里面。小动物们都找到了自己的家，我们再来讲一遍故事，兔宝宝们要学说小白兔的话，羊宝宝们学说羊的话，乌龟宝宝们学说乌龟的话，狼宝宝学说大灰狼的话。

2. 模仿游戏“有样学样”，丰富语言、动作、表情等表演经验。

（1）模仿小兔出场动作。

你觉得小兔出场时可以用什么动作？它会是什么表情？请大家学一学。

（2）模仿小兔迷路时的表情和语言。

小兔迷路时会是什么表情？可能说什么？做什么？

（3）模仿小兔接受羊妈妈帮助后表情的做法。

小兔接受羊妈妈帮助后会是什么表情？会怎么做？

（4）模仿小兔看到大灰狼的动作和表情。

小兔看到大灰狼会是什么表情？会怎么做？

（5）学一学小兔回到家里见到妈妈的表情、语气、动作。

小兔见到妈妈会是什么表情？会和妈妈说什么？做什么？请大家学一学。

（6）教师小结，丰富幼儿的表演经验。小兔在不同的情况下会使用不同的语气、表情、动作，如采到蘑菇时特别高兴，会开心地蹦跳、拍手；见到大灰狼时特别害怕，会快速逃跑；见到兔妈妈时觉得特别安心，因为妈妈会保护自己，这时候小兔可能会亲亲妈妈、抱抱妈妈。小朋友在表演时，可以用自己的语气、表情、动作来表现小动物的心情。

3. 表演节目，表达自己对故事的理解。

（1）分组表演（多个幼儿扮演一个角色）。请小朋友们选择自己喜欢的角色，戴好头饰，我们来表演《懂礼貌的小白兔》。

（2）小朋友们在表演的时候，能够清楚地说出对话，有的还加上了自己的动作，如硕硕在表示小兔高兴的时候跳着转了个圈，玲玲在看到大灰狼后捂住了嘴巴。小朋友们都是优秀的小演员。看看谁最勇敢，自己到舞台上表演给大家看！

（3）游戏“我是小演员”。接下来我们要评选最佳小演员，请小朋友们再来表演节目，每个角色由 1~2 人扮演。小兔子和其他小朋友一起做评委，选出最佳小演员。

4. 教师小结。

故事中的小兔子特别有礼貌，在接受别人帮助的时候总能够礼貌地说“谢谢”。小朋友们在表演节目时，也像小兔一样有礼貌。有的小朋友不小心碰到别人，主动说“对不起”，还有的小朋友在发现别人需要帮助的时候主动帮忙，真是懂礼貌的好孩子。小朋友们在生活中也要友好相处，遇到事情懂得分享、互助。

【活动延伸】

将表演道具投放到表演区，幼儿在相应区域继续进行表演活动。

活动四（社会领域）：人际交往“互相帮助真快乐”

【活动由来】

通过学习故事《懂礼貌的小白兔》，小朋友们懂得了互相帮助的道理，主动对帮助自己的人表示感谢。绘画活动中，凡凡妈妈提前来接凡凡，旁边小朋友帮他收画笔、插椅子。离凡凡位置比较远的几个孩子也过来帮忙，但是他们不知道能帮凡凡还做些什么。小朋友们有帮助同伴的愿望，愿意为同伴做一些力所能及的事情，但生活经验不够丰富，为了发展幼儿交往与互助能力，根据幼儿的兴趣和原有经验，结合主题活动，开展此项活动。

【活动目标】

1. 在别人遇到困难的时候，主动提供帮助，为自己的善良行为感到快乐。

2. 通过观察发现可以帮同伴做的事情，学习关心、帮助身边的人，学习互助的方法。

3. 在帮助别人的过程中，做力所能及的事情，有初步的自我保护意识。

【活动准备】

经验准备：幼儿熟悉故事《懂礼貌的小白兔》，懂得在生活中互相帮助的道理。

物品准备：幼儿和教师互相帮助的照片，故事《蒲公英妈妈和小蚂蚁》。

【活动重难点】

活动重点：能够帮助小朋友做力所能及的事情。

活动难点：知道别人在什么时候需要帮助，并提供帮助。

【活动过程】

1. 聆听“蒲公英妈妈和小蚂蚁”的故事，感受帮助别人的快乐。

（1）教师完整讲述故事，幼儿欣赏。

今天，我们来听一个好听的故事——《蒲公英妈妈和小蚂蚁》。请小朋友们仔细听一听，蒲公英妈妈和小蚂蚁为什么能成为好朋友？

（2）教师小结，幼儿进一步理解故事。

故事中，当小蚂蚁感觉很冷时，蒲公英妈妈就用叶子盖起房子，帮助小蚂蚁取暖；当大青虫吃蒲公英妈妈叶子时，小蚂蚁帮助蒲公英妈妈赶走大青虫，蒲公英妈妈还让自己的孩子送小蚂蚁回家。在别人遇到困难时能够主动帮忙，它们都是好样的，我们应该向它们学习，彼此互相帮助。

2. 观察幼儿互相帮助的照片，了解帮助同伴的方法。

（1）看一看：观察照片内容。

请小朋友用亮亮的眼睛看一看，照片上有谁？他们在做什么？

（2）想一想：别人帮助自己的事情。

你遇到困难的时候谁帮助了你？他是怎么帮助你的？得到别人的帮助你应该说什么？还可以做什么？

（3）找一找：学习互相帮助的方法。

我们的教室里有很多照片，请找一找哪张是小朋友们互相帮助的照片，说说他们是怎么互相帮助的。

3. 安全提示，知道帮助别人时也要保护好自己。

你在帮助别人时应该注意什么？

每个人都会遇到困难，当别人遇到困难时，我们应该尽自己最大的力量去帮助别人，但是一定要做自己力所能及的事情，不做危险的事情，保护好自己。如果发现小朋友需要帮助，但是这件事是你做不到的，一定请身边的大人来帮忙。接受了别人的帮助后，还要向别人表达谢意。只有乐于关心、帮助别人的人才会得到别人的帮助，大家也会更加喜欢你。

【活动延伸】

日常生活中，鼓励幼儿注意观察身边的同伴，当对方需要帮助的时候，根据自己的实际情况进行帮助。

活动五（科学领域）：数学“小兔做客”

【活动由来】

在学习了《懂礼貌的小白兔》的故事后，小朋友们学会了礼貌用语，比如“谢谢”。小朋友之间相互帮助了以后，都会说一声“谢谢”。老师告诉小朋友们，其实我们在日常生活中处处都要注意礼貌，这让小朋友们对礼貌用语产生了浓厚的兴趣。在“小兔做客”主题活动中，老师可以引导幼儿练习做客礼仪，培养幼儿与人友善交往的意识。

【活动目标】

1. 谈话启发幼儿，生活中很多地方都用到了数。

2. 幼儿能手口一致地点数 5 个以内的物体，并能说出总数、按数取物。

3. 掌握简单的做客礼仪，乐于帮助别人，并与人友善交往。

【活动重难点】

活动重点：学会与人友善交往。

活动难点：按数取物。

【活动准备】

经验准备：幼儿有去别人家做客的经历。

物品准备：场景——小猫的家；橡皮泥做的食物和礼物。

【活动过程】

1. 谈话启发幼儿，生活中很多地方都用到了数。

（1）创设做客情境，激发幼儿学习兴趣。

师：每位小朋友都是一只可爱的小兔子，今天兔妈妈要带你们去小猫家做客。

（2）小朋友们数数，体验数字在生活中的重要性。

师：猫妈妈一共有三只宝宝，我们要给每只猫宝宝买一份礼物，那么我们需要买几份礼物？

我们不仅要给猫宝宝带礼物，还要给猫妈妈、猫爸爸带礼物，我们需要带几份礼物？

我们买完礼物了，一起数一数，一共买了几件礼物吧！

2. 在游戏中，能手口一致地点数 5 个以内的物体，并能说出总数，能按数取物。

（1）去小猫家，帮助小猫解决问题。

师：我们来到小猫家中，可是我们来得太早了，食物还没有端上桌子。小兔们，你们愿意帮助小猫按照自己吃食物的数量把食物自己动手端上桌子吗？

（2）动手操作，按数取物，将食物端上桌子。

师：请小朋友们说一说自己要吃几根胡萝卜，你吃几根就拿几根，避免浪费哦！

总结：每只小兔子都很善良，帮助小猫把食物端上桌，你们乐于助人，真棒！

3. 了解简单的做客礼仪，能与人友善交往。

师：我们怎样才能成为一名有礼貌的小客人？做客时需要注意哪些礼仪？

4. 教师总结。

小朋友们兴高采烈地去小猫家做客，大家都表现得很有礼貌，并且乐于助人，未来我们会学习更多的做客礼仪。小猫家为每只小兔子都准备了一份礼物，大家看，礼物是什么呢？原来是蛋糕。你手里的图片上是哪个蛋糕，就去拿哪个蛋糕吧！

【活动延伸】

幼儿将在课堂上学到的做客礼仪，说给家长听。

中班：主题活动——孔融让梨

主题活动由来

4~5岁幼儿社会认知能力明显提高，已具有较强的移情能力，能够设身处地地为他人着想，关心、同情、助人行为明显增多。我班幼儿有了初步关心他人的行为，例如瑶瑶同学主动帮婷婷拿午餐点心、乐乐主动提醒瑶瑶喝水。但我们发现，关心不等同于谦让。一天下午，小朋友们吃午点的时间到了，眼看着桌子上的奶酪棒越来越少，瑶瑶开始着急了。她和乐乐几乎同时拿起了一根奶酪棒。瑶瑶说："我喜欢粉色的，这个给我。"乐乐说："我也喜欢，给我。"两个孩子就这样争吵起来。

这一年龄段的幼儿有了主动与他人交谈的意识，同伴间交流是幼儿社会学习的重要途径。但是一些幼儿缺乏谦让意识，于是生成本次主题活动。《孔融让梨》是深受小朋友们喜欢的故事，孔融友爱孝悌、谦让待人，让小朋友们敬佩不已。

本次主题活动旨在发展幼儿语言表达能力、与同伴交往能力、自我表现能力等，同时让幼儿初步感受我国传统文化的魅力。

主题活动目标

1. 了解食物与人体健康的关系，能够接受各种健康的事物，知道不挑食对身体健康有帮助。（健康）

2. 对传统文化感兴趣并能够主动挖掘传统故事中的好品质。（品质）

3. 喜欢提出问题，愿意大胆表达自己的各种感受和想法。（语言）

4. 能够主动与同伴交往，会使用礼貌用语，初步学会分享、谦让、互助与合作，并尝试解决游戏及生活中出现的问题。（社会）

5. 能够运用比较的方法进行科学活动，感受比较的过程和结果，提高观察力及比较判断的能力。（科学）

6. 尝试以简单的模式、组合等（大梨、小梨、大梨、小梨）进行循环排序。（数学）

7. 能够自编律动、舞蹈动作，为歌曲、舞蹈即兴伴奏，充分表达自己的情感和想象。（音乐）

8. 能够自由选择并正确使用美术工具、材料、废旧材料等进行艺术创作。（美术）

主题活动思维导图

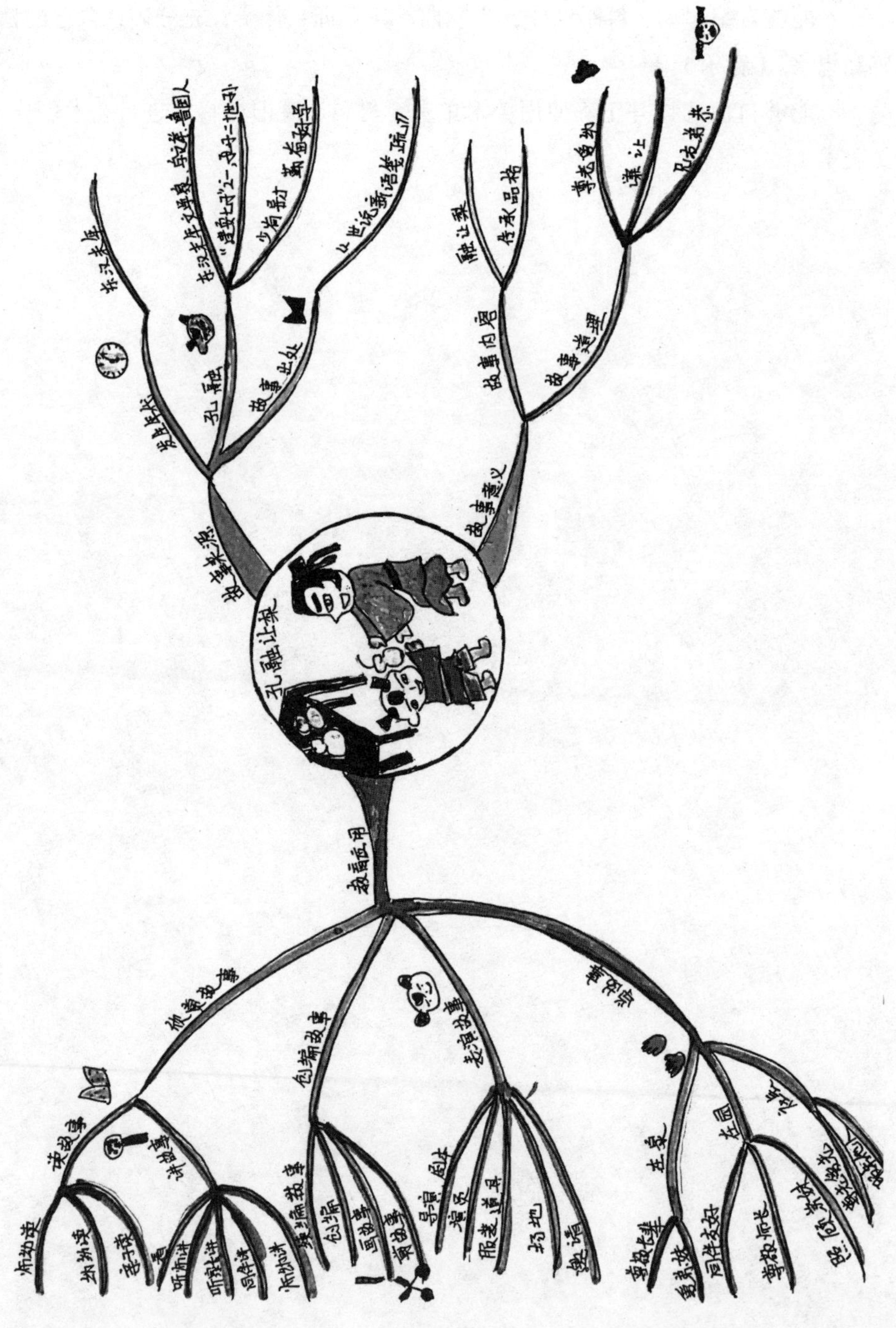
孔融让梨
故事来源
孔融
故事出处
故事意义
故事内容
故事道理
融让梨
传承品格
尊老爱幼
谦让
兄友弟恭
教育运用
传统故事
创编故事
表演故事

主题活动网络图

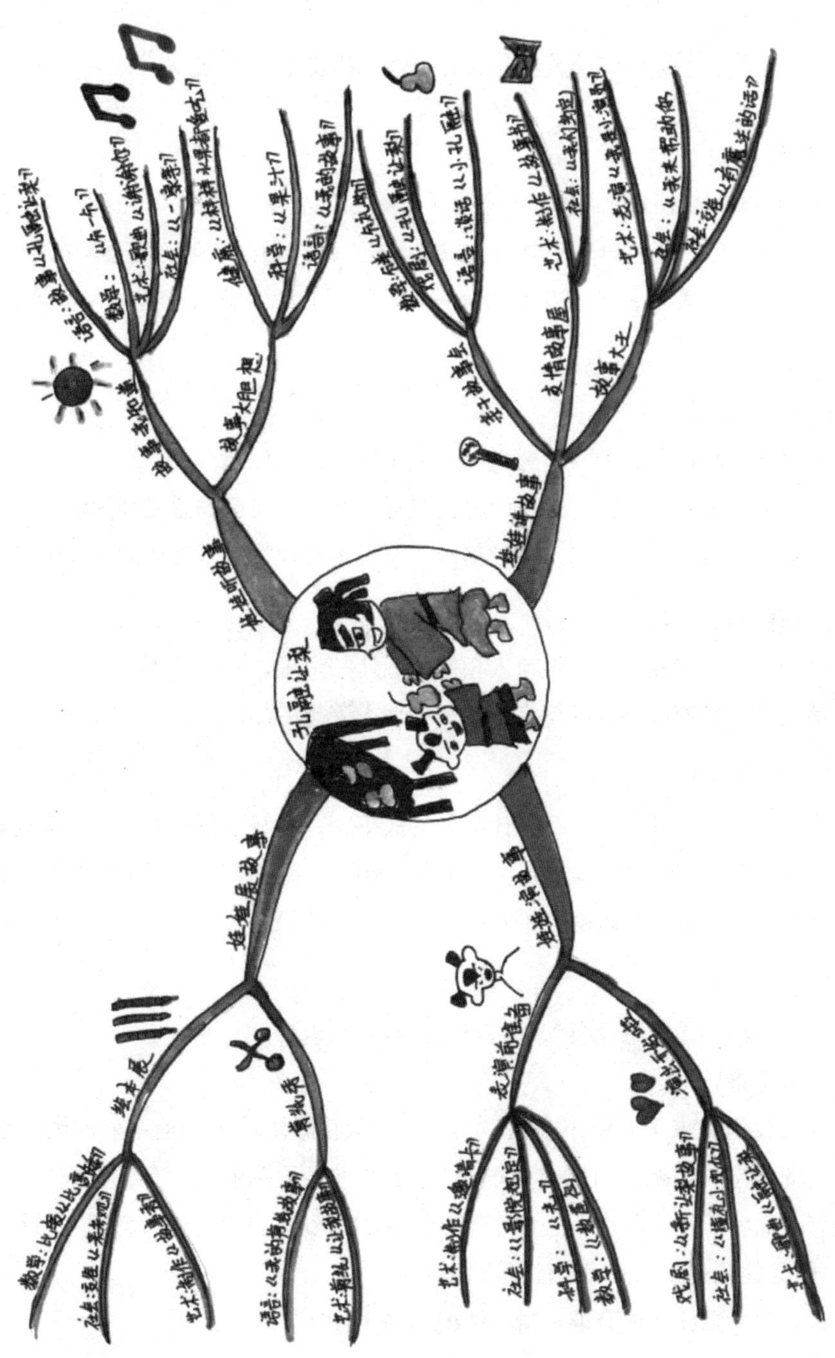

主题活动案例

活动一（语言领域）：故事讲述《孔融让梨》

【活动由来】

小朋友们在图书区讨论起了《孔融让梨》的故事，有的说“这个小孩端着梨很可爱”，有的说“他一定会给爸妈拿梨吃”，有的说“他一定会给弟弟吃”，等等。我们不难发现，小朋友们的语言表达能力和思维能力还有很大发展空间，因此生成本次活动。

【活动目标】

1. 对《孔融让梨》的故事感兴趣，从中体会到快乐。

2. 理解故事内容，喜欢提出问题，愿意大胆表达自己的感受和想法。

3. 懂得尊敬、关心长辈，爱护弟妹，愿意主动挖掘故事背后的精神内涵。

【活动重难点】

活动重点：幼儿初步懂得与人相处应谦让的道理。

活动难点：养成良好的行为习惯和为他人着想的品德。

【活动准备】

经验准备：幼儿听过《孔融让梨》的故事，并了解故事中的主要人物孔融。

物品准备：实物两个梨（一大一小），笑脸、哭脸图片，本班级幼儿在活动中的视频（友好地一起玩的、不友好地争抢玩具的等），动画片《孔融让梨》。

【活动过程】

1. 出示绘本《孔融让梨》，激发幼儿学习兴趣。

（1）情景导入。

今天我们班来了一位小客人，瞧！（出示孔融图片）这是一个古代的小朋友，他的名字叫孔融，和你们一样大，也是四岁。孔融有两个梨，你们猜一猜，他会怎么做？（出示一大一小两个梨的图片，让幼儿自由挑选，教师不做评论）

（2）引导幼儿观察图片，猜测故事内容。

认真观察画面上都有谁，猜一猜他们在干什么？

（3）教师讲述故事，幼儿认真倾听。

想知道孔融挑了哪一个梨吗？我们一起来听个故事吧！

教师有感情地讲述故事，然后提问：孔融挑了哪个梨？他为什么不拿大的，反而拿个小的呢？（幼儿自由回答）孔融是怎么说的呢？我们一起来看动画片。

2. 播放动画片，帮助幼儿理解故事内容，鼓励幼儿提出问题并大胆表达。

教师提问：孔融有几个哥哥、几个弟弟？孔融为什么不拿大梨，反而拿个最小的梨呢？孔融是怎么说的？（让幼儿学说孔融的回答）爸爸是怎么夸奖他的？（让幼儿学说爸爸的话、学做爸爸夸奖他时的动作。如果幼儿说不出就再次播放动画片）。你喜欢孔融吗？为什么？

3. 通过提问、小结，帮助幼儿懂得尊敬、关心长辈，爱护弟妹，挖掘故事背后的精神内涵。

教师提问：小朋友们喜欢故事中的哪个角色呢？为什么？

教师小结：孔融才四岁，已经懂得尊老爱幼，把好的东西留给别人，我们也要向他学习，有好的东西和大家一起分享，不要只顾自己。

【活动延伸】

在幼儿园玩玩具时，应该怎样玩？（幼儿自由讨论回答）

活动二（科学领域）：数学分类“分礼物”

【活动由来】

小朋友们自从听了《孔融让梨》的故事后，在吃午点时都积极地帮忙分梨、数梨。我们发现，幼儿能感知10以内水果的数量，对组合、排序等感兴趣，因此生成本次活动。

【活动目标】

1. 能够积极参与数学游戏，并感到快乐。
2. 能将零散的物体按数量要求进行简单组合、排序。
3. 充分发挥想象，勇于探索，遇到困难不放弃。

【活动重难点】

活动重点：正确感知10以内物体的量。

活动难点：探索多种组合的方法。

【活动准备】

经验准备：幼儿在分午点时有点数的兴趣。

物品准备：画纸、彩色水笔。

【活动过程】

1. 通过提问，激发幼儿参与数学活动的兴趣。

（1）创设情景，幼儿主动参与活动。

狂欢节就要到了，幼儿园为小朋友们准备了许多好吃的糖果。我们来看一看，总共有几种糖果。（5 种不同包装的糖果）

（2）教师交代小任务，鼓励幼儿勇敢接受挑战。

今天我们有个任务，小朋友们要帮助小班的弟弟妹妹分糖果，每个袋子里装 5 颗糖果，可以多次装糖果，但是每次选糖果的数量不能相同。例如，第一个袋子里装了 5 颗糖果，第二次就不能重复这个数字。

2. 鼓励幼儿动手操作，将零散的物体按数量的要求组合。

（1）幼儿分糖果。

小朋友们根据老师的要求，将糖果圈在一起。

（2）幼儿分享。

教师请幼儿上来介绍，并引导幼儿验证每个袋子里是否为 5 颗糖果，每个袋子装的糖果是否都不一样。

师：谁来说说你一共装了几个袋子？每个袋子里有几颗糖果？你装了几种糖果?

（3）教师启发幼儿想出多种分糖果的方法。

师：还有谁的方法和他的不一样?

3. 再次操作，将零散的物体按数量要求排序。

（1）教师提出问题，鼓励幼儿勇于接受挑战。

师：小象也有礼物要送给它的朋友，它想送什么呢?

（2）教师出示幼儿操作单，引导幼儿观察。

师：这个是什么？有什么不同？（有单独的一根香蕉，也有两根连在一起的、四根连在一起的）小象要选 10 根香蕉送给朋友，有几种选择呢？请在香蕉上圈出来。每种方法用不同的颜色，看谁的办法多。

（3）幼儿操作。

4. 分享交流，讨论勇于探索带来的好处。

（1）幼儿观察老师出示的糖果有什么特点。

（2）通过提问的形式帮助幼儿观察糖果的排序特点。

（3）幼儿尝试循环排序。

【活动延伸】

家长引导幼儿观察生活中的物品，如玩具、食物、餐具、人数等，让他们在反复点数的过程中体验分类的意义和乐趣。

活动三（健康领域）：营养教育“好吃的水果”

【活动由来】

在分午点环节，洋洋帮小朋友们分午点，当分到乐乐时，乐乐说：“我不吃苹果，我只要梨。”洋洋说：“每种水果都有营养，你都要吃。”乐乐却说：“你看孔融一家，只吃梨，我也只吃梨。”洋洋坚持自己的观点，重复着说：“每种水果都有营养，我们都要吃。”我班个别幼儿存在挑食现象，为了让幼儿养成多吃水果的好习惯，我们生成了本次活动。

【活动目标】

1. 初步了解健康小常识，知道人体需要多种营养成分。

2. 能说出几种常见水果的名称、颜色、形状及味道。

3. 了解食物与人体健康的关系，知道不挑食有益健康。

【活动重难点】

活动重点：说出几种常见水果的名称、颜色。

活动难点：不挑食，知道人体需要多种营养成分。

【活动准备】

经验准备：幼儿知道并能说出每种水果的名称。

物品准备：苹果、梨、橘子、香蕉若干，果盘、叉子一人一个，动画片《水果歌》。

【活动过程】

1. 通过播放视频，了解健康小常识。

（1）播放幼儿挑食后看医生的视频，了解挑食的危害。

师：我们来听一听医生说了什么，为什么小明会生病呢？小明应该怎么做？

（2）通过提问的形式，鼓励幼儿说一说挑食的危害。

师：小朋友们刚才看了小明的故事，讨论了小明生病的原因，接下来大家来讨论一下，挑食有哪些危害呢？对身体有哪些影响呢？

2. 观察食物金字塔，了解人体需要多种营养成分。

（1）观察图片，说一说为什么要吃多种水果？每种水果都有什么营养？

（2）聆听保健医介绍，了解人体所需的多种营养成分。

3. 开展图片对对碰游戏，说出几种常见水果的名称、颜色、形状及味道。

（1）随机抽取水果图片，说一说水果的形状特征。

（2）水果对对碰，说一说水果的营养和味道。

小结：不同的水果有不同的营养成分，我们的身体需要很多营养，为了身体健康，大家不能挑食，要多吸收不同的营养。

4. 通过游戏激发幼儿对吃水果的兴趣，了解食物与人体健康的关系，能够接受各种健康的食物，知道不挑食有益身体健康。

（1）开展水果切切切游戏，教师讲解游戏规则，激发幼儿对水果的兴趣。

师：当老师说出一种水果的名字，大家用动作表示爱吃这种水果；当老师说“地雷”，大家定住不动。

（2）开展问题切切切游戏，引导幼儿接受各种健康事物，知道不挑食有益身体健康。

师：当老师或幼儿说的问题正确时，小朋友们用动作表示正确；当老师说的问题错误时，幼儿用动作表示否定。

【活动延伸】

请幼儿品尝各种水果（果盘），引导幼儿遵守秩序，友爱谦让地取水果。

活动四（社会领域）：人际交往“有魔法的话”

【活动由来】

中班幼儿的社会交往能力逐步发展，能够礼貌待人、谦让接物，结合《孔融让梨》系列活动，结合小朋友们对请客的兴趣，在过渡环节讨论该如何请客及在请客时如何照顾朋友，等等。

【活动目标】

1. 知道常用的礼貌用语，并愿意在适当的场合使用。

2. 积极主动地与同伴交往，学会分享、谦让，用礼貌用语解决交往中出现的问题。

3. 正确使用请、谢谢、不客气等礼貌用语，感受使用礼貌用语的好处。

【活动重难点】

活动重点：能够正确使用请、谢谢、不客气等礼貌用语，感受礼貌用语的作用。

活动难点：使用礼貌用语解决交往中出现的问题。

【活动准备】

经验准备：幼儿参与过请客游戏。

物品准备：图片、音频。

【活动过程】

1. 聆听故事，掌握常用的礼貌用语。

（1）教师讲故事，提示幼儿注意倾听，引导幼儿使用礼貌用语。

师：注意听故事，故事里都有谁？他们都说了哪些好听的话？这些好听的话有什么魔法？

（2）将礼貌故事迁移到生活中，感受使用礼貌用语的快乐。

师：有人到家里做客，我们要说什么用语？

主人给我们端水，请我们吃水果、糕点，我们应该说什么？

在别人家里我们要怎样表现？

离开时我们要说什么？

2. 开展礼貌游戏，鼓励幼儿积极主动地与同伴交往，学会分享、谦让，并尝试用礼貌用语解决交往中出现的问题。

（1）教师讲解游戏规则。

规则：几名幼儿表演做客的剧情，其他幼儿为表演的幼儿配音，主要突出礼貌用语。

（2）幼儿进行礼貌游戏。

（3）引导幼儿说一说礼貌用语有哪些好处，能够对实际生活有什么帮助。

3. 通过表演，鼓励幼儿在适当的场合正确使用请、谢谢、不客气等礼貌用语，感受礼貌用语的作用。

（1）幼儿自由分组，根据“有魔法的话”这一主题创设故事情节。

师：大家在表演时要使用你好、请、谢谢、不客气、再见、欢迎再来等礼貌用语。

（2）幼儿小组展示表演成果。

（3）教师小结：礼貌用语浓缩了中华传统文化精髓，只有掌握了礼貌用语，我们才能更好地与他人友善相处。

【活动延伸】

幼儿在实际生活中运用礼貌用语。

活动五（艺术领域）：剪纸《孔融让梨》

【活动由来】

随着主题活动的开展，小朋友们更加深入地理解了《孔融让梨》的故事。他们对剪纸活动很感兴趣，于是我们想通过剪纸的艺术形式表现出《孔融让梨》故事的内容，因此生成本次活动。

【活动目标】

1. 用连剪、镂空的技法剪纸，表现出故事场景，对剪纸活动感兴趣。

2. 喜欢用多种方式与同伴分享、交流自己的剪纸作品。

3. 能将纸屑放在指定位置，养成整洁有序的卫生习惯。

【活动重难点】

活动重点：喜欢参与剪纸活动，对剪纸感兴趣。

活动难点：用连剪、镂空的技法剪纸，表现出故事场景。

【活动准备】

经验准备：幼儿参与过剪纸游戏。

物品准备：收集特色剪纸作品，布置剪纸作品展；各种色纸、蜡光纸、剪刀、胶水、铅笔。

【活动过程】

1. 通过提问的形式，帮助幼儿熟悉故事内容，使幼儿对剪纸活动产生兴趣。

（1）教师提问，幼儿回忆《孔融让梨》的故事，熟悉故事内容。

师：故事里都有哪些有趣的情景，你最喜欢哪幅图画？

（2）幼儿介绍自己最喜欢的图画，回顾故事细节。

2. 开展定格画面的游戏，鼓励幼儿用连剪、镂空的技法剪纸，表现出故事场景。

（1）介绍游戏规则。

师：今天我们来玩一个非常有趣的游戏——定格画面。

规则：当音乐响起来时，小朋友们要自由结对，还原故事场景。当老师施展魔法时（教师念出咒语“噼里啪啦，定”），所有场景静止不动。

（2）观察、评价定格画面，感受画面的连续性和画面镂空处是如何展示的，鼓励幼儿用连剪、镂空的技法剪纸，表现出故事场景。

师：看一看，你最喜欢哪组场景？为什么？

（3）幼儿构想自己创作的画面。

提问：如果让你用剪刀剪出一个你知道的、具有代表性的故事场景，你会剪什么？你会使用哪种剪法？

3. 幼儿自由创作，在教师的提示下将纸屑放在指定位置。

（1）幼儿挑选自己喜欢的彩色纸张进行创作。

（2）幼儿剪纸，教师观察、指导。

（3）提示幼儿注意剪纸习惯，保持桌面、地面干净整洁。

4. 通过作品分析、相互评价，鼓励幼儿用多种方式与同伴分享、交流。

（1）幼儿欣赏、展示，以及向同伴介绍自己的剪纸作品。

（2）所有幼儿剪完后，教师请几个幼儿介绍自己的作品。

师：说一说你用了哪种剪纸方法？你有哪些裁剪小窍门？

（3）教师和幼儿一起梳理经验，为下次剪纸做准备。

师：你们今天表现都很优秀，进步很大。能够剪出《孔融让梨》的故事场景，说明你们非常喜欢且熟悉故事情节！老师发现你们都特别专注、认真，老师为你们点赞。

【活动延伸】

鼓励幼儿在活动区参加《孔融让梨》故事剪纸秀。

大班：主题活动——一诺千金

📖 主题活动由来

在一次活动中，有两个小朋友突然争执起来。“你说了要把这个送给我，你为什么说话不算话？”“可是我这会儿也想玩，等一会儿再给你。”“你答应的就是这会儿呀！”两人都产生了小情绪。老师为了解决问题，引导小朋友们分成两组进行辩论。正方果果说：“既然都说过要给她了，就应该给她。”反方涵涵说：“他又没说不给，只是再玩一会儿。”“可是既然答应了，就应该当时给。”小朋友们你一言我一语，气氛逐渐热络了起来，直到两个小伙伴都和好了，大家还在讨论。老师抓住小朋友们的兴趣点，拿出故事书《一诺千金》。小朋友们自发地阅读书籍，并就书中观点进行交流。他们充分表达了自己的意见，并用绘画、做标记等方式记录下个人见解。于是，我们从小朋友们的讨论点入手，结合最近发展区理论，开展了《一诺千金》主题活动。

📖 主题活动目标

1. 能够理解《一诺千金》的故事，并连贯、清晰地讲述故事。
2. 初步感知诚信的内涵，了解诚信是中华民族的传统美德。
3. 通过绘画表达出《一诺千金》的故事情节，尝试通过戏剧表演演绎故事。
4. 能够在活动中保护自己，知道日常生活中的安全常识。
5. 初步理解量的相对性，感知事物“量”的特征。
6. 乐于参与游戏活动，在游戏中体验合作与分享的乐趣。
7. 能够发现生活中的问题，体验解决问题的乐趣。
8. 能够根据故事的部分情节创编新剧情。

主题活动思维导图

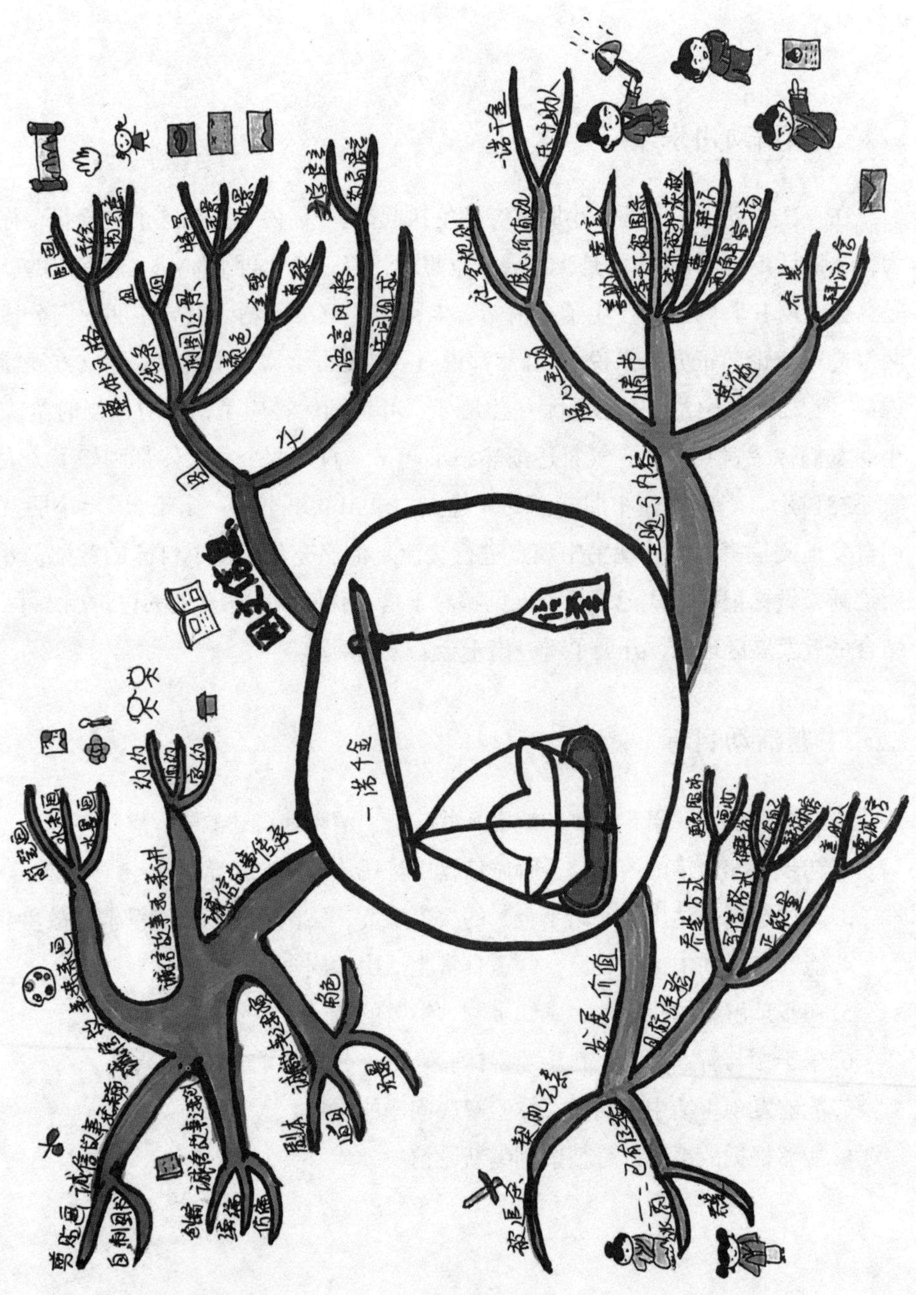

主题活动网络图

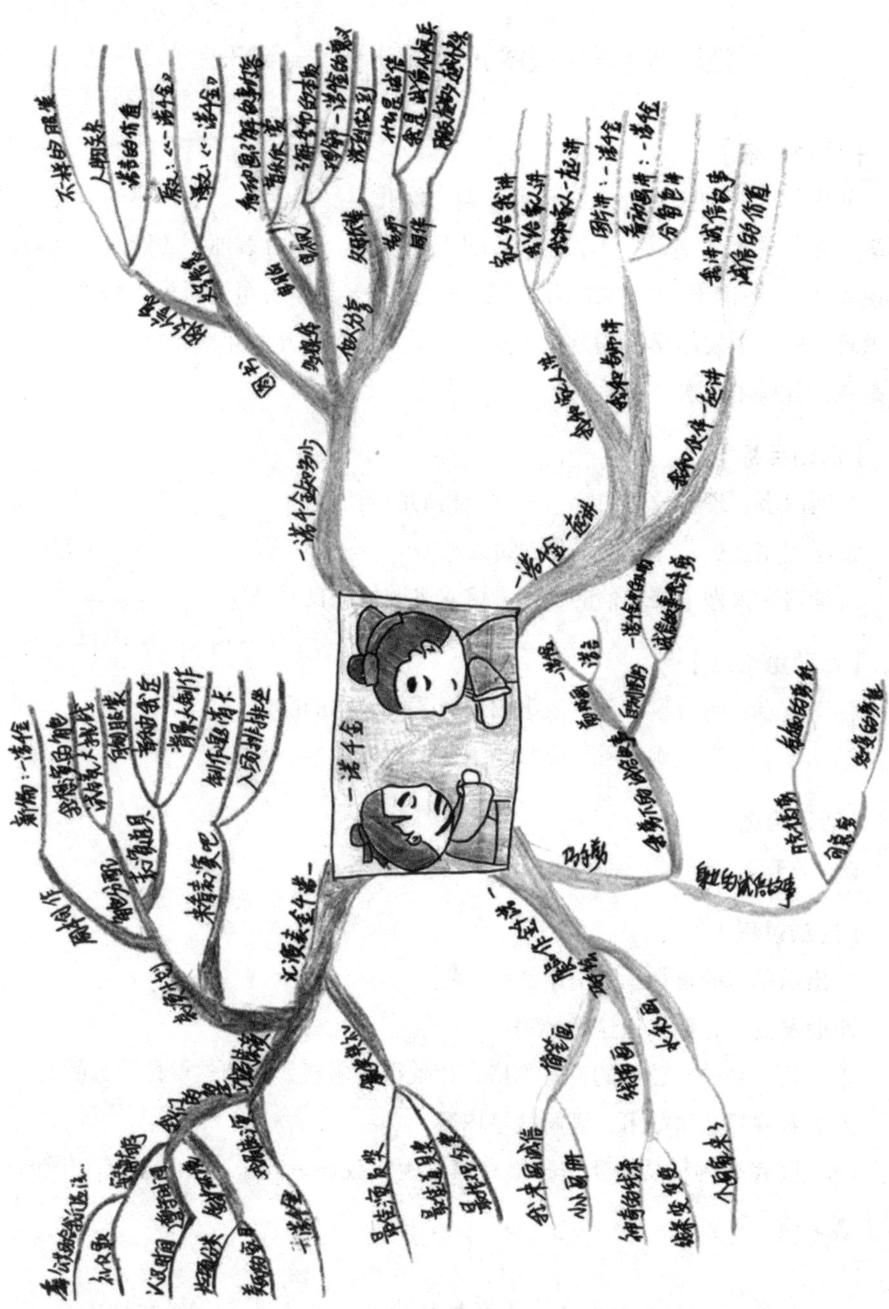

主题活动案例

活动一（语言领域）：故事讲述《一诺千金》

【活动由来】

故事作为一种文学形式，充满童趣，幼儿容易接受并产生浓厚的兴趣。以故事为依托的教学活动，不仅能使幼儿增长知识、明白事理，还能发展幼儿的听说能力。《一诺千金》的故事浅显易懂，幼儿经过学习可懂得做人做事要守信的道理，同时激发出学习的欲望。故事教学法符合幼儿的年龄特征和学习特点，于是我们开展了此次主题活动。

【活动目标】

1. 听故事，理解故事内容，了解人物的品质。
2. 学习用连贯、完整的语言，讲述故事。
3. 懂得做人做事要守信的道理，培养讲诚信的良好品质。

【活动重难点】

活动重点：听故事，理解故事内容，了解人物的品质。

活动难点：学习用连贯、完整的语言，讲述故事。

【活动准备】

《一诺千金》绘本、课件。

【活动过程】

1. 出示季布的肖像画，引出活动主题。

小朋友们，你们知道这是谁吗？

他的名字是季布，他的良好品格，让他很有名气，你们觉得是什么品格？

2. 边看视频边讲故事，理解故事内容。

（1）到底是哪种品格让季布很有名气呢？我们一起来听一个流传在民间的故事《一诺千金》。

楚地有一个名叫季布的人，性情耿直，为人义气，好打抱不平。

只要是他答应过的事情，无论有多大困难，都会设法办到，因此在楚地享有盛名。

提问：季布是一个怎么样的人？

（2）继续讲故事。

季布逃到山东一户姓朱的人家当佣工。朱家明知他是季布，但出于对他的仰慕还是收留了他。后来，朱家到洛阳请刘邦心腹夏侯婴替季布说情。刘邦在夏侯婴的劝说下撤销了对季布的通缉令，还封季布做了郎中。此后，季布又升任河东郡守。

提问：季布被谁通缉？朱家为什么帮助季布？

我们继续看，接下来会发生什么事情。

（3）边提问边讲述，引导幼儿大胆猜测，积极体验看场景、设疑——猜测、讲述——看结果、证实的过程。

季布有一个名为曹邱生的同乡，专爱结交有权势的官员。他得知季布做了大官，就通过窦长君的引荐去拜访季布。

提问：曹邱生做了什么？

小结：正如曹邱生所说，他每到一地就宣扬季布如何礼贤下士、仗义疏财，于是季布的名气越来越大。后来，人们就用“一诺千金”来形容一个人很讲信用，说话算话。

3. 幼儿复述故事。

4. 迁移幼儿生活经验，引导幼儿大胆讲述故事情节。

季布讲信用、说话算数，这让很多人都愿意帮助他。那么你愿意做一个守信的人吗？

让我们一起做一个守信的人吧！

【活动延伸】

幼儿为家长讲述《一诺千金》的故事。

活动二（语言领域）：故事改编《一诺值不值千金重》

【活动由来】

有一天，悦悦问我："老师，如果季布没有每一件事都做到，没有守信，会出现什么后果呢？"还没等我说出自己的想法，一依就说："那他一定会被抓起来！谁都不会帮助他了！"小朋友们有足够的想象力，把一切变得可能。故开展此次主题活动，对故事进行改编。

【活动目标】

1. 在理解故事的基础上，尝试改编故事。

2. 感受不同角色的性格特征，理解季布守信的精神品质。

3. 体会语言交流的乐趣，并愿意表达自己的想法。

【活动重难点】

活动重点：感受不同角色的特征，理解季布守信的良好品质。

活动难点：愿意表达自己的想法。

【活动准备】

经验准备：幼儿听过《一诺千金》的故事。

物品准备：绘本《一诺千金》、故事棒、画纸、彩笔。

【活动过程】

1. 教师与幼儿共读绘本《一诺千金》，回顾故事内容。

（1）师生共读。

（2）教师就故事情节对幼儿进行提问。

季布是一个怎么样的人？

如果他不是一个守信的人，朱家会怎么做？

刘邦会不会继续捉他？

曹邱生会怎么做？

2. 教师邀请幼儿改编故事内容。

（1）小组讨论。

（2）集体讨论。

3. 师生共同讨论故事内容。

4. 教师邀请幼儿把改编后的故事画下来，制成图书。

（1）幼儿自愿结组。

（2）幼儿分组绘画故事内容。

（3）幼儿把画纸放入塑封膜中，由教师塑封。

5. 教师邀请幼儿把自制图书放到书架上。

【活动延伸】

幼儿表演改编故事内容。

活动三（艺术领域）：剪纸《一诺千金》的故事

【活动由来】

《3~6 岁儿童学习与发展指南》指出，4~5 岁幼儿经常用绘画、捏泥、手工制作等多种方式表现自己的所见所想。幼儿能够使用镂空剪纸法剪出简单的人物和场景，也愿意用剪纸的方式表达自己的所见所闻与情感。于是，我们开展了《一诺千金》故事主题剪纸这一园本课程，让幼儿尝试用剪纸的方式展现故事情节，由此开展了这一节剪纸活动。

【活动目标】

1. 尝试剪出《一诺千金》故事的情节，着重表现人物动作特点。

2. 能用通顺、流畅的话语介绍自己的剪纸作品，描述出作品的内容。

3. 喜欢用剪纸的方式表达自己的所见所闻。

【活动重难点】

活动重点：尝试剪出《一诺千金》故事的情节，着重刻画人物动作特点。

活动难点：剪出人物的细节，着重表现人物的头发，眼睛等。

【活动准备】

经验准备：幼儿已有剪纸经验，能够使用镂空的技法去剪纸。

物品准备：音乐、课件、剪刀、彩纸、装废纸的纸盒。

【活动过程】

1. 故事回顾，吸引幼儿学习兴趣。

（1）和幼儿一起讲述《一诺千金》的故事，回顾故事情节。

（2）利用多媒体设备进行展示。逐一请幼儿讲一讲自己印象最深刻的情节。

2. 幼儿剪纸，教师巡视并指导。

（1）提出剪纸要求。

①剪纸作品需要蕴含故事情节。想一想，你想剪的是哪一部分?

②剪纸作品需要体现人物特点。请你看一看，想一想，他们在交流时是什么表情?

教师提醒幼儿注意安全使用剪刀。剪子尖不要对着自己，也不要对着别人，用完尖头剪刀立即为小剪刀戴上保护套。

（2）幼儿动手剪纸，老师巡视，分层次指导。

3. 作品评价。

（1）将幼儿作品投影到大屏幕上，集体欣赏剪纸作品。

（2）幼儿依次介绍自己的剪纸作品，并描述剪纸作品蕴含的故事情节。

（3）教师点评及肯定幼儿剪纸作品，指出可以提高的地方。

【活动延伸】

将作品装订成册，制作一本《一诺千金》故事书，投放至图书区。拍摄剪纸作品，发送到家长群，可以让幼儿回家之后和家长讲一讲剪纸的内容。

活动四（艺术领域）：听音乐创编律动“讲诚信”

【活动由来】

小朋友们在深入了解了《一诺千金》的故事后，很快将故事和实际生活联系起来。在表演区，他们用自己的语言创编故事并进行表演。“你都说好了要和我分享玩具，可是你却不给我，我好伤心啊！”“哎哎哎，你别哭啊！咱们一起解决问题啊！”小朋友们兴高采烈地表演节目，但由于各种原因不欢而散。根据小朋友们的兴趣特点及创作需求，我们特别开展了“讲诚信”主题音乐活动。

【活动目标】

1. 尝试创编歌词、爱生气的动作，并从中获得成功的体验。

2. 通过肢体拍奏，感应特殊音效。

3. 喜欢参加音乐活动，在音乐活动中宣泄情绪。

【活动重难点】

活动重点：通过肢体拍奏，感应特殊音效。

活动难点：结合生活经验，根据音乐节奏，创编关于诚信内容的歌词。

【活动准备】

经验准备：幼儿了解诚信的含义，有过生活感知。

物品准备：音乐、课件（小朋友们发生争论的场景）。

【活动过程】

1. 教师出示课件，幼儿回答问题。

这上面的小朋友们在干什么？（引导幼儿说一说，为接下来创编故事做准备）

有的小朋友生气了，发了很大的火，因为别人不讲诚信，而且还不承认错误。他们为此编了一段词。

2. 鼓励幼儿按音乐节奏创编歌词。

（1）鼓励幼儿拍出节奏 $\times\ \underline{\times\times}\ \times\ \times \mid \underline{\times\times}\ \underline{\times\times}\ \times - \mid \underline{\times\times}\ \underline{\times\times}\ \underline{\times\times}\ \times \mid$ peng peng peng。

（2）请你帮我说一说。鼓励幼儿按节奏说歌词：我今天很气，很呀很生气，说好要给我玩具，peng peng peng。我答应给你，没说现在给，你说我不讲诚信，peng peng peng。

3. 动作创编。

（1）你生气的时候是什么样子的，用动作表示一下。

（2）带领幼儿跟随音乐创编律动。

4. 感应特殊音效。

（1）全体围坐，教师引导幼儿聆听音乐中的特殊音效。

音乐：在肢体部位拍出固定拍。

特殊音效：举手。

（2）幼儿随音乐律动，于特殊音效处拍打身体各部位。

【活动延伸】

将幼儿创编的音乐录下来，投放到活动区，鼓励幼儿在表演、创作时使用。

活动五（艺术领域）：绘画“我的诚信故事”

【活动由来】

幼儿喜欢用绘画的方式表现自己的所见所想，因为之前的表演活动，小朋友们对诚信这一优秀品格有了了解，同时也懂得要遵守承诺。他们兴奋地给我讲了一些有关遵守承诺的故事。“老师，我好想我的小伙伴啊！可是要放学以后才能见到他。”“你可以用其他方式来表达你的思念啊！”“老师，我现在超级想画画，把我们的故事画下来，回去给他看。”在兴趣和情感的驱使下，我们开展了此次主题活动。

【活动目标】

1. 用绘画的方式抒发自己的情感。

2. 用线条或符号表现人物的特征和心情。

3. 愿意参加绘画活动，能沉浸其中。

【活动重难点】

活动重点：用绘画的方式抒发自己的情感。

活动难点：用线条或符号表现人物的特征和心情。

【活动准备】

物品准备：水彩笔、白纸、油画棒若干，幼儿表演“讲诚信”的视频。

经验准备：简单知道一些符号、线条的意义。

【活动过程】

1. 播放幼儿表演“讲诚信”的视频，调动幼儿学习积极性。

提问：你们看，故事中被承诺的人的表情是怎样的？（生气、眉毛上扬、脸红，眼睛里冒火等）鼓励幼儿细致观察。

他的动作是什么样的？（手叉腰、跺脚、抱臂）

说一说自己生气时的动作，并用动作表现。

2. 教师出示多种符号、线条，幼儿猜测这些符号和线条的意义。

（1）除了表情之外，我们还可以用一些符号和线条来表达自己的心情。

教师鼓励幼儿猜测符号和线条的意义。

小结：当我们生气时，可以用火符号表示；当我们委屈、伤心时，可以用竖线表示；当我们紧张时，可以用曲线表示。

（2）引导幼儿说一说自己关于诚信的事。

你和好朋友之间发生过哪些有关诚信的事？

你当时的心情怎样？他的心情怎样？你们最后怎么样了？

3. 幼儿创作绘画。

幼儿作画。教师巡视、指导，了解幼儿的绘画方法及线条运用情况。

4. 作品交流和展示。

这节课我们每个人都画了自己关于诚信的绘画，谁愿意介绍下自己的作品？

幼儿在教师鼓励下介绍自己的绘画作品，并从线条、色彩及符号运用、动作表情等方面进行评价。

乐群中国娃

“乐群”，即乐于群体活动。“乐”是主动、积极、快乐的意思，“群”是群体。幼儿的乐群行为表现为幼儿能积极主动地与他人交流、乐于参与他人的活动，等等。乐群行为能让幼儿更好地适应社会。乐群情感直接影响幼儿的社会性发展水平。我园从幼儿的学习和发展需要出发，开展《拔萝卜》(小班)、《没有声音的运动会》(中班)、《请您享用》(大班)等主题实践活动。幼儿在活动中学习分工合作，相互配合、协商，提高了集体意识，增强了责任感，体验到团结协作的力量及相互合作的乐趣。

小班：主题活动——拔萝卜

主题活动由来

童话故事深受幼儿喜欢，《拔萝卜》的故事情节简单有趣，角色丰富，场景真实，很容易让幼儿进入故事情境当中。老师讲故事时，幼儿眼神炯亮，不由自主地模仿某个角色的动作和语言。生活中，有些小朋友会做出和同伴抱一抱、拉一拉的友好动作，但是有的小朋友比较内向，不善于和同伴一起游戏，语言表达内容单一、逻辑混乱。《3~6 岁儿童学习与发展指南》指出，幼儿的语言学习需要相应的社会经验支持，通过多种活动扩展生活经验，丰富语言内容。于是，我们开展了丰富多彩的主题活动，为幼儿提供交往和游戏的机会，鼓励幼儿参与游戏，和老师、同伴互动。他们聆听故事，模仿角色的动作和语言，丰富了生活、学习和社会交往等方面的经验。

主题活动目标

1. 聆听故事，体会故事内涵，愿意与老师、同伴互动，喜欢参与游戏。

2. 参加趣味体育游戏，能身体平稳地双脚连续向前跳。

3. 喜欢听故事，理解大意，复述故事的一部分或精彩内容。

4. 运用多种器官观察与探索，发现不同品种萝卜的区别。

5. 乐于参加美术活动，能用绘画、撕纸等方法创作简单的植物和动物形象。

6. 感知和理解物体量的差异，能按照物体大小分类，并用相应的词语加以描述。

7. 能跟随熟悉的音乐用自然的声音演唱，表达歌曲的内容、情感。

主题活动思维导图

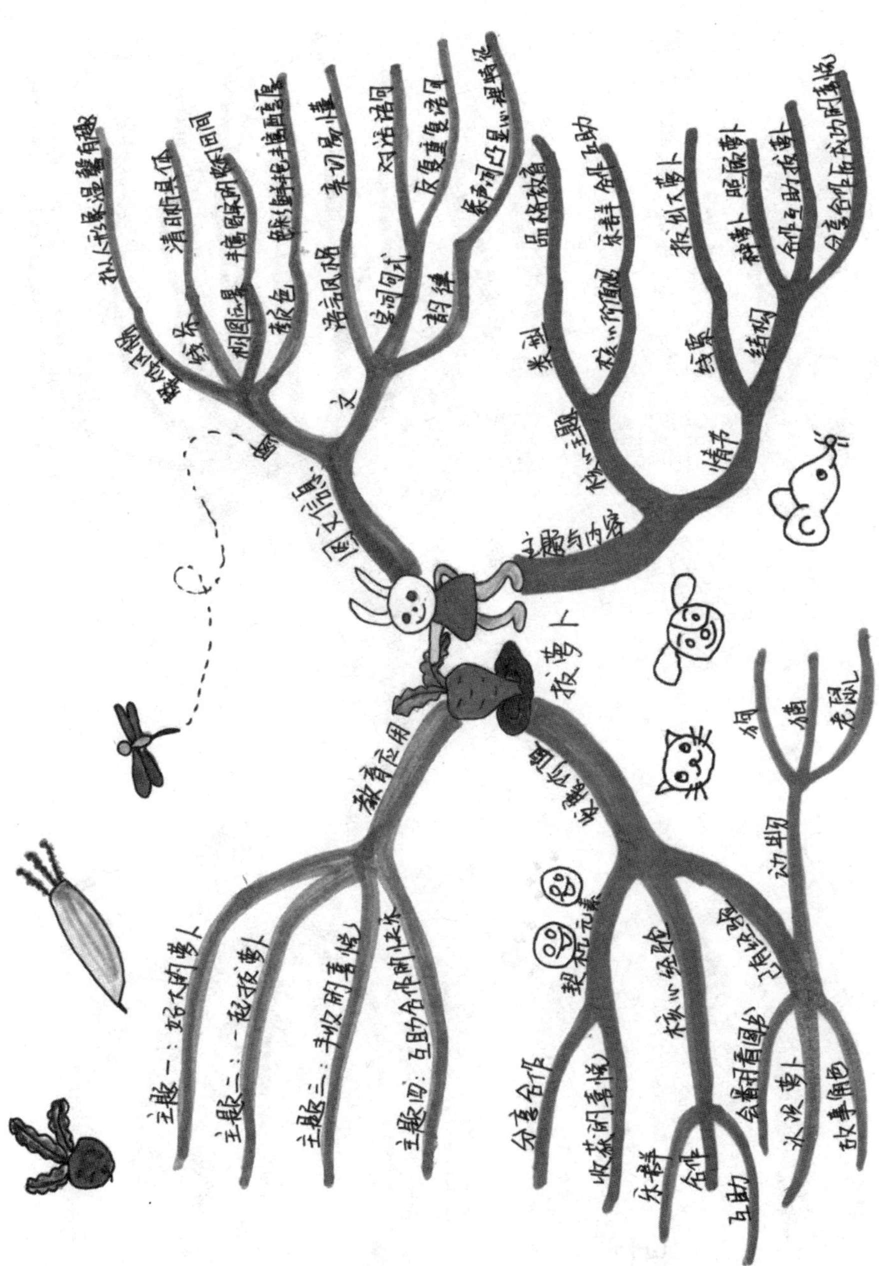

拔萝卜
图文信息
主题与内容
教育应用
主题一：好大的萝卜
主题二：一起拔萝卜
主题三：丰收的喜悦
主题四：互助合作的快乐
分享合作
乐群
合作
互助
情节
线索
结构
类型
品格教育
核心主题
乐群
合作互助
韵律
对话语言
亲切易懂
语言风格
颜色
线条
狗
猫
老鼠
动物
故事角色

主题活动网络图

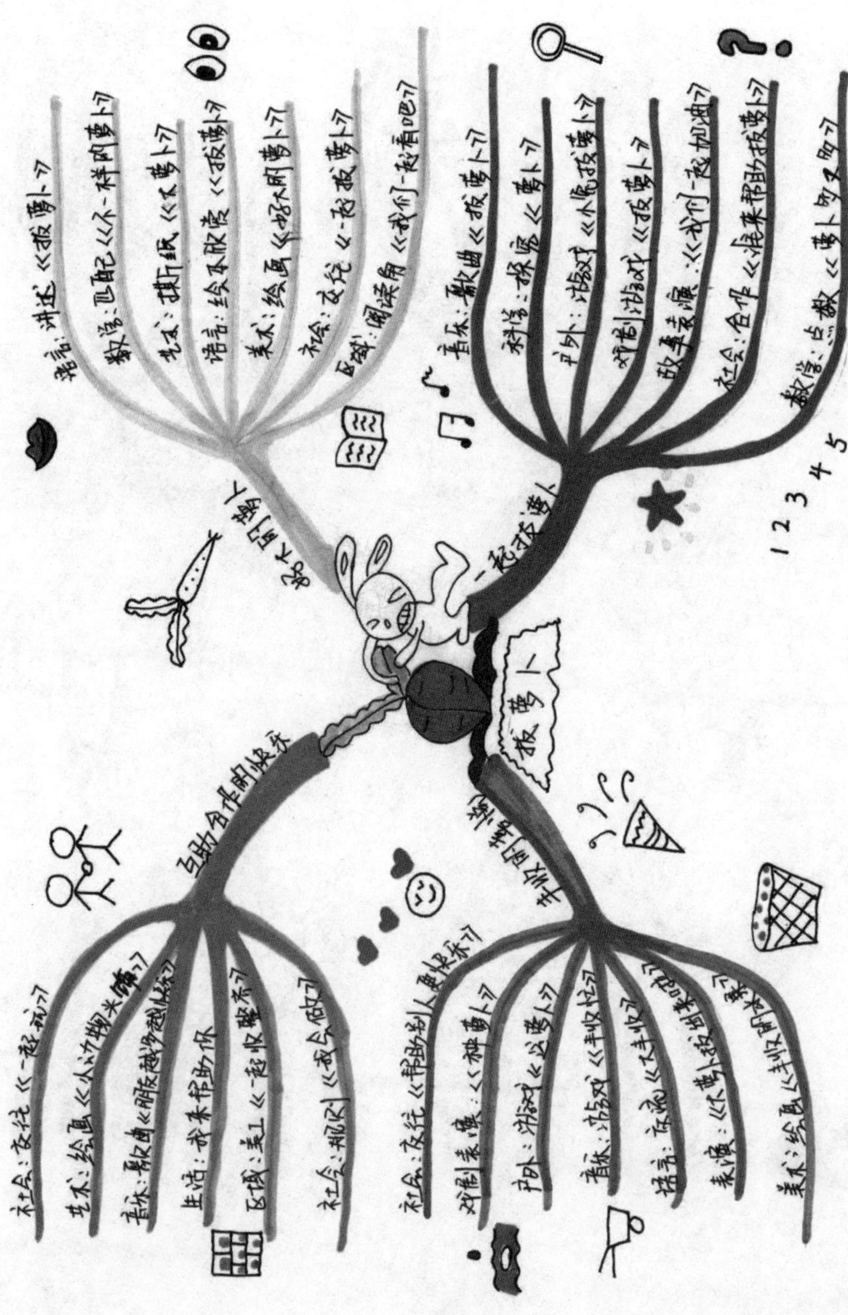
拔萝卜
一起拔萝卜
音乐：歌曲《拔萝卜》
科学：探究《萝卜》
户外：游戏《小兔拔萝卜》
戏剧游戏《拔萝卜》
故事表演：《我们一起加油》
社会：合作《谁来帮助拔萝卜》
语言：讲述《拔萝卜》
语言：绘本阅读《拔萝卜》
美术：绘画《好大的萝卜》
社会：交往《一起拔萝卜》
区域：阅读角《我们一起看吧》
互助合作的快乐
丰收的喜悦
社会：交往《帮助别人真快乐》
戏剧表演：《种萝卜》
户外：游戏《运萝卜》
1 2 3 4 5

主题活动案例

活动一（语言领域）：故事讲述《拔萝卜》

【活动由来】

小班的小朋友喜欢听老师讲故事，比如小兔乖乖、龟兔赛跑、拔萝卜等。依依说："老师，我最喜欢听《拔萝卜》的故事中，大家一起拔萝卜的部分。他们很开心，我也想帮他们拔萝卜。"楠楠说："他们拔萝卜的时候感觉很费力气呀。"泽泽说："可不是吗，脸上的表情都变了。"《3~6岁儿童学习与发展指南》指出："引导幼儿感受文学作品的美，要有意识地引导幼儿通过表情、动作传达故事中的情绪情感，让幼儿体会作品的感染力和表现力。"由此，我们设计了本次主题活动。

【活动目标】

1. 聆听故事，理解大意。

2. 培养幼儿良好的听课习惯。

【活动重难点】

活动重点：听懂《拔萝卜》的故事，理解故事大意。

活动难点：养成良好的听课习惯。

【活动准备】

经验准备：喜欢听故事。

物品准备：图片和头饰（大萝卜、小萝卜、老爷爷、老奶奶、小花狗、小花猫、小老鼠），相应背景图，儿歌《拔萝卜》《小火车》。

【活动过程】

1..游戏导入，引出故事，激发幼儿学习兴趣。

幼儿在《小火车》伴奏中开火车进入教室。

师：小朋友们，今天老师带你们去一位神秘人家中做客。来，我们一起坐上火车出发吧。

出示图片，讲解故事，幼儿猜测故事中的主要角色。

师：我们现在来到了谁的家？

师：老爷爷想把自己种的大萝卜拔出来，可是老爷爷年纪大了，怎么拔也拔不动，那可怎么办呀？

师：小朋友们真聪明，想到请这么多小动物帮忙。有一个故事说的就是他们之间的事情，那就是《拔萝卜》的故事。大家仔细听，这个故事跟你们想到的办法一样吗？

小结：启发幼儿用自己的方法帮助老爷爷，用提问引起幼儿对故事的兴趣。

2. 出示六张图片，分段讲述绘本故事，幼儿理解故事主要内容。

出示图片一，讲述后提问：老爷爷是怎么拔萝卜的？他一个人拔起来了吗？老爷爷找了谁来帮忙呀？

出示图片二，讲述后提问：老爷爷和老婆婆两个人有没有把萝卜拔出来？他们请了谁来帮忙？

出示图片三，讲述后提问：老爷爷、老婆婆和小姑娘有没有把萝卜拔出来？他们请了谁来帮忙？小姑娘是怎么叫小黄狗来帮忙的呀？小黄狗是怎么回答的？

出示图片四，讲述后提问：老爷爷、老婆婆、小姑娘、小黄狗有没有把萝卜拔出来？他们请了谁来帮忙？小黄狗是怎么叫小花猫来帮忙的呀？小花猫是怎么回答的？

出示图片五，讲述后提问：老爷爷、老婆婆、小姑娘、小黄狗、小花猫有没有把萝卜拔出来？他们请了谁来帮忙？小花猫是怎么叫小老鼠来帮忙的呀？小老鼠是怎么回答的？

出示图片六，讲述后提问：大萝卜有没有拔出来？是被谁拔出来的呀？他们高不高兴呀？

小结：分段理解每个角色是否拔出了萝卜、怎么请别人帮忙的、找的谁、结果如何。

3. 师生共读，巩固幼儿对故事的理解。

教师完整讲述故事，提问：

故事的名字叫什么？

出现了哪些角色？

发生了什么事？

最后萝卜拔出来了吗?

小结：使幼儿大致理解故事的主要内容、角色和对话方式。

【活动延伸】

将手套娃娃放在表演区，幼儿可以和小伙伴们用手套娃娃表演故事。

活动二（艺术领域）：儿歌《拔萝卜》

【活动由来】

小朋友们通过拔萝卜的故事，喜欢上了儿歌《拔萝卜》，时常会哼唱歌曲。天天说："老师，我最近可喜欢这首儿歌了，经常唱给妈妈听。"小雨说："我也是，爸爸还夸我唱得好听。""我唱得最好啦，我还会唱别的歌呢！"《3~6岁儿童学习与发展指南》指出，小班幼儿能够模仿学唱短小歌曲。在尊重幼儿想法、满足幼儿好奇心的基本前提下，我们利用此次主题活动，发展幼儿的想象力和口语表达能力。

【活动目标】

1. 认真倾听歌曲，感受歌曲的欢快有趣。

2. 初步用自然的声音演唱歌曲，不喊唱，掌握歌曲中老爷爷、老婆婆、小姑娘、小黄狗、小花猫、小姑娘的歌唱顺序。

3. 积极参加歌唱活动，体验唱歌的乐趣。

【活动重难点】

活动重点：初步用自然的声音演唱，不喊唱。

活动难点：掌握歌曲中老爷爷、老婆婆、小姑娘、小黄狗、小花猫、小姑娘的歌唱顺序。

【活动准备】

经验准备：知道《拔萝卜》的故事。

物品准备：故事相关图片五幅；播放设备；角色头饰（老爷爷、老婆婆、小姑娘、小黄狗、小花猫、小老鼠）；胡萝卜。

【活动过程】

1. 谈话导入，回忆《拔萝卜》故事中的主要角色。

师：小朋友们，我们都听过《拔萝卜》的故事。谁还记得故事当中都有谁去拔萝卜了？

有一首非常好听的儿歌就是讲述这个故事的，小朋友们也经常哼唱。我们一起来仔细听一听这首儿歌吧！

2. 完整欣赏儿歌《拔萝卜》。

（1）教师一边弹奏一边演唱歌曲。

提问：小朋友们，在歌曲里，老爷爷拔不动，谁来帮助他们了？老婆婆呢？小姑娘呢？……

（2）将角色图片按演唱顺序摆放，清唱一遍，并提示唱到哪个角色了。

小结：加深幼儿对歌曲中所出现角色的印象，熟悉歌曲旋律。

3. 分段学唱，帮助幼儿记忆歌词和角色顺序。

教师摆放好图片，幼儿根据图片顺序跟唱。

教师手指老爷爷图片演唱：拔萝卜，拔萝卜，嘿呦嘿呦拔不动，老婆婆，快快来，快来帮我们拔萝卜。

提问：拔动了吗？接下来老爷爷请谁帮的忙？

教师手指小姑娘图片演唱：拔萝卜，拔萝卜，嘿呦嘿呦拔不动，小姑娘，快快来，快来帮我们拔萝卜。

提问：拔动了吗？接下来小姑娘请谁帮的忙？

教师手指小黄狗图片演唱：拔萝卜，拔萝卜，嘿呦嘿呦拔不动，小黄狗，快快来，快来帮我们拔萝卜。

提问：拔动了吗？接下来小黄狗请谁帮的忙？

教师手指小花猫图片演唱：拔萝卜，拔萝卜，嘿呦嘿呦拔不动，小花猫，快快来，快来帮我们拔萝卜。

提问：拔动了吗？接下来小花猫请谁帮的忙？

教师手指老婆婆图片演唱：拔萝卜，拔萝卜，嘿呦嘿呦拔不动，老婆婆，快快来，快来帮我们拔萝卜。

提问：拔动了吗？

小结：利用图片提示幼儿歌词中角色出现的顺序，并用自然的声音完整演唱歌曲。

4. 师生合唱，巩固记忆。教师和幼儿边弹边唱，可放慢速度。

【活动延伸】

小朋友们唱得都很棒，我们可以在娃娃家播放这首儿歌，小朋友们一起演唱。

活动三（科学领域）：观察萝卜

【活动由来】

小朋友们哼唱《拔萝卜》，也对萝卜这种植物产生兴趣。薇薇说："我家也有萝卜，只不过和图片上的长得不太一样。"凯凯说："萝卜有白色的，还有橘黄色的。""有的萝卜是粉色的，就是比较小。"小哲说。小朋友们虽然知道萝卜是什么，但对萝卜的种类还不太了解。因此，我们认为，开展此主题活动有一定必要性，就如《幼儿园教育指导纲要（试行）》指出的，幼儿园教育活动的内容应遵循既贴近幼儿的生活来选择幼儿感兴趣的事物和问题，又有助于拓展幼儿的经验和视野。我们结合幼儿的实际生活生成了本次主题活动，引导幼儿运用多种器官了解萝卜的特征，形成对萝卜的正确认识。

【活动目标】

1. 运用多种器官感知各种品种萝卜的特征，并进行探究，知道不同品种萝卜的名称。

2. 乐于探索，发现各种萝卜的差异，感受发现的快乐。

3. 初步尝试在纸上记录自己的猜想，观察萝卜内外的颜色。

【活动重难点】

活动重点：仔细观察萝卜，发现萝卜的特征。

活动难点：大胆说出自己观察萝卜后得出的结论。

【活动准备】

经验准备：吃过萝卜。

物品准备：白萝卜、胡萝卜、绿萝卜若干（数量超过幼儿的总数），每人一个篮子、装有泥土的盆、切成小块的两盘萝卜，儿歌《拔萝卜》。

【活动过程】

1. 开展拔萝卜游戏，引发幼儿的探索兴趣。

每人从装满萝卜的泥盆里拔一根萝卜。

师：小朋友们，小兔菜地里的萝卜都成熟了，我们一起去帮它拔萝卜吧！

小结：幼儿跟随音乐拔一根萝卜并放到自己的篮子里。

2. 观察萝卜的外部特征，包括颜色、形状、表面触感等。

师：小朋友们，萝卜生长在哪里呀？

你们都拔了一个什么样的萝卜呀？

知道这种萝卜叫什么名字吗？

观察自己拔的萝卜，它的颜色、形状、表面触感如何？

和同伴的萝卜一样吗？

小结：萝卜长在土里。白萝卜里外都是白色的，形状是圆的或长圆的，摸起来很光滑；胡萝卜是橘黄色的，形状是长长的，有点尖，摸着不光滑；绿萝卜是绿色的，还有个名字叫心里美，形状是椭圆形，摸着有点光滑。萝卜很有营养，小朋友应该多吃。

3. 幼儿用自己的方法记录观察结果。

（1）幼儿猜测几种萝卜内部的颜色，并用彩笔在纸上涂出相应的颜色。

（2）幼儿展示自己的涂鸦。教师逐一切开萝卜，验证幼儿的猜想是否正确，表扬猜想正确的幼儿。

小结：白萝卜和胡萝卜，内外都是一样的颜色。绿萝卜，外表是绿色的，内部是红色的。萝卜富含营养元素，味道独特，小兔非常感谢我们帮它拔了这么多的萝卜。

【活动延伸】

1. 在家吃萝卜，胡萝卜和白萝卜的味道、口感是怎样的？

2. 你还知道哪种萝卜？搜集一下资料。

活动四（健康领域）：户外游戏“小兔拔萝卜”

【活动由来】

小朋友们喜欢模仿小动物的动作，看过绘本《拔萝卜》后，喜欢在操场上学小兔子蹦来蹦去。甜甜问同伴：“看我学小兔子像不像？”涵涵说：“小兔子是蹦着走的。”天天说：“我们来比赛吧，看谁跳得快！”小班幼儿具有一定平衡能力、动作协调性，我们结合幼儿兴趣点，设计了此主题活动，以发展幼儿双脚连续跳的能力。

【活动目标】

1. 幼儿积极参加游戏活动，并学会自我保护。

2. 幼儿能够双脚同时向前连续跳，跳过障碍物。

3. 体验到和同伴共同游戏的快乐。

【活动重难点】

活动重点：发展幼儿双脚同时向前连续跳的能力。

活动难点：积极参加游戏活动，并学会自我保护。

【活动准备】

经验准备：知道拔萝卜的故事。

物品准备：道具山洞、独木桥、小河、小石头、小兔头饰、拱形门、低平衡桥、萝卜玩偶若干。

【活动过程】

1. 开始部分：游戏激趣，谈话导入。

师：小朋友们，今天天气真好，我要带你们去很远很远的地方拔萝卜，你们高兴吗？

大家在路上不管遇到什么困难，一定要注意安全，紧紧跟着我，千万不要掉队。

小结：让幼儿了解大家要去很远的地方拔萝卜。

2. 进程部分：设置情境，多次感知。

（1）提示幼儿，在游戏时不能互相推挤。

（2）过山洞。放音乐，教师带幼儿上路，遇到山洞，提问：山洞洞口很窄，如果我们挤在一起钻过去会发生危险，那么怎样才能又快又安全地钻过山洞呢？

学说短句：你不推，我不挤，一个跟着一个走。

（3）过小桥。安全钻过山洞后，来到小桥前。

师：有这么多小兔宝宝要过小桥，怎样才能安全过桥呢？

（4）跳过小石头。面前有许多小石头，需要跳过去。

师：我们要双脚连续跳过去，大家要保护自己的安全啊！

（5）拔萝卜。最后来到“萝卜地”拔萝卜。

师：萝卜是什么颜色、形状？拔萝卜时要注意什么？如果拔不出来怎么办？

小结：小朋友们通过了山洞、独木桥，跳过小石头，同伴之间互相帮助，最后成功拔出了萝卜。

3. 结束部分：快乐体验，巩固行为。

师：终于拔完萝卜，小兔宝宝们一定累了，现在拿着萝卜和我一起回家吧。

师生又经历了一系列难关才到家。

【活动延伸】

在进行户外游戏时，幼儿可以和小伙伴一起摆好若干障碍物，以顺利通过障碍者为胜。

活动五（社会领域）：群体游戏“一起玩”

【活动由来】

学习了《拔萝卜》的故事后，小朋友们懂得了人多力量大的道理。有一次，小朋友们一起玩玩具，有人说：“我们要像一起拔萝卜那样做游戏，这样玩具才会搭得又快又好。”楠楠说：“我也想一起玩，可以吗？”安安：“当然可以啦，我们一起玩吧！”为了给全体学生营造良好的交往氛围，使学生之间友好相处，我们需要设计一些需要众人齐心协力才能完成的活动，故生成了此次活动。

【活动目标】

1. 观看情景剧，了解想玩别人的玩具时要询问、不能抢的道理。

2. 喜欢情景游戏，乐于参加群体游戏活动。

3. 初步理解社交礼仪，想和别人做游戏时，能友好地提出请求，如“我能和你一起玩吗”。

【活动重难点】

活动重点：喜欢参加群体游戏活动。

活动难点：初步理解社交礼仪，想和别人做游戏时能友好地提出请求。

【活动准备】

经验准备：听过《拔萝卜》故事。

物品准备：布娃娃一个、玩具若干。

【活动过程】

1. 交代任务，了解幼儿兴趣点。

师：小朋友们，你们看小兔请谁来家里做客了？因为上次大家帮助小兔拔萝卜，所以今天小兔请小姑娘、小花猫、小黄狗到家里做客，以感谢他们。我们来看看他们一起玩了什么吧！

2. 情景剧表演“一起玩”。

表演内容：小兔为朋友们准备了很多玩具。朋友们到来后，纷纷拿起玩具玩了起来。小姑娘说：“好多玩具呀！但是我想玩小黄狗手中的，小黄狗，我能和你一起玩吗？”小黄狗说：“我也想玩这个玩具，可是只有一个，要不然我们一起玩吧！”小姑娘开心地笑了，并跟小黄狗说了谢谢。

教师提问：

小黄狗、小姑娘、小花猫在干什么？他们都说了什么？

小姑娘想要干什么？小姑娘说了什么？

小黄狗说了什么？怎么说的？

小结：通过情景剧使幼儿意识到，看到别人有好玩的玩具时不能抢，要用礼貌用语友好地提出请求，如“我能和你一起玩吗”。当自己有好玩的玩具时，应懂得和小伙伴一起玩。

3. 教师创设情境，引导幼儿使用礼貌用语。

师：我可以玩你们的玩具吗？玩具给了我，你们就没得玩了，怎么办？如果我手里的玩具你们很想玩，应该怎么说？

小结：用对话引导幼儿说完整的语句，培养幼儿的谦让与分享品质。

【活动延伸】

在日常生活中，鼓励幼儿之间友好相处，有意识地引导幼儿主动说出“我可以和你一起玩吗”等请求的语句。

中班：主题活动——没有声音的运动会

主题活动由来

在一次区域活动中，美工区的瑶瑶和小伙伴说：“明天就是我妈妈的生日了，我要给她做一个大蛋糕，她一定很开心。”小伙伴说：“你用彩泥做的又不能吃，要是能做一个真的就好了。”瑶瑶又说：“可是真的我不会做呀。”这时图书区的然然拿来一本书说：“这些小老鼠不就在做蛋糕吗？他们全家一起做了一个蛋糕送给爷爷。我们也来试试吧。”4~5 岁幼儿在语言发展方面正处于愿意与他人交谈、喜欢谈论自己感兴趣的话题、能基本讲述自己所见所闻的阶段。他们喜欢和长辈交谈，喜欢和同伴交往，能够关心、尊重他人，但是语言表达能力和自我表现能力尚需锻炼。为了促进幼儿的社会化发展，我们生成了本次主题活动。小朋友们共同阅读绘本《没有声音的运动会》。故事中，小老鼠一家相互合作、愿意分享，为爷爷制作了一个美味的大蛋糕。

主题活动目标

1. 在体育活动中，发展幼儿动作的协调性、灵活性。（健康）

2. 仔细观察、动手操作，亲自探究溶解的秘密。（科学）

3. 通过观察、操作，总结出简单的规律模式，如 AB、ABAB。（数学）

4. 发现合作的重要性，体会成功的快乐。（社会）

5. 喜欢参与故事讲述活动，用不同的方式表达自己的想法，能简单讲述画面内容。（语言）

6. 喜欢参加艺术活动，能用剪纸、绘画、泥塑等方法表现自己的情感和体验。（美术）

7. 通过戏剧游戏、音乐的方式，激起参加运动会的热情，并能表达自己的情感。（音乐）

8. 通过阅读绘本，理解家人之间爱与被爱的情感，养成关心、尊重他人的良好品质。

主题活动思维导图

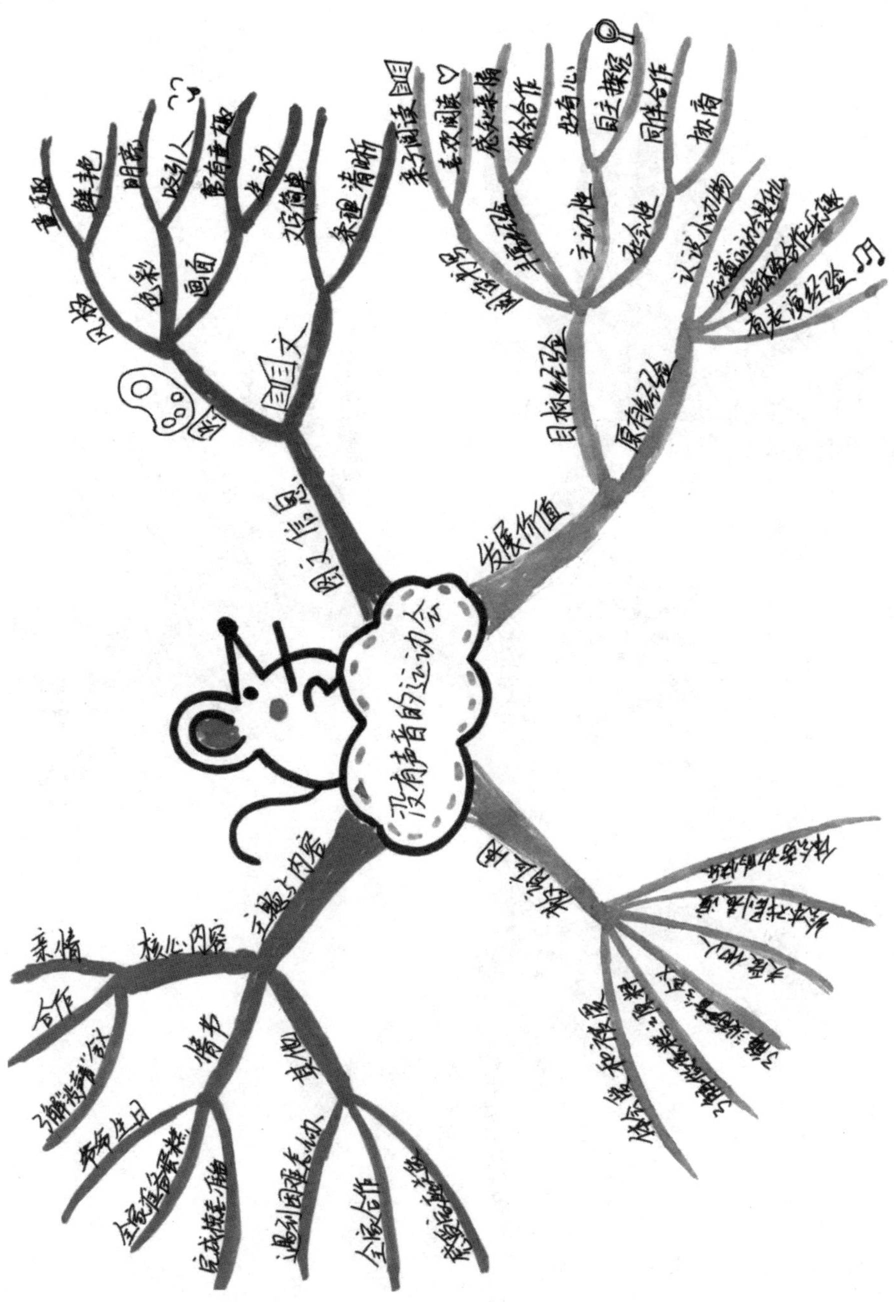
没有声音的运动会
图文信息
发展价值
主题与内容
语文
风格
色彩
画面
有趣
鲜艳
明亮
吸引人
富有童趣
生动
条理清晰
目标经验
原有经验
主动性
社会性
好奇心
自主探究
同伴合作
协商
喜欢阅读
认识小动物
有表演经验
核心内容
亲情
合作
情节
其他
家务生日
全家准备蛋糕
全家合作

主题活动网络图

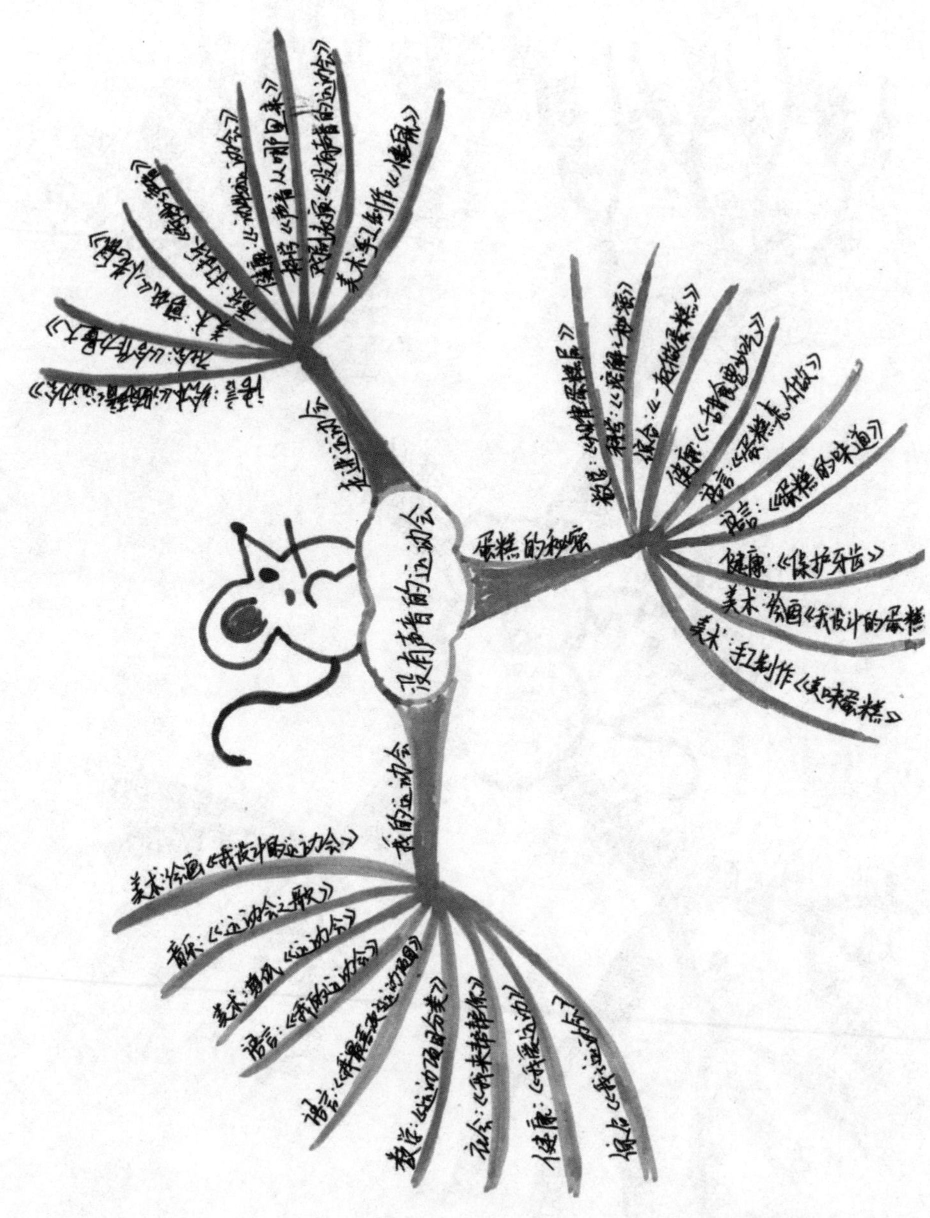
没有声音的运动会
走进运动会
蛋糕的秘密
我的运动会
语言：《蛋糕的味道》
健康：《保护牙齿》
美术：绘画《我设计的蛋糕》
美术：手工制作《美味蛋糕》
美术：绘画《我设计的运动会》
音乐：《运动会之歌》

主题活动案例

活动一（语言领域）：绘本讲述《没有声音的运动会》

【活动由来】

在一次活动中，瑶瑶和小伙伴们说起，想为妈妈做一个生日蛋糕。图书区的然然拿来一本绘本《没有声音的运动会》。绘本中，小老鼠一家齐心协力，为爷爷制作了一个蛋糕。小朋友们都对这本绘本产生了兴趣。

【活动目标】

1. 喜欢参与故事讲述活动，并能表达自己的想法。

2. 在看看、猜猜、议议、讲讲的过程中，能用语言完整表达老鼠们制作蛋糕的过程。

3. 初步养成关心、尊重他人的品质。

【活动重难点】

活动重点：用语言完整表达老鼠们制作蛋糕的过程。

活动难点：通过阅读绘本，养成关心、尊重他人的品质。

【活动准备】

经验准备：知道过生日要吃蛋糕。

物品准备：大本图画故事书；DVD《没有声音的运动会》；老鼠爷爷手偶一个；图片若干。

【活动过程】

1. 出示图片，激发幼儿参与讲述活动的兴趣，初步了解故事主人公老鼠爷爷。

（1）幼儿观察图片，教师提问：图片中是谁？

（2）幼儿讨论爷爷在干什么。

2. 观察课件，初步理解故事内容，用完整语言讲述制作蛋糕的过程。

（1）幼儿观看课件，认识老鼠一家。

（2）幼儿观察图片，模仿老鼠做蛋糕的动作。

（3）幼儿看图，连贯讲述做蛋糕的动作。

3. 分享环节，教师鼓励幼儿大胆表达自己的想法。

（1）教师播放 DVD，引导幼儿感受小老鼠一家的亲情。

（2）幼儿分享自己感兴趣的内容。

4. 播放视频，培养幼儿关心关爱他人的品质。

（1）教师播放老鼠爷爷感谢大家的小视频。

（2）幼儿分享自己送给老鼠爷爷的祝福。

（3）教师总结：小老鼠一家相亲相爱，乐于分享。

【活动延伸】

利用家园共育，幼儿与家长一起制作一个属于自己的蛋糕。

活动二（社会领域）：人际交往“一起做蛋糕”

【活动由来】

小朋友们通过阅读绘本，掌握了做蛋糕的基本步骤。有一天，石头跑来告诉我：“老师，今天是轩轩的生日，让我们一起做个蛋糕送给他吧。”如果让小朋友们亲自动手制作自己喜欢的事物，他们一定会心花怒放、喜笑颜开。既能满足他们的好奇心，又能使他们真切地感受到做蛋糕的快乐。在此过程中，小朋友们的合作意识及想象能力、审美能力也将得到进一步发展。于是，我们开展了本次主题活动。

【活动目标】

1. 了解蛋糕的制作过程。

2. 学习挤捏的动作，锻炼手指活动力度。

3. 发现合作的重要性，体会成功的快乐。

【活动重难点】

活动重点：体会同伴合作的重要性。

活动难点：能用适当的力度挤捏，并做出简单的花纹。

【活动准备】

经验准备：知道做蛋糕的基本步骤和动作。

物品准备：

1. 成品裱花蛋糕一个、教师示范用的蛋糕一个（略大于幼儿手掌）。

2. 幼儿练习用的小蛋糕、奶油袋每人一份。

3. 切好的水果若干，毛巾每人一块。

【活动过程】

1. 教师出示神秘礼物，激发幼儿学习兴趣。

（1）教师出示蛋糕，幼儿观察。

（2）幼儿观察蛋糕，分享自己最喜欢的部分。

2. 观察裱花蛋糕，了解蛋糕纹样的基本做法，学习挤捏的动作。

（1）教师提问：花纹是哪儿来的？

（2）出示奶油袋。

（3）教师讲解演示。

（4）幼儿尝试挤捏动作。

3. 幼儿通过实际操作、同伴合作，感受合作的重要性，体会成功的快乐。

（1）幼儿尝试挤捏不同的花纹。

（2）同伴之间互相合作、共同创作。

（3）幼儿分享自己的成功体会。

4. 分享礼物，互送蛋糕，体会合作的重要性。

（1）祝福轩轩生日快乐。

（2）同伴之间互送蛋糕。

【活动延伸】

初步体会到了合作的快乐，再接下来的活动中我们都要有合作意识，完成不可能的任务。

活动三（社会领域）：社会适应“合作力量大”

【活动由来】

小朋友们通过一起做蛋糕活动有了初步的合作意识，中班幼儿在生活中萌发了初步的合作意识，一些幼儿也具有愿意合作倾向，《幼儿园教育指导纲要

（试行）》指出：要培养幼儿主管，乐观，合作的态度学习互助，合作和分享，养成对他人，社会亲近，合作的态度。但让他们真正了解合作在人生中的重要性，还需要进一步的引导和幼儿的亲身体验和感受，而本次活动就是引导幼儿在活动中讨论、发现与人合作的重要性和必要性，懂得什么是合作，如何合作，通过活动培养他们的合作意识和能力，并感受合作带来的成功和快乐。

【活动目标】

1. 初步了解合作的重要。
2. 尝试协商、分工，提高与同伴合作的能力。
3. 体验团结协作、战胜困难带来的快乐。

【活动重难点】

活动重点：通过游戏、实践等活动，初步了解合作的重要，体验团结协作、战胜困难带来的快乐。

活动难点：尝试协商、分工，提高与同伴合作的能力。

【活动准备】

经验准备：有初步的合作意识。

物品准备：

1. 课件、音乐。
2. 四只袋子，海洋球若干。
3. 每桌一张记录表，黑色笔每人一支。

【活动过程】

1. 通过情景导入，引导幼儿观看视频感受合作带来的好处。

（1）观看小老鼠合作的视频。

（2）幼儿讨论分享视频里小老鼠的解决办法。

2. 通过问题、图片引导幼儿分享生活中需要合作的事情尝试协商分工与同伴相处的能力。

（1）讨论交流生活中需要合作的事。

（2）出示图片引导幼儿合作统计泡泡数量。

（3）感知单独完成的困难。

（4）初步尝试小组协商分工。

3. 通过游戏引导幼儿在装海洋球的游戏中学会合作体验团队协作、战胜困难带来的快乐。

（1）独立装海洋球。

（2）发现问题小组协商。

（3）小组协商、团队合作一起装海洋球。

（4）教师总结合作带给幼儿的快乐。

【活动延伸】

小朋友们合作完成了各项挑战，请把这份快乐分享给自己的家人吧！

活动四（科学领域）：规律排序“规律蛋糕屋”

【活动由来】

近期，小朋友们对于规律现象产生了极大兴趣，经常寻找身边具有规律的事物，乐于在活动中进行有规律的游戏。同时，小朋友们在主题活动《没有声音的运动会》中，学习了蛋糕制作的基本方法。因此我们设计了本次活动，意在引导幼儿感知物体的排列规律，利用数学知识解决生活中简单的数学问题。

【活动目标】

1. 能够观察发现物体的排列规律。（ABAB 和 AABBAABB）

2. 尝试用自己喜欢的方法为物体进行循环排序。

3. 积极探索，尝试解决生活中的数学问题。

【活动重难点】

活动重点：尝试用自己喜欢的方法为物体进行循环排序。

活动难点：有目的地观察物体排列规律，并尝试复制规律。

【活动准备】

经验准备：幼儿能够识别物体的特征，根据不同特征为物体分类。

物品准备：课件、iPad、班级内的各种物品。

【活动过程】

1. 教师创设蛋糕屋的情境，激发幼儿参与活动的兴趣。

（1）教师出示蛋糕屋的图片。

（2）幼儿观察图片、交流心得。

2. 教师出示课件，引导幼儿观察发现图片中 ABAB 和 AABBAABB 的规律。

（1）教师出示课件 1，引导幼儿观察。

（2）幼儿观察图片，发现规律 ABAB。

（3）教师出示课件 2，引导幼儿观察。

（4）幼儿观察图片，发现规律 AABBAABBAABB。

3. 通过帮小老鼠分蛋糕，观察简单的规律模式并尝试纠错。

（1）幼儿帮助老鼠厨师排列水果。

（2）找一找规律，填充排序规律缺失的部分。

（3）幼儿根据课件进行排序。

4. 通过电子白板开展排序游戏，用幼儿感兴趣的排序方式进行规律排序。

（1）幼儿在电子白板上填充丢失的蛋糕。

（2）教师介绍规律运动会的游戏规则。

（3）幼儿做游戏。

（4）幼儿按规律排队。

【活动延伸】

在进行户外游戏之前，先用排队游戏引导幼儿熟悉排列规律。

活动五（健康领域）：心理健康与社会适应“动物运动会”

【活动由来】

小朋友们在参加了音乐游戏后，对运动会有了浓厚兴趣。本班幼儿基本掌握了双脚跳的动作要领，但是其中一些在需要跨跳时，仍会停下来，然后双脚立定跳过去，需要加强练习，提高平衡能力及协调能力。于是，我们以“动物运动会”为主题，设计了本次活动。

【活动目标】

1. 绕障碍物跑，能在运动中控制身体的平衡。

2. 掌握游戏的玩法和规则。

3. 萌生爱护、保护小动物的情感。

【活动重难点】

活动重点：掌握游戏规则，感受模仿游戏的快乐。

活动难点：幼儿绕障碍物跑，提高平衡能力及协调能力。

【活动准备】

经验准备：幼儿会模仿一些小动物的动作和神态。

物品准备：环境创设，各种小动物头饰、小椅子若干，颁奖音乐，课件。

【活动过程】

1. 播放音乐，进入游戏场地，激发幼儿参与活动的兴趣。

（1）教师播放音乐，带领幼儿入场。

（2）教师提问：都有哪些动物来参加运动会了？

（3）教师出示图片，展示参加运动会的小动物。

2. 教师帮助幼儿了解游戏规则。

（1）教师依次出示动物图片。

（2）幼儿模仿动物动态。

（3）教师介绍游戏规则。

3. 障碍跑游戏，发展幼儿平衡能力及协调能力。

（1）幼儿选择自己喜欢动物的头饰。

（2）幼儿分成四组做游戏。

（3）幼儿模仿头上小动物的动态一次绕过障碍。

（4）幼儿完成障碍后下一名幼儿出发。

（5）为获胜的队伍颁奖。

4. 通过幼儿分享激发幼儿爱护保护小动物的情感。

（1）教师提出问题如何对待小动物。

（2）幼儿分享保护动物的方法。

【活动延伸】

每个小朋友都能积极锻炼身体，保护身体健康，回家以后请爸爸妈妈和小朋友一起做这个游戏吧！

大班：主题活动——请您享用

主题活动由来

“老师，您瞧瞧，我带了许多贴画。”瑶瑶一早高兴地对我说着。我问道：“为什么要带这么多贴画来呢？”瑶瑶告诉我：“咱们班的贴画盒都空了，我们家有很多，我拿来一些，其他小朋友就可以得到了呀。”大班幼儿有了高兴的事情愿意跟别人分享，他们渐渐懂得分享是一种很好的交往方式。为了使班级氛围更加和谐、友爱，提高幼儿社会交往能力，我们生成了《请您享用》这个主题活动。

主题活动目标

1. 有良好的倾听习惯和初步的阅读理解能力，能讲述《请您享用》的主要故事内容。能根据《请您享用》的故事情节续编故事，并用图画和符号表现剧情，制成图画书。

2. 了解蔬菜的营养价值，树立多吃蔬菜身体好的健康意识；在做“卷白菜”的游戏时能够保持身体平衡。

3. 愿意与别人分享玩具、图书等，对自己的表现感到满意。

4. 积极、主动地参加绘画、纸工、彩泥等多种制作活动，在活动中有愉快的情绪体验。

5. 激发幼儿对规律排序等数学活动的兴趣，能够积极参与讨论和探索，尝试用记录、符号等多种方法分享自己的探索过程。

6. 积极参与到音乐游戏当中，敢于用身体律动表达对音乐的感受。

7. 探究不同圆形物品的特征，通过观察、实验、比较等方法选出最省力的工具。

主题活动思维导图

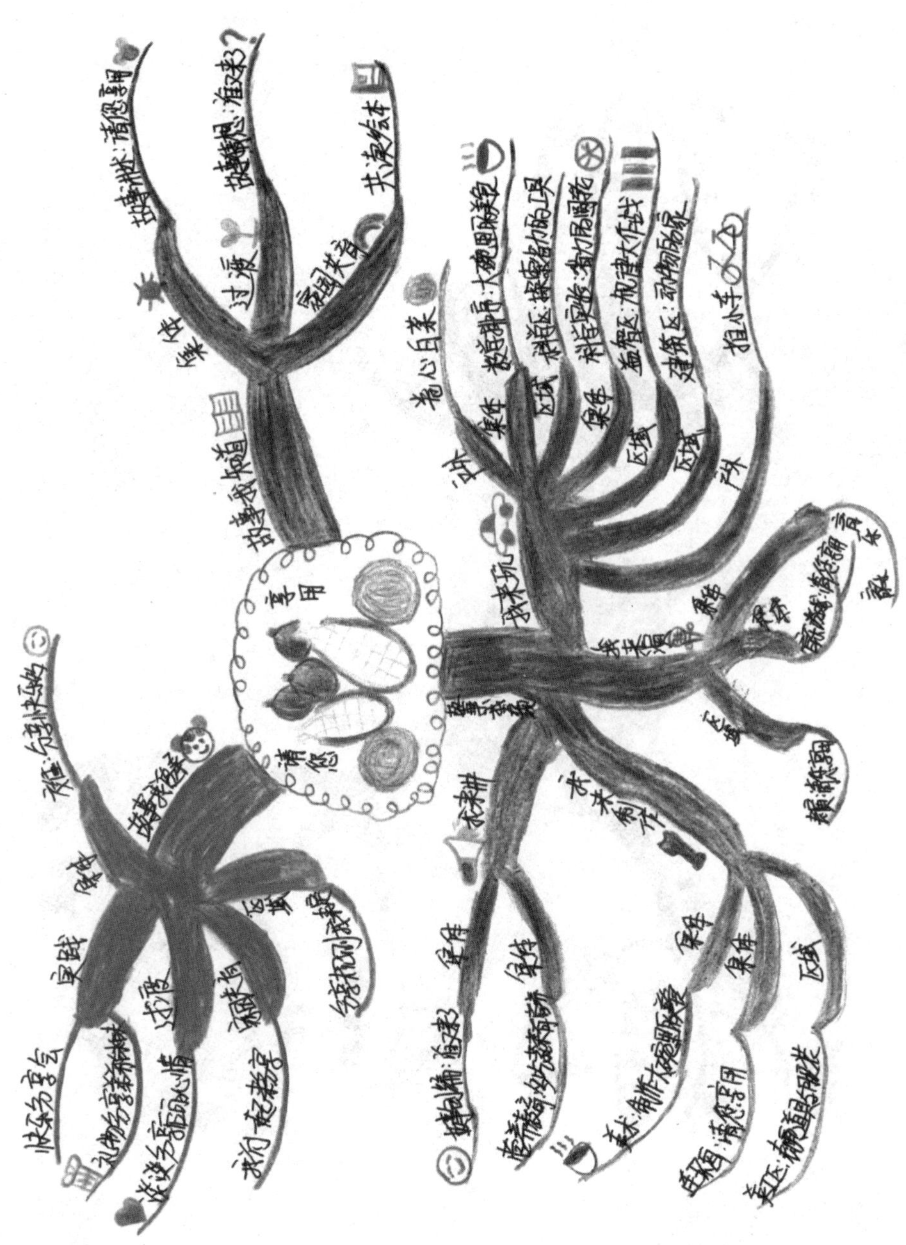

主题活动网络图

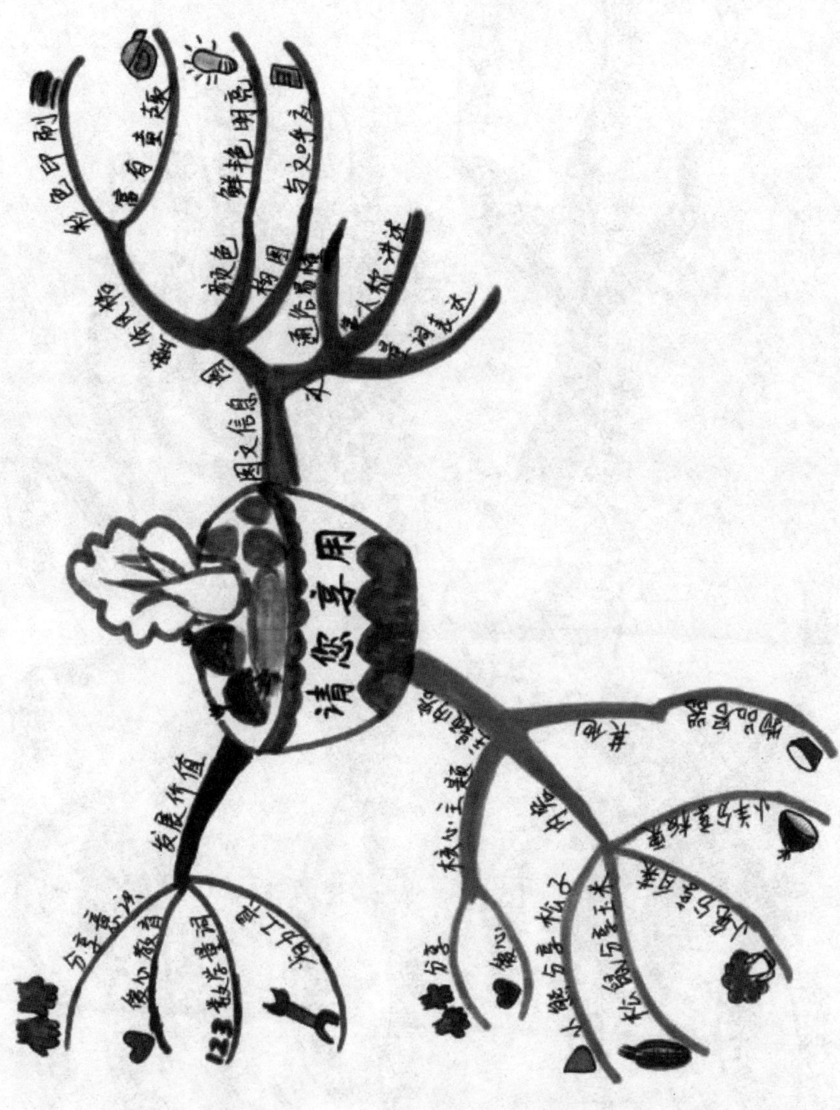

主题活动案例

活动一（语言领域）：故事讲述《请您享用》

【活动由来】

我们与家长沟通时，听到有些家长说小朋友不管什么东西都喜欢和别人分享，也有家长说小朋友只想独享自己特别喜欢的玩具或食物。针对这些现象，我们生成了本次活动，意在引导幼儿充分理解分享的意义。

【活动目标】

1. 喜欢听故事，愿意跟老师和同伴讨论故事内容。

2. 看图片，听老师讲，互相交流，了解故事主要内容，尝试看图讲述故事。

3. 感受故事并列式复述的语言节奏。

【活动重难点】

活动重点：看图片，听老师讲，互相交流，了解故事主要内容，尝试看图讲述故事。

活动难点：感受故事并列式复述的语言节奏。

【活动准备】

经验准备：幼儿喜欢听故事，在老师的引导下能够理解故事内容。

物品准备：故事课件。

【活动过程】

1. 疑问导入，激发幼儿学习兴趣。

在一片茂密的森林里，有一只神奇的大碗，大碗里的食物被一个动物吃光了，可是当下一个动物来的时候，碗里又装满了食物，这是怎么回事呢？下面我们一起来听故事——《请您享用》。

2. 师生共读故事，了解故事内容。

（1）老师展示图片，提问："说一说，你看到了什么？"（大碗、板栗、松子、玉米、白菜等）。

（2）朗读正文。

老师指导幼儿感受故事并列式复述的语言节奏：哪个动物出现了——享用了碗里的什么食物——看到“请您享用”的牌子，留下了什么东西填满大碗。

小熊又累又渴——一大碗水——看到“请您享用”的牌子，留下松子。

松鼠饿了——一大碗松子——看到“请您享用”的牌子，留下玉米。

兔子饿了——一大碗玉米——看到“请您享用”的牌子，留下白菜。

山羊又渴又饿——一大碗白菜——看到“请您享用”的牌子，留下板栗。

最后，小熊想：“昨天的松子一定吃完了，我再送一些过去。”它走近一看，碗里满满地装着板栗，于是又惊又喜地说：“太神奇了！我的松子变成了板栗。”

是小熊放的松子变成了板栗吗？为什么碗里的食物被享用完了，等下一个动物来的时候又装满了？

引导幼儿认识到，跟别人分享、为别人着想、帮助别人是一件非常美好的事情。

（3）幼儿看图片尝试讲故事，教师指导。

3. 结束。你喜欢今天的故事吗？喜欢故事里的什么内容？你懂得了什么道理？

【活动延伸】

在图书区，幼儿可以继续阅读这个故事，跟伙伴交流故事内容。

活动二（语言领域）：故事续编《谁又来了》

【活动由来】

《3~6 岁儿童学习与发展指南》指出，教师应鼓励幼儿依据画面线索讲述故事，大胆推测、想象故事情节的发展，改编故事部分情节或续编故事结尾。听了《请您享用》故事后，我们班有几个小朋友问我：“还有没有别的小动物去吃大碗里的东西？”“会不会有的小动物吃完就走了，怎么办？”“我想在大碗里放上汉堡包、可乐……”我们由此开展了本次故事续编活动。

【活动目标】

1. 在活动中发展想象和创造能力，根据故事情节的发展猜想、续编故事。
2. 能够根据原故事，创造性地、合理地续编故事。
3. 尝试用较为连贯、完整、生动的语言表达续编部分的内容。

【活动重难点】

活动重点：能够根据原故事，创造性地、合理地续编故事。

活动难点：尝试用较为连贯、完整、生动的语言表达续编部分的内容。

【活动准备】

经验准备：幼儿续编过故事。

物品准备：故事课件。

【活动过程】

1. 疑问导入，激发幼儿续编故事的欲望。

教师带领幼儿简单回顾故事内容，出示最后一页的图片。

小熊又惊又喜地说：“太神奇了！我的松子变成了板栗。”

后面还会不会有其他小动物来？还会发生什么事情？请小朋友们大胆想象，续编故事。

2. 根据原故事，创造性地、合理地续编故事。

按照与原文相同的思路引导幼儿续编故事。小熊走后，谁又来了？他吃完碗里的东西后，又往碗里放了什么？然后怎样了？

按照与原文反向的思路引导幼儿续编故事。小熊走后，谁又来了？他吃完碗里的东西后，没有填充食物，会发生什么事情？

引导幼儿创造性地续编故事。例如，在“请您享用”提示牌后方安装自动售货机，满足不同小动物的需求……

把续编思路相近的幼儿分在一组，进行小组讨论。教师巡视，引导幼儿用较为连贯、完整、生动的语句讲述续编故事，必要时帮助幼儿理清思路。

3. 结束。

请各小组代表讲述本组续编的故事，活动自然结束。

【活动延伸】

鼓励幼儿把续编的故事制成图画书放到图书区，供同伴阅览。

活动三（健康领域）：户外集体游戏“卷白菜”

【活动由来】

在《请您享用》和《多吃蔬菜有营养》主题活动结束后，有几位小朋友讨论起故事里面的大白菜。我说：“大白菜既好吃又有营养，老师有一个关于大白菜的游戏，你们想不想玩？”“什么，还有关于大白菜的游戏？老师，怎么玩呢？”小朋友们纷纷响应。

【活动目标】

1. 喜欢跟同伴一起玩游戏。

2. 在“卷、剥白菜”的过程中能够保持身体平衡，提高反应能力。

3. 增强幼儿的合作意识、协商能力和竞争意识。

【活动重难点】

活动重点：在卷、剥“白菜”的过程中能够保持身体平衡，提高反应能力。

活动难点：增强幼儿的合作意识、协商能力和竞争意识。

【活动准备】

经验准备：幼儿知道白菜叶子是一层层包裹的。

物品准备：白菜心头饰10个。

【活动过程】

1. 热身游戏。师生跟随音乐做热身运动，主要活动手腕、胳膊、脚腕。

2.“卷白菜”游戏。

（1）找3名幼儿示范。幼儿手拉手站成一排，左首学生是“白菜心”，游戏开始后，大家边有节奏地说“卷呀，卷呀，卷白菜！卷成一颗大白菜”，边以“白菜心”为中心卷绕。所有人都“卷”在一起后，游戏暂停片刻，然后再“剥”开“白菜”。大家边有节奏地说“剥呀，剥呀，剥白菜！剥成一盘大白菜”，边从最后一个“白菜叶”开始打开，直到站成一排，游戏结束。

（2）提醒幼儿注意安全。请大家注意保持身体平衡，练习时动作慢一点，熟练之后再逐渐加快“卷”和“剥”的速度，要防止自己摔倒。

3. 探索活动。

（1）三人一组，按照要求进行游戏，哪组又快又稳为胜，并请做得最好的一组分享经验。之后逐步增加人数：5 人一组、8 人一组、15 人一组、全班一起。中途发现问题，随时调整。

（2）表扬能够保持身体平衡、反应迅速，乐于合作、协商，注意安全的幼儿或小组。

4. 结束。幼儿跟随教师做放松活动。

【活动延伸】

幼儿可以组织家人一起做“卷白菜”游戏。

活动四（科学领域）：数学规律排序“大碗里的美食”

【活动由来】

区域活动时，梓琛利用核桃、板栗等摆出了 ABAB 的规律序列。一旁的飘飘见状热心地帮他摆出了 ABABBABBB 的序列。小朋友们好奇地围观，有的说：“飘飘，你摆得不对呀？”飘飘说：“怎么不对？这是我自己想的规律。”看到小朋友们对规律排序很感兴趣，我们便生成了本次活动，让小朋友们自由探索排序的规律。

【活动目标】

1. 能够观察、推理发现两种物品递增、递减排序规律。

2. 能按照已有规律继续排序，并讲述理由。

3. 激发幼儿对数学规律排序活动的兴趣，愿意并喜欢参加排序活动。

【活动准备】

经验准备：已经学过其他排序规律，如 ABBABB。

物品准备：

1. 教师材料：运动场图；序列图一（递增）、序列图二（递减）；规律图谱。

2. 幼儿分组操作材料：排序底卡；板栗、玉米、白菜、松子等各种材料的图片；制作美食的材料、规律提示卡。

【活动过程】

1. 观看运动场的布置，感受规律美，激发幼儿学习兴趣。

引导语：果园里正在举行水果娃娃运动会，我们去看看运动场的布置吧！

（1）观察红绿旗、大小气球的排列顺序，找出规律。

（2）师小结：按照物体特征有规律地排列，真美！

2. 幼儿操作材料，观察、推理、发现递增、递减的规律排序。

引导语：运动场上准备了丰富的美食，你们瞧！

（1）探索递增规律排列。出示图一，引导幼儿找出规律：ABABBABBB。

请幼儿根据图一的规律接着往下排。

分享交流：你是按照什么规律排序的？

小结：两个物体中，一个物体数量不变，另一个物体后面的比前面的都多一个，这样逐一逐一增加的规律，叫作递增。

（2）探索递减规律排列。出示图二，引导幼儿找出规律：ABBBBBABBBBABBB。

请幼儿根据图二的顺序，用新材料按递减规律排列。

分享交流：你是按照什么规律排序的？

小结：两个物体中，一个物体数量不变，另一个物体后面的比前面都少一个，这样逐一减少的规律，叫作递减。

3. 出示运动环境图片，引导幼儿再次感受递增和递减的规律。

引导语：小朋友们，运动员要经过三条小路，才能到达比赛地点，我们去看看。

教师出示三条路的图片，幼儿观察判断：哪一条路是按照递增规律排列的？哪一条路是按照递减规律排列的？

有一条路比较特别，既有递增规律又有递减规律。

小结：按规律排序的方法真多呀，小朋友们只要认真观察、比较，在生活中就会发现各种各样的规律美，大家以后慢慢发掘吧。

4. 分组活动，幼儿按照递增递减的规律为物品排序。

引导语：运动员辛苦了，我们为他们制作几款美食吧！

（1）介绍操作要求。

请小朋友们各自选择两种物品，制作成美食，制作要求：可以按照逐一增加的递增方法，也可以按照逐一减少的递减方法，还可以既有递增又有递减，好吗？

（2）幼儿自由操作，教师重点引导幼儿按照递增或递减规律排列。

5. 结束语：让我们把作品拿到活动区域里，在分区时，再和同伴一起分享，好吗？

【延伸活动】

区域活动：将分组活动的材料投放到益智区，让幼儿继续练习按递增或递减的规律排序物品。

活动五（艺术领域）：音乐表演《森林狂想曲》

【活动由来】

在此前的主题活动中，小朋友们认识了很多小动物，并且用小动物续编了很多故事。我们吸取成功经验，以大森林为故事背景，开展音乐主题活动——森林狂想曲。

【活动目标】

1. 幼儿积极参与音乐活动，并用语言和动作来表现音乐作品中的形象和情感，感受音乐活动的快乐。

2. 初步感受音乐曲式结构，掌握简单的音乐节奏。

3. 根据图谱分配乐器。跟随指挥，看着图谱，进行乐器演奏。

【活动重难点】

活动重点：积极参与音乐活动，并用语言和动作来表现音乐作品中的形象和情感；看着图谱进行乐器演奏。

活动难点：在了解音乐曲式结构的基础上，掌握简单的音乐节奏；伴随音乐节奏进行身体律动。

【活动准备】

经验准备：幼儿喜欢大自然和小动物。

物品准备：碰铃，沙蛋，响板，音乐（《森林狂想曲》），图谱，课件。

【活动过程】

1. 情景导入，引起幼儿兴趣。

师：老师带你们去一个神奇的地方，你们听，这是哪里？

2. 借助图谱分段听辨音乐，并创编律动。

（1）幼儿分段聆听音乐，自由创编律动。

师：你都听到了什么？听到了几段音乐？每段音乐的情绪是什么样的？你听到了哪些小动物的叫声？你能用什么动作表现一下呢？

（2）教师鼓励幼儿自由创编律动，模仿同伴动作，熟悉音乐和图谱节奏。

3. 幼儿分组随音乐进行完整表演。

教师完整播放音乐，幼儿分组进行表演。注意音乐的情绪转换，动作也随之转变。

4. 幼儿分组选择乐器，共同进行乐器演奏，体验合作的快乐。

师：小朋友们，你们听听看这几种乐器的情绪、音色是什么样的呀？我们跟图谱配对，一起来演奏吧。

【活动延伸】

今天的森林音乐会非常成功，大森林里有许多种类的动物和植物，让我们放飞想象的翅膀，一起去看一看吧！

第三章

自信中国娃

自信是健康的心理状态，是成功的保证。幼儿期是培养自信心的关键期，也是个性品质可塑性较强的时期。自信的幼儿可以大胆积极地参加各种活动，主动与同伴交往，在困难面前不畏惧、不退缩，敢于接受挑战，适应能力强。为了增强幼儿自信心，促进幼儿心理健康发展，我们开展了《小蝌蚪找妈妈》(小班)、《花木兰》(中班)、《愚公移山》(大班)等主题活动。

小班：主题活动——小蝌蚪找妈妈

主题活动由来

萱萱从家里带来一本绘本《小蝌蚪找妈妈》，小朋友们都争先翻看。爱模仿是幼儿天性，有的小朋友模仿小青蛙呱呱叫、大鹅嘎嘎叫，有的小朋友模仿小蝌蚪游泳、小青蛙蹦跳的动作。小朋友们初步看懂了绘本，并结合生活实际模仿动物的形态。他们喜欢扮演成绘本中的角色和老师一起做游戏。为了让小朋友们深刻了解绘本的叙事逻辑、精神内核及科学知识，如蝌蚪是如何变成青蛙的，我们生成了《小蝌蚪找妈妈》系列主题活动，希望小朋友们能够感悟到小青蛙的坚强、独立和自信。

主题活动目标

1. 听故事，看图画，说出绘本《小蝌蚪找妈妈》的图画上都有什么，发生了什么故事。

2. 会点数 4 以内的物体，初步感知、理解 4 以内物体的数量。

3. 了解小蝌蚪的成长过程，将小蝌蚪的成长过程用图片进行排序。具有一定观察能力，体验发现的乐趣。

4. 双脚能够跳跃一定距离。在情景游戏中，能单脚连续向前跳 2 米左右。

5. 熟悉《快乐的小青蛙》音乐旋律，尝试双手同时在铃鼓上随着音乐一下一下地演奏，体会节奏的韵律美，喜欢参与音乐活动。

6. 初步感知小蝌蚪在找妈妈的过程中表现出的勇敢、自信、不气馁。

7. 初步了解手指压印的画画方法，能用手指压印的方法画出各种动态的蝌蚪，对美术活动有兴趣，体验美术活动的快乐。

8. 知道妈妈的辛苦，主动帮助妈妈做力所能及的事。

主题活动思维导图

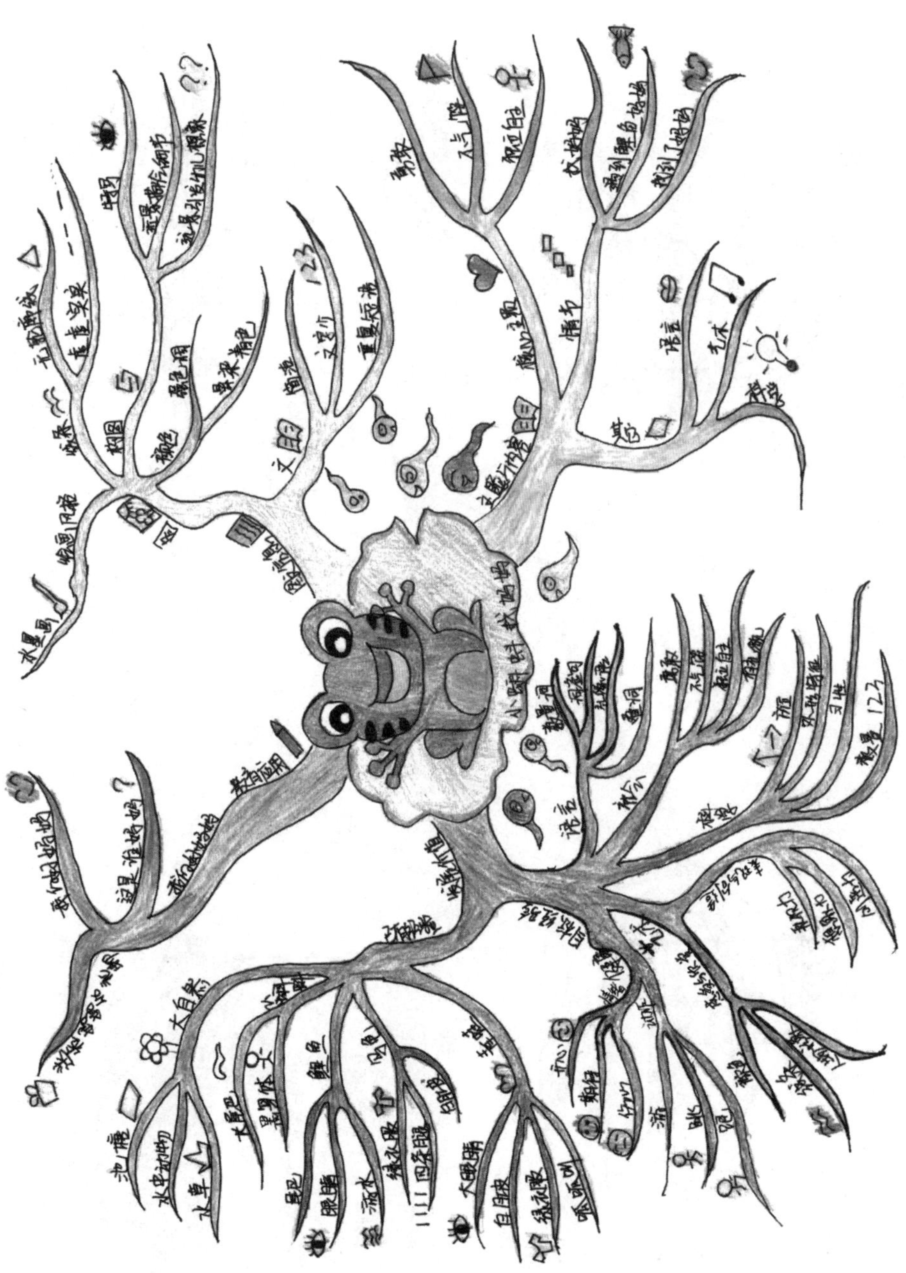

主题活动网络图

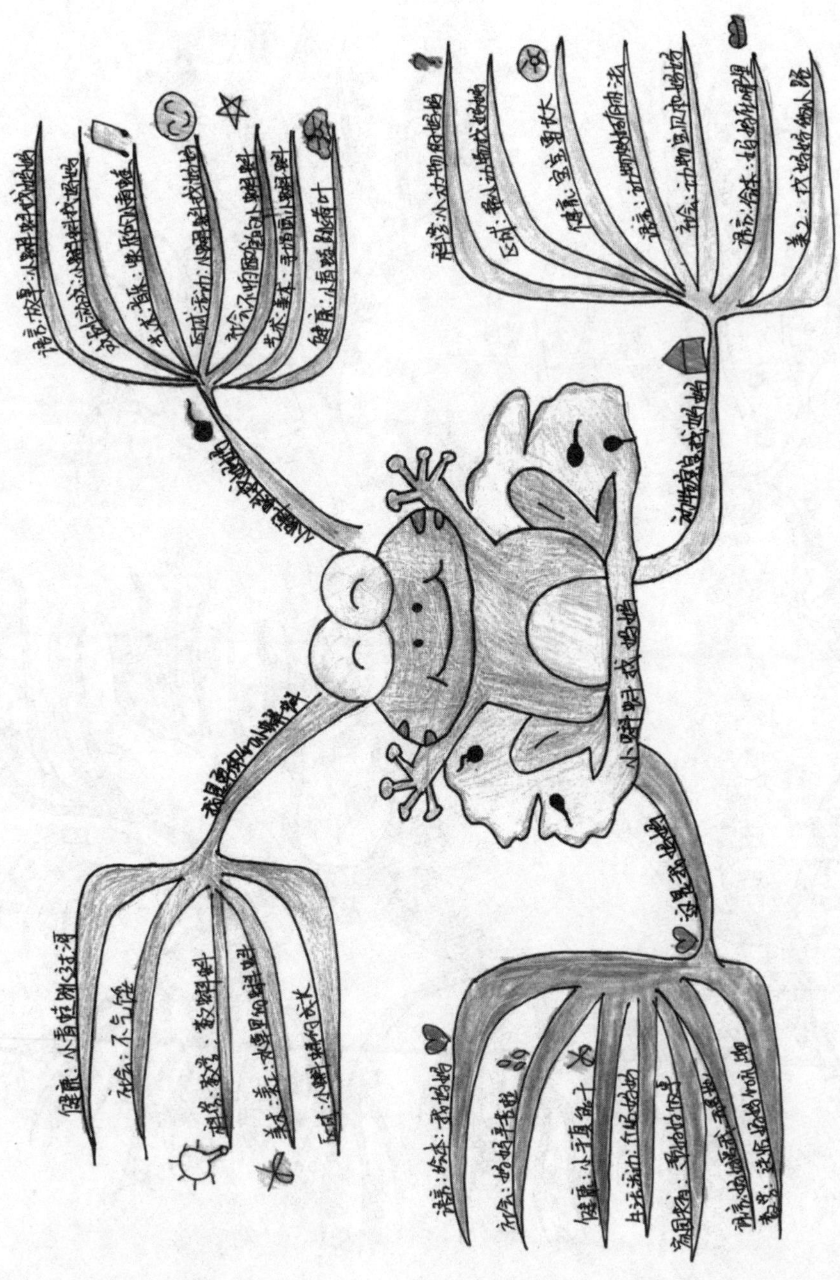
小蝌蚪找妈妈
语言:故事:小蝌蚪找妈妈
表演游戏:小蝌蚪找妈妈
艺术:音乐:快乐的小青蛙
区域活动:小蝌蚪找妈妈
社会:不怕困难的小蝌蚪
艺术:美术:手指画小蝌蚪
健康:小青蛙跳荷叶
健康:小青蛙跳过河
社会:不气馁
科学:数学:数蝌蚪
美术:美工:水草里的蝌蚪
区域:小蝌蚪的成长
这是我妈妈
语言:绘本:我妈妈
社会:妈妈辛苦啦
健康:小手真能干
生活活动:介绍妈妈
动物宝宝找妈妈
科学:小动物的妈妈
区域:帮小动物找妈妈
健康:宝宝要长大
语言:动物妈妈有办法
社会:动物宝贝和妈妈
语言:绘本:妈妈在哪里
美工:找妈妈的小路

主题活动案例

活动一（语言领域）：故事讲述《小蝌蚪找妈妈》

【活动由来】

小朋友们在老师准备的众多绘本中，对动物类的故事最为感兴趣。这天，小玉在活动室做着向前游泳的动作，很多小朋友紧随其后。不一会儿，他们又做起了蛙跳，还发出呱呱的叫声。亮亮将绘本《小蝌蚪找妈妈》拿给老师，小手指着他觉得有趣的画面，兴致勃勃地为老师讲故事。小朋友们现在能够看懂简单的绘本，并愿意表达自己的想法。为了让幼儿对故事有完整清楚的认识，我们设计了本次活动。

【活动目标】

1. 能看图说出《小蝌蚪找妈妈》中有什么，发生了什么事。
2. 了解《小蝌蚪找妈妈》的故事，口齿清楚地复述绘本中某段情节。
3. 愿意参与集体活动，并感受到快乐。

【活动重难点】

活动重点：理解故事内容，分角色表演故事中某一个情节。

活动难点：口齿清楚地复述绘本中某段情节。

【活动准备】

经验准备：幼儿能够看懂简单的绘本，并愿意表达自己的想法。

物品准备：两只大眼睛、嘴巴宽又大、四条腿、白肚子图片；《小蝌蚪找妈妈》视频；小蝌蚪和小青蛙头饰。

【活动过程】

1. 情景导入，激发幼儿学习兴趣。

（1）师生头戴小蝌蚪头饰，一起扮演小蝌蚪，游进活动室。

（2）师生伴随音乐一起做游泳的动作。

师：我们是一群小蝌蚪，别的小动物都有妈妈了，咱们也去池塘里找找妈妈吧。

2. 做游戏，大致了解绘本故事情节。

（1）教师出示《小蝌蚪找妈妈》绘本，提问：认真看，说说你都看到了什么？

（大鹅、小蝌蚪、鲤鱼、乌龟、青蛙、荷花、荷叶、水草等）

（2）整体感知，理解绘本故事内容。

用课件一页一页地出示绘本，播放讲解音频。

绘本故事中都有谁？小蝌蚪找到妈妈了吗？在途中都遇到了谁？它们都长什么样？

3. 开展角色扮演游戏，帮助幼儿理解故事内涵。

（1）课件出示绘本重点插图。用课件播放大鹅、鲤鱼、乌龟的图片和对白。

（2）每看完一段情节，师生就扮演相关角色，练习对话。

（3）找到妈妈了，一起欢呼。

提问：妈妈，你怎么和我们长得不一样？

（青蛙妈妈由配班老师扮演）

（4）完整欣赏故事，巩固理解。

4. 课堂小结。小蝌蚪先后向大鹅、鲤鱼、乌龟询问妈妈的下落，经过不懈努力终于找到了妈妈。我们真替青蛙母子高兴呀。

【活动延伸】

回家给爸爸妈妈讲述《小蝌蚪找妈妈》的故事，并和他们一起进行角色扮演游戏。

活动二（科学领域）：观察比较事物特征“小蝌蚪变青蛙”

【活动由来】

随着主题活动的开展，幼儿对绘本有了更深入的认识。科学区小蝌蚪变青蛙的标本成了幼儿观察讨论的焦点。婷婷说：“这只的后腿刚长出一点点。”艳艳说：“看，这只的尾巴还那么长呢。”为了让幼儿直观地了解蝌蚪变成青蛙的过程，我们设计了本次主题活动。

【活动目标】

1. 初步了解小蝌蚪的成长过程。

2. 能将小蝌蚪的成长过程用图片或标本进行排序。

3. 对小蝌蚪的成长过程感兴趣，乐于参与课堂活动。

【活动重难点】

活动重点：初步了解小蝌蚪的成长过程。

活动难点：能将小蝌蚪的成长过程用图片或标本进行排序。

【活动准备】

经验准备：知道小蝌蚪会变成青蛙。

物品准备：小蝌蚪变青蛙的图片、小蝌蚪变青蛙的视频及标本若干。

【活动过程】

1. 图片导入，激发幼儿学习兴趣。

出示青蛙的图片。

多么可爱的小青蛙呀！它张着嘴好像想说话呢，老师听一听。原来小青蛙有一件事想请大家帮忙。它想知道自己小时候是什么样子的。

小朋友，你知道青蛙小时候是什么样的吗?

2. 观看视频，了解小青蛙的成长过程。

播放小蝌蚪变成青蛙的视频。提问：你在视频中看到的小青蛙是什么样子的?

引导幼儿观察并说出小蝌蚪的成长历程：大脑袋长尾巴的小蝌蚪、长两条腿的蝌蚪、长四条腿的蝌蚪。

再次播放视频的重点部分。提问：蝌蚪是先长前腿还是后退?它的尾巴是怎样变化的?

蝌蚪是先长后腿再长前腿，尾巴是慢慢消失不见的。

3. 操作游戏，摆一摆蝌蚪变成青蛙的过程。

（1）小朋友选择图片和标本。

（2）小朋友摆一摆小蝌蚪变成青蛙的过程。

（3）小朋友按照自己摆放的图片顺序，说一说蝌蚪变青蛙的过程。

4. 活动总结。我们帮助小青蛙解决了困难，知道了小青蛙小时候的样子，大家真棒!

【活动延伸】

将图片投放到益智区，鼓励幼儿进行摆放图片的游戏。图片内容可延伸到多种小动物的成长过程。

活动三（艺术领域）：美术手指画“小蝌蚪”

【活动由来】

“小蝌蚪变青蛙”主题活动结束后，笑笑拿着一个蝌蚪形状的黑塑料片来到班级，她大声地说：“我有小蝌蚪啦！”小朋友们都围拢过来，争抢起塑料片。他们认识有着大脑袋、长尾巴的小蝌蚪，能将生活中与之相像的物体联系起来。为了让小朋友们将自己感知到的画面用绘画的方法表现出来，我们开展了本次活动。

【活动目标】

1. 初步了解手指压印的画画方法。

2. 用手指压印的方法画出多种形态的蝌蚪。

3. 对美术活动有兴趣，体验参加美术活动的快乐。

【活动重难点】

活动重点：用手指压印的方法画出多种形态的蝌蚪。

活动难点：愿意把自己的画展示给大家，并说出自己想法。

【活动准备】

经验准备：认识蝌蚪。

物品准备：每组一盘黑色颜料，擦手纸、白色卡纸若干，多种游动的小蝌蚪图片。

【活动过程】

1. 谈话引入，激发幼儿学习兴趣。

师：老师请来了一些小客人，你们想知道它们是谁吗？

小朋友们观察蝌蚪的外形。

教师出示蝌蚪图片，提问：小蝌蚪长什么样子？（黑黑的大脑袋、细细的长尾巴。）

2. 介绍手指画。

师：你们喜欢小蝌蚪吗？我也很喜欢小蝌蚪。你们想把小蝌蚪画下来？我也特别想，但是咱们没有笔，该怎么画呢？老师有一个办法，只要有手指和颜料就可以画画。

教师示范，用手指蘸颜料印一个小蝌蚪。

师：如果想画很多蝌蚪往不同方向游，那么它们的小尾巴应该怎么画？

幼儿学一学，从不同的方向添画小蝌蚪的尾巴。（画画时可以转动纸，提醒幼儿蝌蚪不要画得太挤，画在纸的中间。）

你们会用手指画画了吗？那就赶快动手吧。

3. 幼儿画手指画，教师根据幼儿完成情况加以指导。

（1）幼儿动手作画，教师巡回指导。（播放轻音乐）重点指导画法：画出向不同方向游的蝌蚪。

颜料压印后，需在抹布上擦干净手指。

姿势正确，操作仔细，保持画面干净。

（2）教师准备贴有青蛙图片的大展板，请幼儿将自己画好的小蝌蚪送到青蛙妈妈的怀抱中，集体欣赏手指画作品。

师：小蝌蚪真可爱，长着大大的脑袋、细细的尾巴。我们根据它的外形，编一首有趣的儿歌好吗？

生：小蝌蚪黑黝黝，大脑袋细尾巴，游来游去，找妈妈（真可爱）。

（3）幼儿介绍自己的作品。

4. 教师小结。

【活动延伸】

小朋友们发挥想象，创作手指画。可以增加难度，如画池塘、水草等。

活动四（健康领域）：户外体育游戏“小青蛙跳荷叶”

【活动由来】

在进行户外自由活动的时候，小朋友们经常模仿青蛙跳来跳去。模仿是小朋友们对“喜欢”这种情感最原始的表达。在《小蝌蚪找妈妈》主题活动中，小朋友们学习了向前蛙跳的动作。为了让小朋友们练习双脚连续跳和单脚连续跳，我们设计了本次活动。

【活动目标】

1. 双脚并拢跳进或跳出圈。

2. 单脚连续向前跳 2 米左右。

3. 喜欢参与体育活动，体验参与体育活动的乐趣。

【活动重难点】

活动重点：在游戏中动作协调地跳跃。

活动难点：通过练习能够灵敏协调地跳到一定距离外的圈里。

【活动准备】

经验准备：幼儿能双脚并拢向前跳。

物品准备：室外平整场地，呼啦圈若干个。

【活动过程】

1. 师生一起做游戏前的热身运动。

师生边说儿歌边做动作。“我是一只小青蛙，捉虫本领大，手儿伸一伸，腿儿蹬一蹬，蹲下——找一找小虫，跳起来——吃掉它！”（活动四肢，巩固双脚跳的动作。）

2. 巩固练习青蛙跳的动作。

（1）幼儿练习双脚并拢跳。

（2）老师敲一下鼓，幼儿双脚并拢向前跳一下。

3. 连续跳游戏。

（1）双脚连续跳。

师：青蛙宝宝们，今天我们要比赛跳荷叶，看谁能从荷叶上跳到对岸。

①先请一名幼儿示范，从起跳线开始，自一个圈跳到其他圈里，一边跳一边说：“青蛙宝宝，要回家，跳跳跳，呱呱呱，青蛙宝宝回到家！”

②引导幼儿观察、学习青蛙的跳跃动作，了解手臂和腿的动作要配合才能跳得远。

③幼儿分两组，排队依次进行跳荷叶游戏。

教师把若干个呼啦圈摆成曲折的小路。幼儿依次跳过每个呼啦圈，到达对岸。

（2）单脚连续跳。

幼儿单脚跳过呼啦圈，到达对岸。教师减少呼啦圈的个数，使到河岸的距离在 2 米左右。

（3）幼儿练习。

4. 放松活动。幼儿模仿青蛙的动作，如抖腿、捶腿，进行腿部放松练习。

【活动延伸】

幼儿和家长一起创编“小青蛙跳荷叶”的游戏。

活动五（社会领域）：人际交往“不怕困难的小蝌蚪”

【活动由来】

经过前几次主题活动的积累，小朋友们对小蝌蚪的外形及习性有了一定了解，知道小蝌蚪很勇敢。某次户外活动跳障碍游戏中，小玉不敢跳，艳艳就说：“你真胆小，应该向勇敢的小蝌蚪学习。”小朋友们也跟着说：“小蝌蚪非常勇敢，小玉可以向小蝌蚪学习，加油！”为了让小朋友们进一步感知小蝌蚪的坚强勇敢，在生活中向小蝌蚪学习，我们设计了本次活动。

【活动目标】

1. 感受小蝌蚪不怕困难，勇敢向前，才会找到妈妈。
2. 结合生活实际情况，说出小蝌蚪遇到困难时是怎么想、怎么做的。
3. 在游戏活动中，愿意大胆尝试，感受经过努力获得成功的快乐。

【活动重难点】

活动重点：感受小蝌蚪的不怕困难，勇敢向前。

活动难点：能结合生活实际情况，用简短的语句表达自己的想法。

【活动准备】

经验准备：阅读过绘本《小蝌蚪找妈妈》。

物品准备：课件。

【活动过程】

1. 创设情境，引起学生学习兴趣。

教师拿着小蝌蚪手偶说：小蝌蚪身体软软的，力气也很小。它们是怎样找到妈妈的？

小蝌蚪始终不放弃，一直努力才找到了妈妈。

2. 根据故事，回答问题，深入理解小蝌蚪的勇敢。

（1）小蝌蚪找妈妈时先后遇到了哪些动物？当知道它们都不是自己的妈妈时，心情是怎样的？它们放弃了吗？

（2）小蝌蚪是那么弱小，身体软软的，它们在找妈妈的路上会遇到哪些困难？

教师先举例，创设教学情境：前方有水草挡住了去路，小蝌蚪游不过去。

幼儿边说边用动作表现小蝌蚪是怎么努力的。

教师出示课件（凶猛的动物，杂乱的水草，庞大的石头），提问：面对这么多困难，如果你是小蝌蚪，你会怎样做？

3. 角色扮演游戏。

（1）教师扮演障碍物，阻止小蝌蚪去找妈妈。

（2）随机指名幼儿扮演小蝌蚪。

师：我是凶猛的大龙虾，小蝌蚪不许从我这里过去。小蝌蚪你会怎么说，怎么做呢？

4. 活动小结。虽然小蝌蚪在找妈妈的路上遇到了许多困难，但是它们没有气馁。它们勇敢地解决了困难，最后终于找到了妈妈。小朋友们做向小蝌蚪学习，做不怕困难的勇敢小孩。

【活动延伸】

幼儿将自己创编的故事讲给家长听。

中班：主题活动——花木兰

主题活动由来

在自信中国娃主题活动月，我们开展了丰富多彩的、以传统美德故事为主题的活动。小朋友们积极主动地到图书区和丫丫绘本馆翻阅各种图书，其中《花木兰》最受欢迎。有的小朋友说："我长大了要像花木兰一样勇敢，保护我的爸爸妈妈。"有的小朋友说："我以后也要成为一名了不起的女将军。"现在小朋友们升入中班，已经能关注到他人的情绪，能够自己的事情自己做，但在遇到问题、困难时偶尔还会退缩或依赖别人的帮助。于是，我们生成了《花木兰》这个主题活动，让幼儿学习花木兰勇敢自信、爱国爱家的良好品质。

主题活动目标

1. 喜欢听故事，理解故事内容，用简洁的语言复述故事，清楚地表达自己的想法。（语言）

2. 能从生活和游戏中感知、发现数量的多与少，能利用多种方法进行比较，体验数学活动的乐趣。（数学）

3. 能通过观察比较、操作探究等方法，解决生活中的实际问题。（科学）

4. 能用绘画、剪纸、粘贴等多种方法创作艺术作品。（美术）

5. 喜欢参加音乐活动，能根据图示理解、记忆歌词，并准确地演唱出来。（音乐）

6. 积极主动地参加体育活动，养成自主、合作、勇敢、不怕困难的良好品质。（健康）

7. 关心父母，初步理解他们的需要和情感，能够用自己的方式表达对父母的爱。（社会）

8. 学习花木兰勇敢自信、爱国爱家的良好品质。（学习品质）

主题活动思维导图

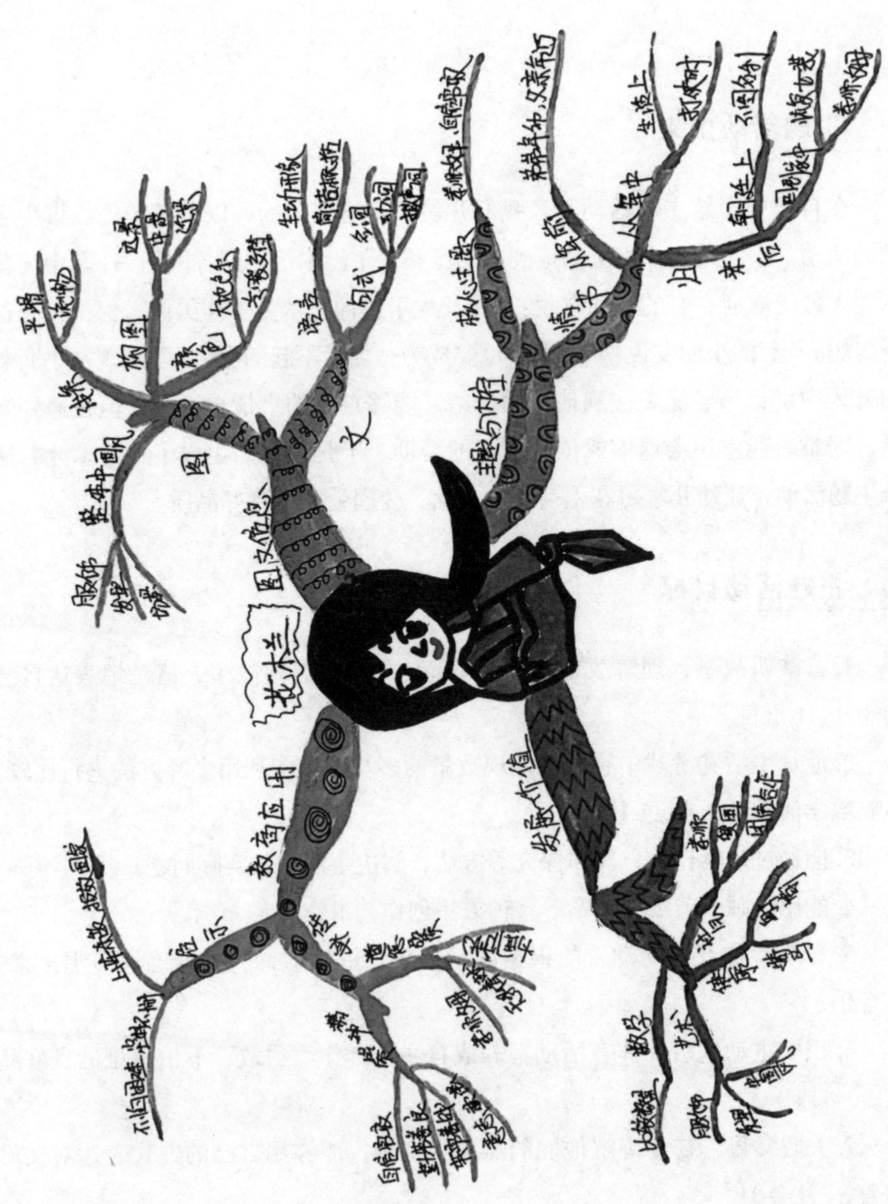

主题活动网络图

主题活动案例

活动一（语言领域）：故事讲述《花木兰》

【活动由来】

最近班级开展了图书漂流活动，小朋友们都积极主动地到图书区阅读书籍。他们发现了《花木兰》这本书，非常喜欢花木兰这个人物。有的小朋友好奇地问："花木兰是男的还是女的呢？"有的小朋友羡慕地说："看她的样子像是一个大将军！"为了让幼儿深入理解绘本内容，能够大胆表达出自己的想法，我们设计了本次活动。

【活动目标】

1. 喜欢听故事，理解故事内容，用简洁的语言复述故事。

2. 积极参与讨论，体验与同伴交流的快乐。

3. 能够注意倾听他人讲话。

【活动重难点】

活动重点：理解故事内容，用简洁的语言复述故事。

活动难点：参与讨论，注意倾听他人讲话。

【活动准备】

经验准备：幼儿和教师谈论过花木兰人物角色。

物品准备：人物图片，故事视频。

【活动过程】

1. 教师出示花木兰的图片，激发幼儿听故事的兴趣。

师：图片中的人是谁呢？你们认识她吗？她给你们一种什么样的感觉？

她是花木兰，你们猜她身上会发生什么故事？

2. 幼儿观看视频，理解故事大意，积极参与话题讨论。

师：花木兰都做了什么事情？她为什么要替父亲上战场？你觉得她是个什么样的人？

教师引导幼儿仔细观察，一起讲述故事。

师：我们一起来讲一讲这个故事吧！

分角色对话，说一说自己对花木兰替父从军的感受。

鼓励幼儿大胆表达自己的想法，复述故事内容。

3. 小组分享，倾听同伴的想法。

师：谁想说一说花木兰是一个什么样的人？

其他幼儿认真倾听，不要讲话。

小结：花木兰是一位巾帼英雄，她替父从军，在战场上英勇杀敌，保卫国家。她自信勇敢的良好品质值得我们学习。

【活动延伸】

将故事书投放到图书区，供幼儿阅读。

活动二（科学领域）：操作活动“坚固的长城”

【活动由来】

在区域活动中，小朋友们继续翻阅绘本《花木兰》。有几人被雄伟壮观的长城深深地吸引了，有个小朋友兴奋地说：“我去过司马台长城，它有高高的城墙。”还有个小朋友说：“我也去过，我还去过慕田峪长城，上面有很多烽火台。”我们发现了这个教育契机，顺势设计了本次活动，以培养幼儿的观察力及解决问题的能力。

【活动目标】

1. 在游戏中练习搭高。

2. 通过实践、探究等方法，探索搭高时保持平稳的方法。

3. 体验与同伴合作的快乐。

【活动重难点】

活动重点：在游戏中练习搭高。

活动难点：通过实践、探究等方法，探索搭高时保持平稳的方法。

【活动准备】

经验准备：幼儿对长城有一定了解。

物品准备：砌墙角的视频。

【活动过程】

1. 谈话导入，激发幼儿学习兴趣。

师：说一说我国都有哪些名胜古迹？（故宫、天安门、长城……）

长城是中国，也是世界上修建时间最长、工程量最大的古代防御工程，自西周时期开始，不断修筑了两千多年。长城不是一道单纯孤立的城墙，而是以城墙为主体，还有城楼，烽火台等。

2. 创设情境，进行搭高游戏。

师：地上这么多散落的墙砖，我们怎么能够搭起来呢？

教师提出墙砖搭高要求：笔直、平整。

砌墙的时候砖块要整齐地码放，墙面要砌得平平的、直直的。

3. 观看视频，探索搭高时保持平稳的方法。

（1）播放墙砖搭高的视频，提出问题，引导幼儿思考。

师：看来砌一堵墙很简单呀！现在就请你们去尝试一下，砌城墙吧！

（2）幼儿分组砌城墙，自主探索砌城墙的好方法。

师：大家这么快砌好了城墙，我们来看哪一组搭建的城墙最牢固。

引导幼儿观察、比较，检验城墙质量。

师小结：想要检查城墙是否牢固，关键要保持平衡，在向上加高时，注意各层砖要有规律的交替排列，这样搭出的城墙就会又高又坚固啦！

（3）幼儿再次体验操作，互相合作，注意砖块叠放的方法。

【活动延伸】

幼儿在科学区继续尝试探索搭建烽火台。

活动三（艺术领域）：剪纸“我眼中的花木兰”

【活动由来】

小朋友们通过多种主题活动，已经对花木兰这一人物形象有了一定了解。小朋友们想要用剪纸的方法来表达自己的感受，于是我们生成了本次活动。

【活动目标】

1. 能够用连剪和镂空的技法进行创意剪纸。

2. 喜欢剪纸，能剪出人物外形和故事场景。

3. 养成有序摆放和安全使用工具、材料的良好习惯。

【活动重难点】

活动重点：能剪出人物外形和故事场景。

活动难点：学会连剪和镂空技法。

【活动准备】

经验准备：幼儿听过花木兰的故事。

物品准备：剪刀、彩纸、工具盒。

【活动过程】

1. 回忆故事内容，激发幼儿剪纸兴趣。

（1）剪出人物外形和故事场景。

（2）引导幼儿说一说故事里都有哪些人物、花木兰做了哪些了不起的事情、花木兰打仗时的表情和动作是什么样的。

2. 观察剪纸作品模板，鼓励幼儿运用连剪和镂空的技法进行创作。

（1）观察图片，发现连剪的连接点。

师：你发现连剪是怎样连接图案的？镂空技法应如何下剪？

（2）幼儿自由创作，鼓励幼儿用镂空纹样装饰作品。

3. 欣赏、展示剪纸作品，养成良好的剪纸习惯。

（1）幼儿介绍自己的作品，同伴欣赏。

（2）师生互评，说一说你喜欢谁的作品，为什么？

（3）将自己的作品张贴到展览板中，整理好操作场地。

【活动延伸】

在美工区巩固练习连剪和镂空的剪纸技法。

活动四（艺术领域）：学唱歌曲《花木兰》

【活动由来】

随着主题活动的深入开展，花木兰的形象深深地留在了小朋友们的心里。小朋友们想要歌唱花木兰的英雄事迹，于是我们生成了本次活动，让幼儿能够用歌唱来表达对花木兰的喜爱和敬仰。

【活动目标】

1. 聆听歌曲，学唱歌曲。

2. 根据图示记忆歌词。

3. 喜欢唱歌，感受唱歌的快乐。

【活动重难点】

活动重点：聆听歌曲，学唱歌曲。

活动难点：看图示理解、记忆歌词。

【活动准备】

经验准备：幼儿听过花木兰的故事。

物品准备：音频、图示。

【活动过程】

1. 欣赏音乐，感受歌曲旋律。

师：小朋友们都很喜欢花木兰，今天老师带来了一首关于她的好听的歌曲，请小朋友们先听一听。听完这首歌曲，你有什么感觉？

2. 看图示记忆歌词。

教师分段清唱歌曲，幼儿倾听。

师：下面由老师清唱歌曲，小朋友们认真听歌里都唱了什么？你有什么好的办法来学唱这首歌曲吗？

教师给出相关图示，引导幼儿发现图示和歌词之间的联系。

师：请小朋友们根据图示顺序，再认真听我唱一次。

教师完整演唱歌曲之后，播放伴奏音乐，鼓励幼儿用自然的声音跟唱歌曲。

【活动延伸】

创编歌曲舞蹈动作。

活动五（健康领域）：心理健康“遇到困难我不怕”

【活动由来】

小朋友们被花木兰勇敢坚强、爱国爱家的精神感染，争相分享自己的想法。有的孩子说：“我要向花木兰学习，自己的事情自己做。”有的孩子说：“就算遇到困难了，我也要勇敢，不害怕。”中班幼儿具有一定解决问题的能力，但是很多幼儿在遇到困难时还是习惯向家长求助。于是我们设计了本次活动，让幼儿学习调整自己的情绪，像花木兰一样用积极的态度去面对困难和挫折。

【活动目标】

1. 学习调整情绪的方法，尽量保持心情愉快。
2. 用积极的态度去面对困难和挫折。
3. 遇到困难能自己想办法解决。

【活动重难点】

活动重点：学习调整情绪的方法，尽量保持心情愉快。

活动难点：用积极的态度去面对困难和挫折。

【活动准备】

经验准备：幼儿遇到过困难。

物品准备：一些幼儿遇到困难的图片。

【活动过程】

1. 教师出示图片，创设问题情境。

师：观察图片，图中人物遇到了什么困难？你会怎么办？上面的小朋友是怎么做的？

2. 教师扮演不同角色，幼儿观察并思考，学习调整情绪的方法。

师：老师刚才都做了什么，表情是什么样子的？大家面对面，做一做老师刚才的动作和表情。

小结：原来当我们产生各种情绪时，动作和表情也会随之变化。假如我们产生了不好的情绪，不要着急，可以慢慢地放松呼吸，可以对着镜子做做鬼脸，也可以听听音乐，这些简单有趣的小办法能让我们的心情很快好起来。

3. 幼儿交流、分享，感受用积极的态度面对困难的好处。

师：除了我们刚刚看到的那些小朋友遇到的困难，想一想你在生活中都遇到过什么困难？你又是怎么解决的？

幼儿互相交流，分享自己的问题解决方法。

小结：在生活中遇到任何困难都不要害怕，要动脑筋想办法，只要坚持就能把困难打倒。

【活动延伸】

在进行区域活动时，鼓励幼儿协作解决问题。

大班：主题活动——愚公移山

主题活动由来

在自信中国娃主题活动月，小朋友们阅读了很多中华传统美德故事，喜欢上了用绘画、剪纸、表演、手工制作等方法表达自己的所思所想。但是一些小朋友的创作和表演缺乏创新意识。《幼儿园教育指导纲要（试行）》指出，幼儿园“要为幼儿创设想说、敢说、会说的语言环境”。根据幼儿教育的目标和任务，我们生成了本次主题活动。

主题活动目标

1. 欣赏、理解故事《愚公移山》，尝试续编、创编新情节。

2. 在游戏中观察愚公移山的方法，尝试用绘画、剪纸、手工制作等多种形式表现出来。

3. 愿意和同伴一起做游戏，体验分享、合作的乐趣，并初步理解责任感。

4. 提高走、跑、跳、爬等动作的协调性、灵活性。

5. 学习必要的安全常识，保护好自己。

6. 在感知数的分解与组成的基础上，掌握数组成的递增、递减规律及互相交换的规律，掌握 5 的 4 种分法，并能有序地进行数的分合。

7. 以表演、唱歌、律动等多种方法表现自己对愚公移山的理解，培养良好的收纳习惯，尝试创编戏剧表演、主题游戏等。

主题活动思维导图

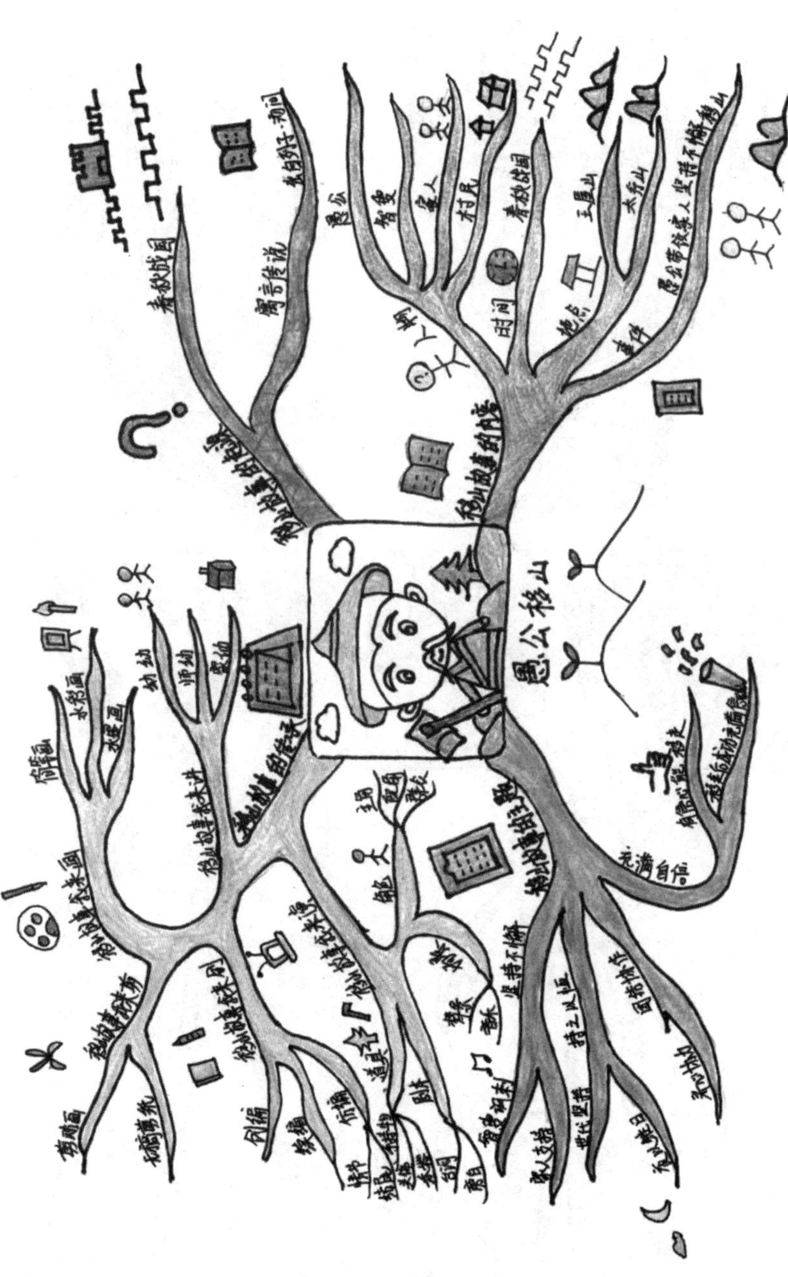

主题活动网络图

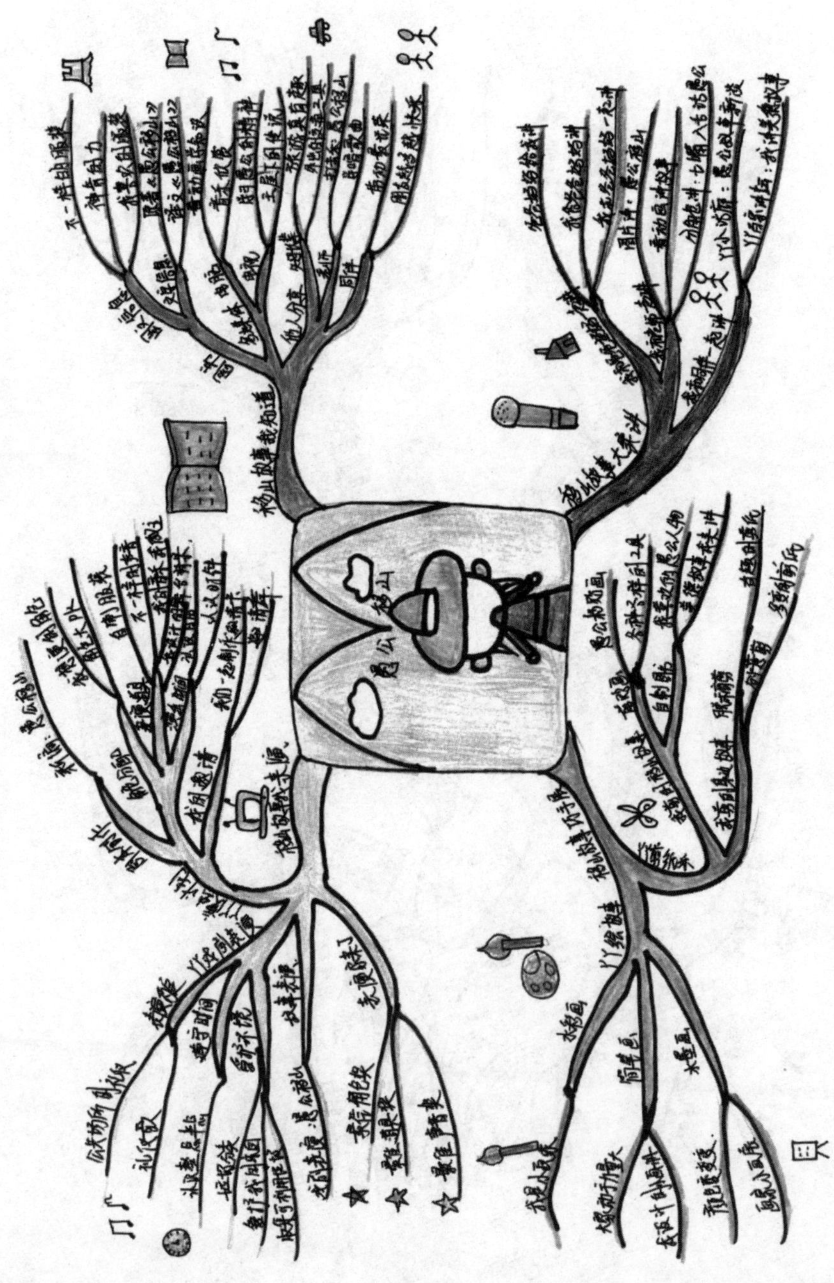

主题活动案例

活动一（语言领域）：故事讲述《愚公移山》

【活动由来】

在一次午睡前，千千为大家讲述了愚公移山的故事。墨墨说："愚公都那么老了，还要移山，可真伟大呀！"瑶瑶说："为什么要移山，他们多累呀！"小朋友们的讨论越来越激烈，想法也很奇特，为了让小朋友们更好地理解故事内容，我们开展了本次故事讲述活动。

【活动目标】

1. 欣赏、理解愚公移山的故事，知道做事要坚持到底、有始有终。

2. 能大胆地质疑，并提出自己的见解。

3. 通顺地讲述《愚公移山》的故事，连贯地表达自己的看法。

【活动重难点】

活动重点：欣赏、理解愚公移山的故事，知道做事要坚持到底、有始有终。

活动难点：就愚公的做法提出自己的见解，并说出理由。

【活动准备】

愚公移山的故事幻灯片、图片。

【活动过程】

1. 集体讨论。

小朋友，你觉得只靠几个人的力量能搬动一座大山吗？

如果搬山的人是一位九十多岁的老爷爷和他的孩子呢？你觉得搬得动吗？（引导幼儿重新做出选择）

古代有位老爷爷打算搬山，他是怎么搬的呢？大家先听听愚公移山的故事吧。

2. 播放故事，幼儿倾听。

愚公家正面对着两座大山，道路被大山阻隔，他想了什么办法来解决问题？（愚公召开家庭会议，带领妻子和儿女挑山凿石，开道移山）

你觉得愚公辛苦吗？你从哪里看出来的？（引导幼儿说出自己的想法）

智叟和愚公分别是怎么想的？（重点引导幼儿复述二者的对话）

你认为谁说得比较合理？听了他们的话，你想要改变你的选择吗？（引导幼儿说出自己的理解，同时调整自己的选择）

愚公移山的精神感动了谁？后来发生了什么事情？

3. 幼儿再次完整地欣赏故事。

愚公最后把山搬走了吗？上天为什么要帮助愚公移山呢？（上天被愚公坚毅的精神所感动，所以帮助了他）

这个故事告诉了我们什么道理？

小结：当我们遇到困难时，只要像愚公一样坚持到底，就能取得成功。

活动二（语言领域）：续编故事《愚公的未来生活》

【活动由来】

本月我们开展了愚公移山主题活动，最近在班里经常听到小朋友们议论，把山移走后，愚公的生活怎么样了？小朋友们对这个话题非常感兴趣，愿意把自己的想法讲给大家听。《3~6 岁儿童学习与发展指南》语言领域中，对大班幼儿的要求是，能根据故事的部分情节或图书画面的线索猜想故事情节的发展，或续编、创编故事；对看过的图书、听过的故事能说出自己的看法；能初步感受文学语言的美。基于此，我们生成了以《愚公的未来生活》为主题的续编故事活动。

【活动目标】

1. 能根据故事的情节发展，续编故事。
2. 能够大胆表达、表现自己续编的故事内容。
3. 喜欢参与续编故事活动，愿意与同伴分享。

【活动重难点】

活动重点：鼓励幼儿尝试续编故事。

活动难点：能够大胆表达、表现自己续编的故事内容。

【活动准备】

经验准备：幼儿听过愚公移山的故事。

物品准备：A4 纸、彩纸、彩笔、油画棒、剪刀、胶带、一次性筷子、服装、故事道具等。

【活动过程】

1. 游戏导入，激发幼儿学习兴趣。

游戏“移山故事我知道”，幼儿通过游戏回忆故事内容。

游戏规则：老师和学生都坐在小椅子上，教师拍手问：移山故事有什么？幼儿拍手回答：大山、愚公、智叟、儿子、孙子、工具……

2. 问题导入，幼儿思考讨论。

山被移走了，愚公的生活会变成什么样？

3. 幼儿分组讨论，续编故事。

幼儿自由分组，讨论续编内容。

选择不同的材料，大胆表达、表现故事内容。

4. 幼儿交流、分享，教师总结提升。

幼儿分组交流，展示续编故事成果。（讲故事、画故事、演故事）

幼儿相互评价。（你喜欢哪个组的表演？为什么？你觉得哪个部分最精彩？）

教师总结，梳理提升。（从幼儿语言表达、肢体动作、情节创编等方面入手）

小结：我们在生活中会遇到各种各样的困难，我们小朋友要向愚公学习，坚持不懈，克服困难，做一个自信的人。

【活动延伸】

将幼儿制作的绘本投放到图书区，供幼儿阅览；请幼儿在表演区进行表演。

活动三（艺术领域）：美术剪纸“愚公的一家”

【活动由来】

在看绘本、听故事、编故事等活动结束后，有的小朋友想象愚公是高高胖胖的，有的小朋友想象愚公是高高瘦瘦的。每个人的心中愚公、智叟、大力神等人物的形象都不太一样。大班幼儿有了两年的剪纸经验，能够正确掌握物体之间的比例和结构，有一定的镂空剪经验，因此我们开展了此次活动，请幼儿剪出自己想象中的人物。

【活动目标】

1. 欣赏、理解故事的主要内容，知道做事要坚持到底、有始有终。
2. 能用剪纸大胆表现故事情节及人物特点，体验成功的快乐。
3. 能正确使用剪刀，锻炼手部小肌肉。

【活动重难点】

活动重点：能用剪纸的方式大胆表现故事情节及人物特点，体验成功的快乐。

活动难点：能合理地使用各种工具、材料。

【活动准备】

经验准备：幼儿了解愚公等人物的样子和动作。

物品准备：彩色卡纸、剪刀。

【活动过程】

1. 教师提问。

小朋友们知道愚公的样子吗？故事里还有哪些人物？他们是什么样子的？

2. 游戏“心底话”，用肢体语言表现人物特点。

玩法：一人表演（愚公、智叟、大力神），其他人说出表演者的内心想法。

（1）教师表演，幼儿集体说。

（2）幼儿两人一组，一人表演一人说。

3. 教师邀请幼儿尝试剪故事。

这个故事的人物都很有特点，你最喜欢谁呢？试着剪出来吧！

教师巡视指导。

4. 幼儿展示并介绍自己的剪纸作品。

5. 作品点评：幼儿自评作品；幼儿互评作品。

【活动延伸】

将幼儿剪纸作品制作成图书，投放到图书区供幼儿自主阅读。

活动四（艺术领域）：美术绘画“我的演出海报”

【活动由来】

一段时间以来，小朋友们一直都在排练愚公移山的故事，对表演有着浓厚的兴趣。为了让更多的人知道自己的表演内容，小朋友们想到了向身边的人宣传这个方法。那么具体该如何宣传呢？有的小朋友想到了超市里的海报，可以用张贴海报的方法为自己的表演进行宣传。为了丰富幼儿的知识，迁移幼儿的经验，我们设计了本次活动。

【活动目标】

1. 初步了解海报的用途。
2. 学习用多种方法制作海报。
3. 与同伴合作，体验合作的快乐。

【活动重难点】

活动重点：用多种方法制作海报。

活动难点：根据自己的活动内容制作海报。

【活动准备】

经验准备：请家长和幼儿一起上网收集各种各样的海报。

物品准备：小舞台节目单、屏风式展板；教师绘制的愚公移山人物图片；油画棒、剪刀、胶水、双面胶、废旧材料。

【活动过程】

1. 谈话导入，引出海报主题。

师生一起讨论愚公移山的故事。教师提出演出建议，提问：可以请谁来做观众？有什么好办法让大家知道我们要演出的消息？

2. 讨论、设计海报。

观察《麦兜响当当》海报，了解关键设计要素。

重点指导幼儿了解海报设计要素：节目名称、主要人物、广告语、时间、地点等。

讨论：你想为哪个节目设计海报呢？可以怎么设计？

3. 小组合作制作海报。

小组沟通，确定节目名称。

组员分工，明确个人任务。

幼儿制作海报，教师重点指导动手能力较差者。

4. 展示、评价海报。

幼儿展示自己的海报，并进行自评、互评。

讨论：我们可以把海报张贴在哪里？

【活动延伸】

幼儿把演出海报张贴在教学楼门口。

活动五（科学领域）：实验“最省力的工具”

【活动由来】

在晨间接待时，几个小朋友讨论起愚公移山故事。锐锐说：“愚公太不容易了，两座大山那么高，子子孙孙用了那么多年才搬完。”朗朗说：“对呀对呀，他们那个时候又没有铲车、吊车，只能一点一点地搬。”我顺着这个话题说：“那么我们能不能帮助愚公找到一款最省力的搬运工具呢？”“好呀好呀。”小朋友们期待地看着我。于是“最省力的工具”实验活动开始了！

【活动目标】

1. 操作各种工具，感知方便、省力的多种方法。

2. 探索与实践，知道轮子能滚动，是一种省力的工具。

3. 培养幼儿积极思考和细心观察的好习惯。

【活动重难点】

活动重点：知道轮子能滚动，是一种省力的工具。

活动难点：操作各种工具，感知方便、省力的多种方法。

【活动准备】

四个装有重物的箱子。

绳子、滑板、圆木棍、木板、积木、锁链、大块布、梯子、圆木桶、竹子、鼓棒、扁担、竹梯。

【活动过程】

1. 问题导入。

你们看，这是什么啊？（箱子）放在这里太不好了，谁愿意来把它搬开？（请一个幼儿尝试，搬不动）

提问，为什么搬不动？有什么感觉？那怎么办呢？（我们一起来帮助他）

组织幼儿集体讨论：刚才我们是怎样把箱子搬开的？（抬、推、拉、转等）

如果有了绳子、木棍、大块布、滑板等工具，我们能不能轻松地把箱子移到别的地方呢？（能，幼儿自由设想移动方法）

2. 实践、比较。

师生一起尝试用各种工具移动箱子，然后集体讨论哪种方法更省力。

老师把小朋友们移动箱子的过程拍成了照片，我们一起来看一下哪种方法更省力。（请幼儿逐张介绍照片）

小结：你们觉得哪种方法最省力？（滑板）为什么滑板又方便又省力？（滑板有轮子，就像人有腿一样）

3. 联系生活，进行知识经验的迁移。

生活中许多东西都装有轮子，轮子的用处真大。你还在哪里见过有轮子的东西？它的用途是什么？

（1）幼儿讲述。（教师还可以介绍几种，如大吊车、压路机、挖土机等）

（2）欣赏图片。（汽车、自行车、旅行箱、大吊车、压路机、挖土机、溜冰鞋、滑板车等）

小结：轮子的用处真大。小朋友们，你们想不想发明一些有轮子的东西呢？

4. 幼儿自由创作。

画：把自己的想法画下来。

做：用多种材料制作带有轮子的物品。

说：把自己的想法说给同伴听。

【活动延伸】

幼儿将自己制作的带有轮子的物品分享给家长及同伴。

智慧中国娃

素质教育是以全面提高人的基本素质为根本目的，以尊重人的主体性和主动精神，以人为的性格为基础，注重开发人的智慧潜能，注重形成人的健全个性为根本特征的教育。由于幼儿阶段是一个人成长的关键时期，因此学前教育应注重开发幼儿的各种潜能、启迪幼儿智慧。为此，我园小班以《曹冲称象》、中班以《司马光砸缸》、大班以《神笔马良》等传统经典故事为切入点，开展主题实践活动，以期最大限度地开发幼儿潜能、培养幼儿良好品德，进而促进幼儿终身发展。

小班：主题活动——曹冲称象

主题活动由来

在逐渐适应幼儿园生活之后，小朋友们愈发喜欢参与集体游戏活动，常常一起探索世界。新投放在图书区的多种绘本引起了小朋友们的关注，他们围在一起翻看，讲述着自己对图画的理解。依依翻开《曹冲称象》，疑惑地说："大象站到船上是要被运到其他地方去吗？"彤彤说："石头搬到船上是要去填海吗？"小智说："我爸爸给我讲过这个故事，他们是在称大象有多重，是跟石头一样重。""啊……大象怎么会和石头一样重呢？这里又没有秤。"《3~6岁儿童学习与发展指南》指出，教师要充分尊重和保护幼儿的好奇心和学习兴趣，帮助幼儿逐步养成积极主动、认真专注、不怕困难、敢于探索和尝试、乐于想象和创造等良好学习品质。于是我们开展了此次主题活动，通过讲故事、动手操作、亲身体验等多种形式，引导幼儿运用智慧解决问题。

主题活动目标

1. 喜欢与同伴交往，理解曹冲称象的智慧。

2. 能一页一页地翻看绘本；发现、指认、讲述自己感兴趣的人或物，理解故事内容。

3. 用线条画出大象的基本形态。

4. 欣赏不同类型的音乐，感受音乐之美。

5. 通过将多种物体放在水中的实验，发现物体在水中的沉浮现象。

6. 鼓励幼儿坚持运动，发展身体的平衡和协调能力。

7. 在操作活动中感知和区分事物"量"的特征（大小、多少、高矮）。

主题活动思维导图

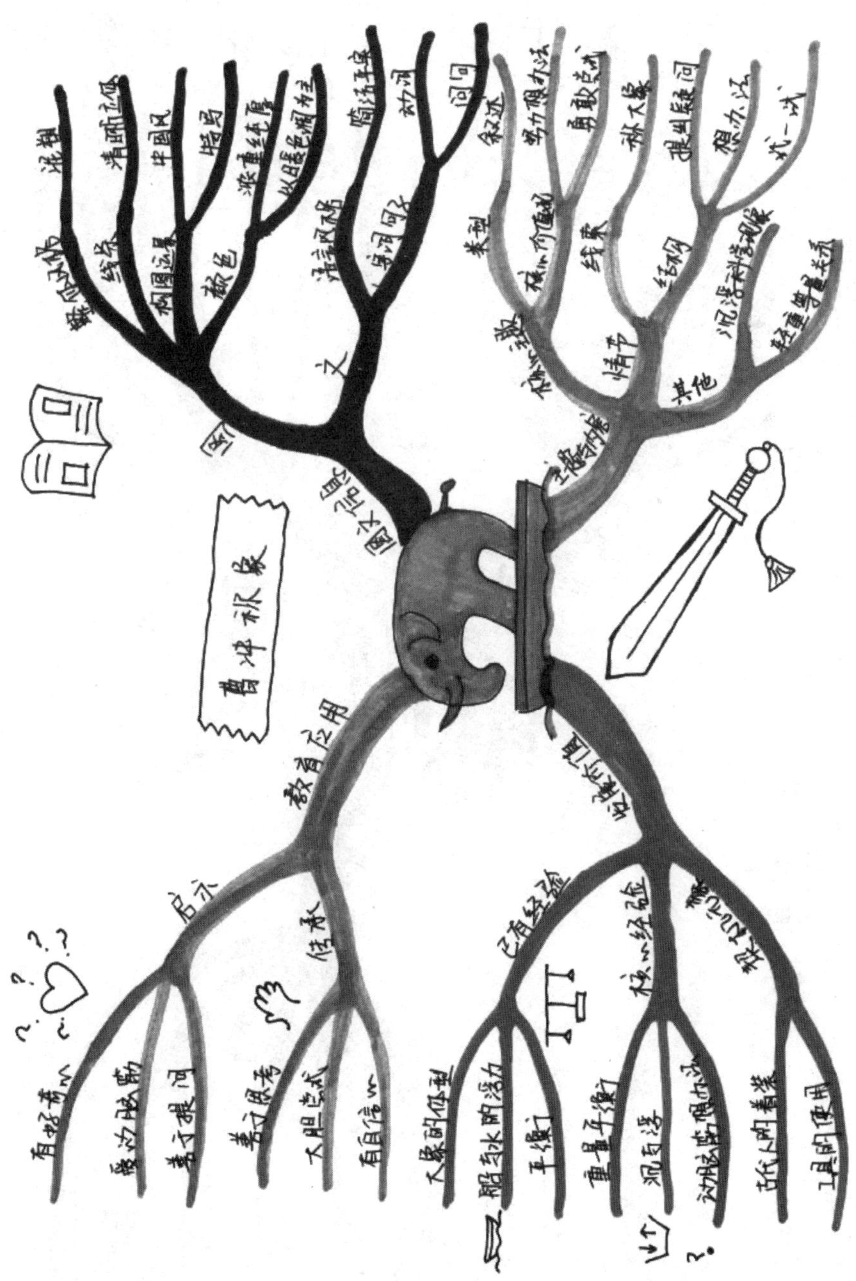

主题活动网络图

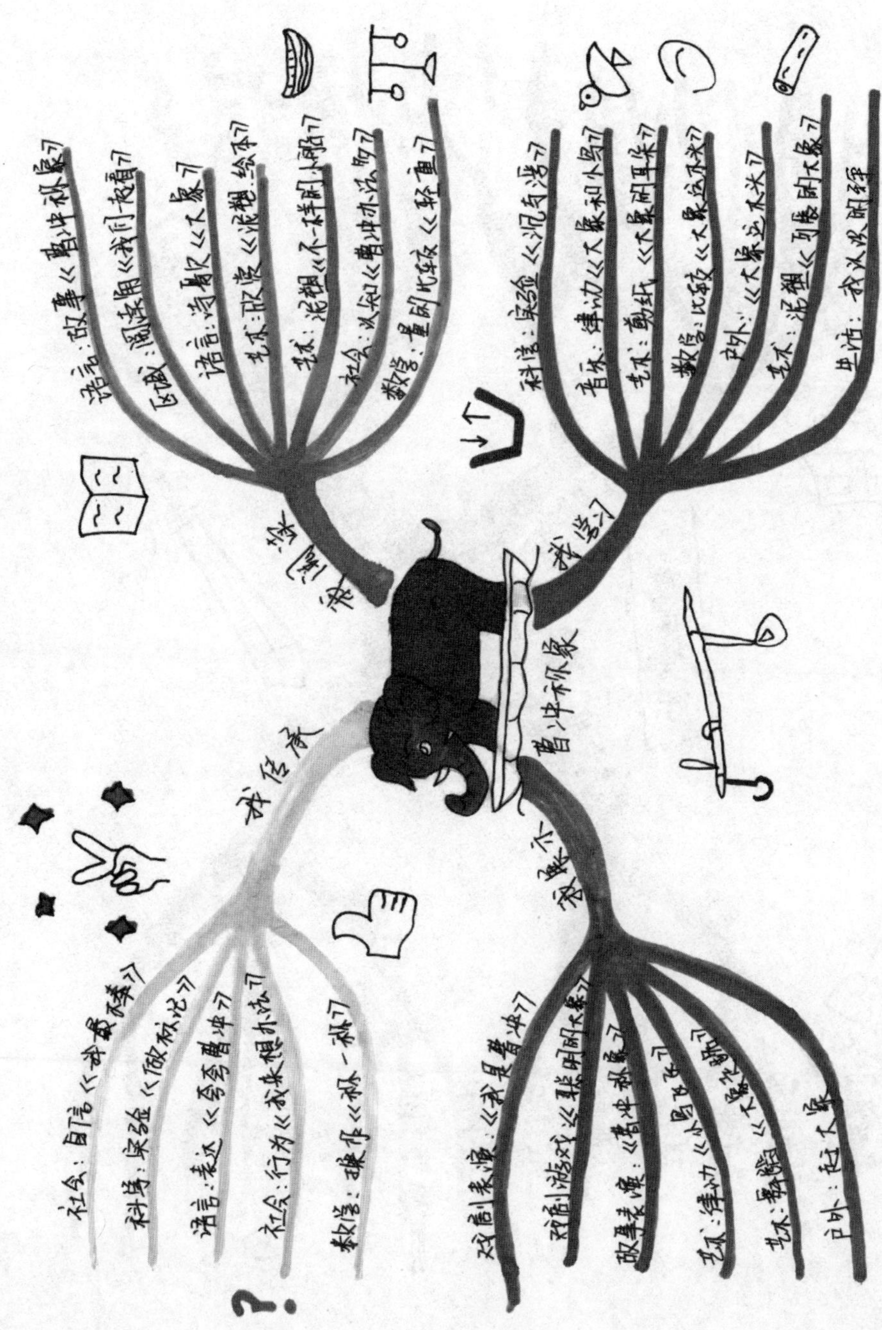

主题活动案例

活动一（语言领域）：故事欣赏《曹冲称象》

【活动由来】

在晨间活动时，亮亮说："你们听过曹冲称象的故事吗？"欣欣说："没有呀。"亮亮兴奋地说："这个故事可有意思啦！"为了让小朋友们深刻理解曹冲称象的故事，我们开展了本次故事欣赏活动。

【活动目标】

1. 喜欢听故事，养成良好的倾听习惯。

2. 理解曹冲称象的故事，懂得遇事要开动脑筋。

3. 愿意参与绘本欣赏活动，感受集体活动的快乐。

【活动重难点】

活动重点：理解曹冲称象的故事，懂得遇事要开动脑筋。

活动难点：养成良好的倾听习惯。

【活动准备】

经验准备：读过绘本。

物品准备：绘本、视频等。

【活动过程】

1. 出示手偶大象，导入情境，引出故事内容。

今天大象宝宝来我们班做客啦，大家看这个大象长得是什么样子呢？

小结：圆身子，圆脑袋，四根粗腿，长长的鼻子，两只树叶一样的耳朵，长而尖的獠牙，长尾巴。

我们接下来要讲一个关于大象的故事。

2. 教师分段讲述故事，幼儿边听边猜曹冲称象的方法。

（1）教师讲故事，从开头至"我有办法"。

问题：曹冲会想出什么办法来称象？

（2）教师继续讲故事至"在船帮上齐水面处画一道记号"。

问题：曹冲为什么要在船帮上齐水面处画一道记号？曹冲接下来会做什么呢？

（3）教师继续讲故事至“曹冲看见船帮上的记号齐了水面，就叫人把石头一担一担地挑下来”。

问题：曹冲为什么要往船上倒石头？

（4）教师讲故事至结尾。

讨论：为什么说曹冲是一个聪明的孩子？

给故事取个题目。

3. 完整欣赏故事，进一步理解故事内容。

讨论：在现实生活中，如果你遇到困难了应该怎么做？

小结：向曹冲学习，遇到问题时沉着冷静，积极思考，开动脑筋，解决问题。

4. 幼儿自主阅读绘本，相互讲故事加深印象。

【活动延伸】

这是一个历史故事，也是一个智慧故事。小朋友们可以请家长讲一讲自己的聪明故事，好吗？

活动二（艺术领域）：美术绘画“可爱的大象”

【活动由来】

学习了曹冲称象的故事后，大象的形态在小朋友们的脑海里留下了很深的印记。丽丽说：“谁还记得曹冲称象里的大象长什么样子？”天天说：“我知道，长长的鼻子，大大的耳朵……”根据幼儿的兴趣和原有经验，我们开展了本次美术主题活动，以锻炼幼儿手指灵活度，丰富幼儿的想象力和创造力。

【活动目标】

1. 在儿歌的提示下画出大象的基本形态。

2. 尝试使用蜡笔作画，运用线条进行创作。

3. 喜欢参与绘画活动，体验绘画活动的乐趣。

【活动重难点】

活动重点：在儿歌的提示下画出大象的基本形态。

活动难点：使用蜡笔作画。

【活动准备】

经验准备：对大象的形态特征有所了解。

物品准备：大象照片、白纸、笔。

【活动过程】

1. 谈话导入，帮助幼儿回忆大象的基本特征。

师：小朋友们，你们喜欢大象吗？还记得在曹冲称象的故事中，可爱的大象长得是什么样子吗？谁来告诉我大象是什么样子的？

小结：大象有着胖胖的身体，圆圆的眼睛，大大的耳朵，细细的尾巴，四条粗壮的大腿。

2. 幼儿观看课件，教师边放课件边念儿歌：

胖胖的身体，圆圆的眼睛，
大大的耳朵，长长的鼻子，
细细的尾巴，腿儿粗粗像柱子。

3. 幼儿用蜡笔作画。教师提示幼儿在作画时用手捏住蜡笔一端，不要画到身上和衣服上。教师边念儿歌边做示范。

4. 幼儿作品赏析，教师点评，活动自然结束。

师：小朋友们画得好棒呀，会用蜡笔，还能在老师唱儿歌时候，把大象画出来，你们都是聪明的宝宝。

【活动延伸】

回到家后，将诗歌说给爸爸妈妈听。

活动三（科学领域）：数学“大象运木头”

【活动由来】

有一段时间，大象是小朋友们热衷讨论的话题。他们讨论大象的高矮、大小及习性，等等。为了发展小朋友们的思维能力和想象能力，感知数学游戏的乐趣，我们设计了数学主题活动“大象运木头”。

【活动目标】

1. 感知物体的数量、大小、高矮。

2. 通过实践活动提高观察能力和想象能力。

3. 能积极表达自己的想法，体验数学活动的快乐。

【活动重难点】

活动重点：通过实践活动提高观察能力和想象能力。

活动难点：感知物体的数量、大小、高矮。

【活动准备】

经验准备：对大象有一定认识。

物品准备：每人一份操作材料，一只大象、一只小象，对应的木头图片、课件。

【活动过程】

1. 观察大象，通过比较感知物体的高和矮。

小朋友们，看看是谁来做客了？（大象）还有谁？

哪个是爸爸？为什么说它是爸爸？哪个是大象宝宝？为什么？

小朋友们可真细心，都是会观察的好孩子。

小结：在小朋友们的家中，一般情况下都是爸爸长得最高、宝宝长得最矮。

2. 创设大象吃早餐的情境，通过分碗这一事件，区分大和小。

大象一家今天要做一件很辛苦的工作，所以要先吃得饱饱的。吃饭需要什么？碗呢？大象宝宝早就准备好了两只碗。

哪只碗给爸爸？什么颜色的？哪只碗给宝宝？什么颜色的？

小结：大象用大碗，小象用小碗。

3. 创设分香蕉的情境，区分多和少。

大象一家早餐要吃香蕉。这里有两串香蕉，哪串给爸爸吃？为什么？哪串给宝宝吃？为什么？

小结：一般情况下，爸爸长得最高，胃口也最大，所以吃的香蕉也是最多的。

大家都是聪明的宝宝，仔细观察，认真比较，帮助大象爸爸和小象宝宝吃到了美味的早餐。请小朋友们在生活中继续观察，分一分物品的大和小、多和少、高和矮，来解决一些问题，好不好？

【活动延伸】

请小朋友观察生活中还有哪些大小、高矮不同的物品。

活动四（语言领域）：诗歌《大象》

【活动由来】

在前面的活动中，小朋友们学习了曹冲称象的故事，也记住了一首儿歌："大大的耳朵，长长的鼻子，细细的尾巴，腿儿粗粗像柱子。"现在，小朋友们想用儿歌的形式，表现对大象的喜欢，为此我们设计了本次主题活动。

【活动目标】

1. 学习儿歌，感知大象的形态特征。

2. 大胆表述自己的意见，发展语言表达能力。

3. 喜欢说儿歌，体会语言活动的乐趣。

【活动重难点】

活动重点：学习儿歌，感知大象的形态特征。

活动难点：记忆儿歌，并讲述大象的形态特征。

【活动准备】

经验准备：见过大象或大象玩偶、视频、图片等。

物品准备：课件、大象拼图、大象视频。

【活动过程】

1. 谈话导入，介绍大象的形态特征。

小朋友们，老师给你们介绍一位动物朋友，你们想不想知道它是谁啊？（播放视频）它是谁啊？好！请你们仔细回想，在曹冲称象的故事中，大象的身体有什么特别的地方？

小结：有的小朋友说大象的腿像四根柱子……其实啊，大象是目前生活在陆地上最大的动物，喜欢过群居生活，喜欢生活在河谷中、丛林里还有草原上。它们的食量非常大，最喜欢吃的东西是草。

2. 学习儿歌，想象大象的身体。

（1）现在我要请你们想一想：大象的耳朵那么大，你觉得大象的耳朵像什么呢？（出示课件：大象耳朵）

我们来观察一下大象的耳朵。大家看，扇子也是圆圆的、大大的，像不像大象耳朵？我们一起来学学吧！大象的耳朵像什么？像扇子。大象的耳朵作用很大，可以赶蚊子、苍蝇，在天热的时候，大象还可以用耳朵给自己扇风呢。

（2）小朋友们看一看，这是大象什么呢？（大象的鼻子）

对了，我们一起来学一学吧！哪一个聪明宝宝能告诉我，大象的鼻子像什么呢？（出示课件：大象鼻子）老师带来一样东西，你们看，像不像大象的鼻子？（出示课件：管子）

你们知道这是什么吗？（管子）说说看！你们觉得大象的鼻子和管子像吗？大象的鼻子是粗粗的、圆圆的，管子也是粗粗的、圆圆的，所以大象的鼻子像什么？（像管子）大象的鼻子也能做很多事情，可以帮助自己洗澡，还可以给自己取食物。

（3）接下来请你们看一看，这是大象的什么？（大象的腿）谁能告诉我，大象的腿像什么呢？（柱子）

大象的腿那么粗，那么圆，很像柱子对不对？我们一起来学学看好不好？大象的腿像什么？（像柱子）大象那么大，必须要有四条粗壮的腿才能支撑起来。

（4）最后我们来看看这是大象的什么？（象牙）

对了，谁能来告诉我大象的牙齿像什么呢？大象的牙齿弯弯的、尖尖的，可以用来保护自己。我们一起来学学吧！大象的牙齿像什么？像两把弯弯的尖刀。

小结：刚才小朋友们说得很好，老师整理成一首儿歌——《大象》。我们一起来听听吧！（念儿歌）好听吗？

3. 拼贴大象的身体，加深印象。

老师为每位小朋友都准备了一个信封和一头大象的照片。信封中装有大象身体不同部位的图片，包括耳朵、鼻子、牙齿、腿，请你们将这些图片用胶水贴到大象的身上。

小结：表扬幼儿的聪明智慧，能学会说儿歌，也能正确拼贴大象的身体，奖励小朋友，活动结束。

【活动延伸】

师生一起观看有关大象的视频，学说儿歌《大象》，丰富幼儿的生活和实践经验。

大象

大象的耳朵像什么？像扇子。
大象的鼻子像什么？像管子。
大象的腿像什么？像柱子。
大象的牙齿像什么？像两把弯弯的尖刀。

活动五（社会领域）：人际交往“我最棒”

【活动由来】

学习了曹冲称象的故事后，小朋友们十分佩服聪明自信的曹冲。天天说：“我觉得曹冲在遇到困难时特别冷静。”瑞瑞说：“对呀，他还特别聪明，积极思考问题。”天天说：“我们真应该向他学习。”为了丰富幼儿生活经验，培养幼儿人际交往能力，我们开展了此次活动。

【活动目标】

1. 读曹冲称象的故事，感知曹冲遇到问题，开动脑筋的品格。
2. 在遇到困难时要相信自己，树立自信意识。
3. 乐于参与集体生活，有一定责任感。

【活动重难点】

活动重点：借助曹冲称象的故事，让幼儿懂得遇到困难时不害怕，开动脑筋不放弃。

活动难点：鼓励幼儿相信自己，树立自信意识。

【活动准备】

经验准备：熟悉故事内容，了解曹冲的性格。

物品准备：故事视频、歌曲伴奏、小镜子。

【活动过程】

1. 问题导入，回顾曹冲称象的故事。

曹冲在面对困难时是怎么做的?

2. 联系实际生活，讨论遇到过哪些困难、怎样解决困难。

小朋友们，曹冲机智勇敢、不怕困难的品格，值得我们学习。那你遇到过困难吗?

举例说明，比如穿鞋子、自己用勺子吃饭，都是我们原本不会，克服困难后才学会的，我们是不是很棒?

3. 学唱能够战胜困难的“魔法歌”。

4. 幼儿手牵手围成圆圈齐唱“魔法歌”。讨论：在生活中遇到困难应该怎么办?

引导幼儿感受自信的力量。

5. 自由讨论。有什么奇妙的方法能让自己变得自信?

幼儿手拿“魔镜”，用最自信的笑容，用最洪亮的声音，说出：“我是最棒的，我能行。”幼儿自由结对，对同伴说：“我是最棒的，我能行。”

6. “自信宝贝”自由结伴魔法秀。幼儿自由结伴跳舞，结束活动。

小结：鼓励幼儿遇到困难不害怕，告诉自己我能行。开动脑筋，运用聪明智慧去解决问题。

【活动延伸】

幼儿回家后为家长跳一次魔法舞蹈。

中班：主题活动——司马光砸缸

主题活动由来

在一次户外活动中，瑶瑶的玩具被玩具筐卡住了，她用了很多办法也没有拔出来。许多小朋友热情地跑来帮忙，有的用力拽玩具，有的用力拉玩具，但是都没有拿出来。过了很长时间，眼看就要收玩具了，瑶瑶的玩具还是没拿出来。还有一次，乐乐在图书区站得很高，想要把悬在空中的吊饰拿下来。班上的小朋友看到后大呼小叫："乐乐危险，乐乐小心，老师快来帮忙呀……"小朋友们很善良也很勇敢，但是不够冷静。

中班是幼儿园生活中一个承上启下的阶段，这个阶段的幼儿能够主动躲避一些危险，知道简单的求助方法，能够注意到别人的情绪，并有关心、体贴他人的表现，敢于尝试有一定难度的活动和任务。他们是非常勇敢的，但在解决问题时经常出现这样那样的小问题。本班幼儿在处理问题时不缺乏勇敢，但缺乏方法。恰巧小朋友们发现了图书区的新书《司马光砸缸》，觉得会用石头砸缸的司马光机智又勇敢，因此我们顺势生成了本次活动。

本次主题活动以培养幼儿语言表达能力、自我表现能力及思维能力为核心，旨在提升幼儿的核心素养。

主题活动目标

1. 欣赏、理解司马光砸缸的故事，喜欢就故事提出或回答问题。（语言）

2. 参与投掷游戏，锻炼手、眼、脚的协调性，掌握投掷技巧，提高上肢力量、目测能力。同时，学会保护自己的方法。（健康）

3. 主动参加美术活动，如绘画、剪纸、纸工、泥塑、废旧物制作等，丰富活动体验。（美术）

4. 学会感谢他人、善待他人；感受好朋友间互助友爱的真挚感情，体验与好朋友相亲相爱的快乐与幸福。（社会）

5. 动手实践并简单记录，知道盐可以增加水的浮力，能让一些沉下去的物体浮起来。（科学）

6. 初步感知物体上、下、里、外的空间关系，尝试用短句“×× 在 ×× 上 / 下 / 里 / 外面”描述物体所在位置。（数学）

7. 自编律动、舞蹈动作，为歌曲、舞蹈、故事即兴伴奏，充分表达自己的情感和想象。（音乐）

8. 做力所能及的事，养成遇事沉着冷静的好品质。（社会）

主题活动思维导图

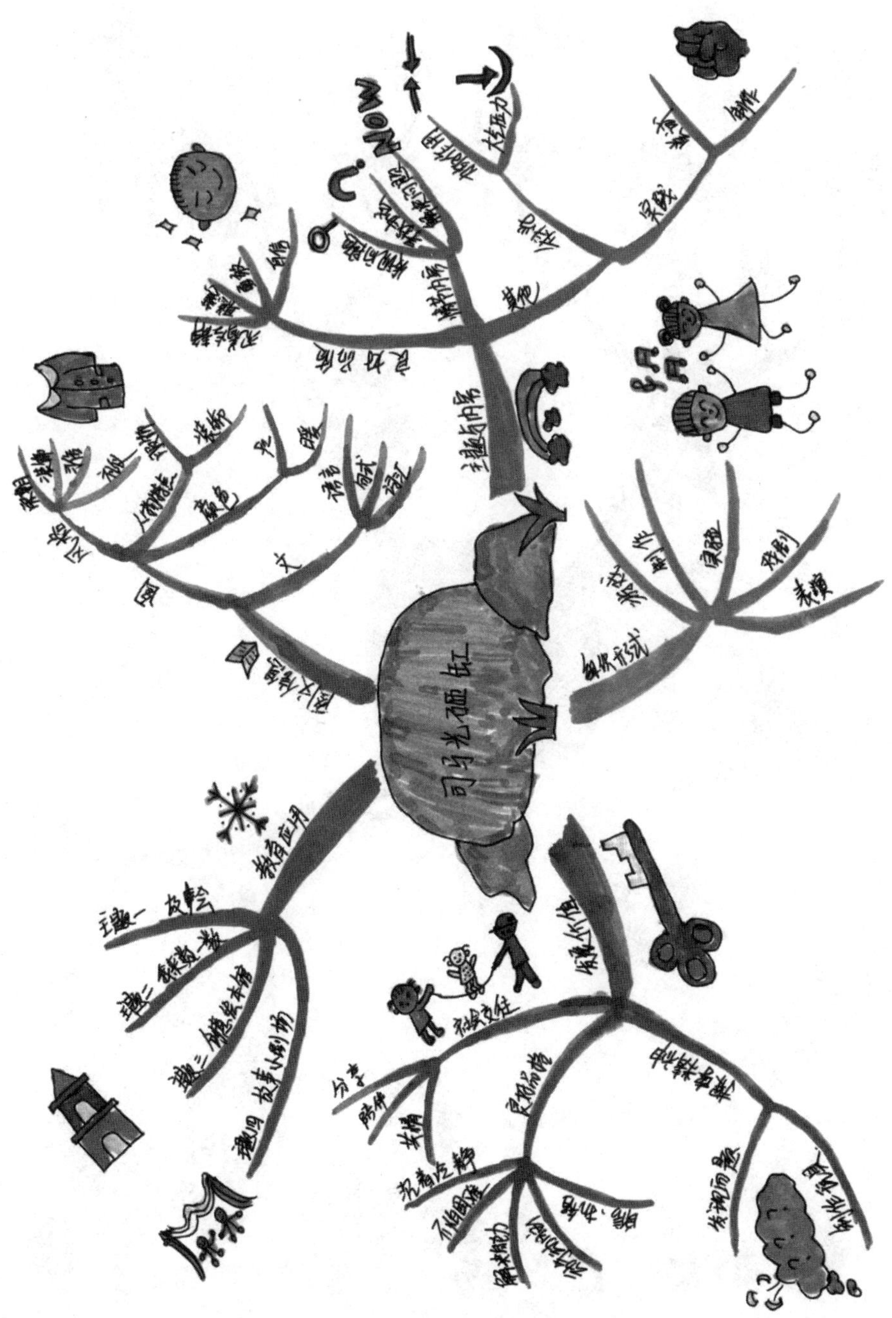

主题活动网络图

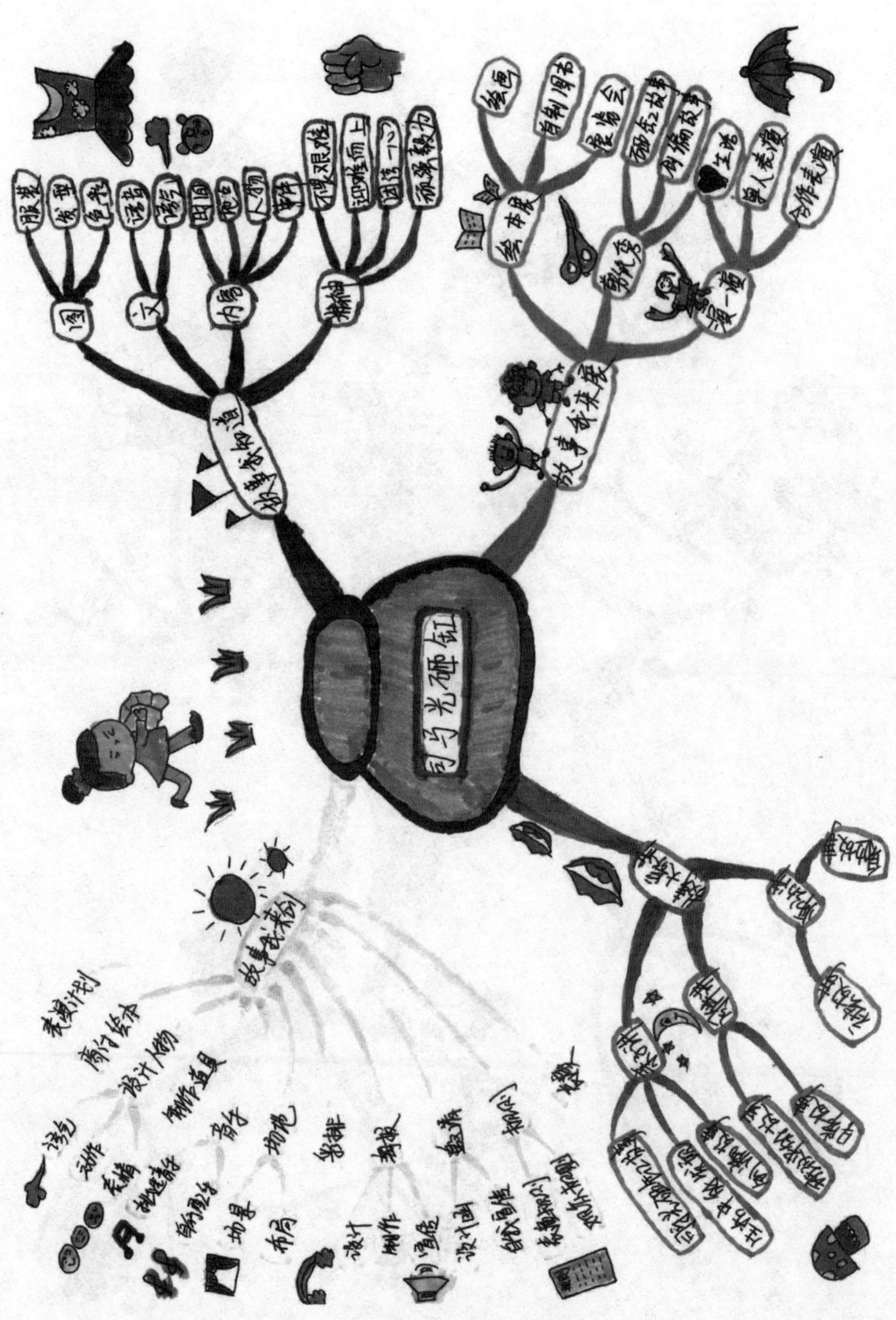

主题活动案例

活动一（语言领域）：故事欣赏《司马光砸缸》

【活动由来】

在一次户外游戏活动中，有个小朋友流鼻血了。其他小朋友特别着急，跑来向我汇报。大家都很慌张，没有一个小朋友能说出流鼻血了应该怎么做，比如去卫生间、寻找卫生纸，等等。我们班小朋友在遇到问题时不够冷静，思考能力有待提高。正好，司马光具备这种品质，于是我们设计了此次教育活动。

【活动目标】

1. 理解故事内容，感受司马光遇到紧急情况时，沉着、勇敢、果断救人的品质。

2. 能够用清楚、连贯的语言讲述故事，并敢于说出自己的想法。

3. 养成遇事沉着冷静、积极思考的好品质。

【活动重难点】

活动重点：欣赏司马光砸缸的故事。

活动难点：理解故事内容，学习司马光遇事沉着冷静的好品质。

【活动准备】

经验准备：喜欢听故事。

物品准备：司马光砸缸动画片。

【活动过程】

1. 设置悬念，激发幼儿学习兴趣。

师：这几天老师听说了一件事，一个小朋友在池塘边玩耍时，一不小心掉进了池塘里，幸好有一个大人路过把他给救起来了。真的是好险啊！（教育小朋友不到河边、池塘边玩耍）今天，就有一位小朋友一不小心掉进了大水缸里，水缸里装满了水，这可怎么办呢？（想办法）

小朋友们真会动脑筋，想出了这么多办法。老师给小朋友们带来了一个好听的故事——司马光砸缸。

请小朋友们看在眼里，记在心里。

2. 完整欣赏动画片，了解故事大意，感受紧急、勇敢、喜悦的心情。

师：大家知道这个故事叫什么名字吗？

生：司马光砸缸。

师：你们从这部动画片中看到了什么？

生：司马光砸缸救人。

师：在这部动画中，你们最喜欢哪一段？

3. 分段欣赏动画片，大胆说出自己对于故事的想法。

（1）从片头播放至一个小朋友掉进水缸处。

师：他们在什么地方玩什么游戏？

生：他们在花园里玩捉迷藏。

师：这个孩子是怎么掉进水缸的呢？

（2）继续播放至司马光砸缸前。

师：这个孩子掉进水缸里了，其他小朋友都是怎么想的、怎么做的？

生：有的小朋友哭了，有的小朋友去叫大人了……

（3）播放至最后。

师：司马光用什么方法救了他呢？

生：司马光用石头砸破了缸。

师：他砸在了缸的什么地方？

生：缸的下面。

师：当时谁的办法最好？为什么？你喜欢司马光吗？

生：喜欢。

师：为什么？

生：因为他聪明勇敢……

师：司马光遇到事情沉着勇敢不慌张，开动脑筋想办法帮助别人。司马光从小就聪明勇敢，长大后成了一位历史学家。我们要向司马光学习，遇事要冷静，动脑筋想办法。你们喜欢这个故事吗？

生：喜欢。

师：老师有个提议，我们来比赛讲故事吧，看谁讲得最精彩！

4. 幼儿自由复述故事，感受遇事沉着冷静，积极动脑筋，想办法解决问题的好处。

【活动延伸】

将图书投放到图书区，供幼儿阅读。

活动二（艺术领域）：美术剪纸《司马光砸缸》

【活动由来】

经过此前的学习，小朋友们了解了司马光砸缸的故事，想用剪纸的方法表达自己的想法。《3~6岁儿童学习与发展指南》中指出，要充分尊重幼儿自发的表现和创造，鼓励幼儿用自己喜欢的方式去表现和创造美。因此我们开展了《司马光砸缸》主题剪纸活动。

【活动目标】

1. 尝试使用连剪、镂空的技法剪纸，表现绘本情节。
2. 喜欢参与剪纸活动，能大胆表现自己的情感和体验。
3. 与同伴分享、评价自己的剪纸作品。

【活动重难点】

活动重点：能剪出故事的内容。

活动难点：掌握连剪、镂空的剪纸技巧。

【活动准备】

经验准备：了解司马光砸缸的故事；能够剪出人物形态。

物品准备：相关道具、剪纸盒、彩纸、白纸、剪刀、胶棒、碎纸盒，等等。

【活动过程】

1. 故事导入，激发幼儿学习兴趣。

（1）通过谈话回顾故事（出示绘本）。

师：你们还记得故事里都有谁吗？发生了什么事？

（2）师生共同梳理图画顺序。

师：故事里有很多场景，有做游戏的、有找大人的、有砸缸的……

2. 定格画面游戏，引导幼儿回忆故事场景。

游戏规则：当音乐响起时，幼儿随意翻动绘本；当音乐停止时，幼儿定住不动，向大家介绍图画。

引导幼儿说一说自己想剪哪个画面。

师：既然我们对故事了解得这么充分了，就用剪纸的形式把画面剪出来吧！你想剪哪个画面呢?

提示幼儿剪纸常规、安全问题。

3. 幼儿自由创作，尝试使用连剪、镂空的技法剪纸，表现绘本情节，教师观察指导。

（1）幼儿构想创作内容。

师：你们想剪出故事中的哪些情节？谁来说一说?

（2）幼儿剪出自己喜欢的故事情节。幼儿挑选彩纸，剪出故事内容。

教师巡视指导，提示幼儿注意安全，不剪时把剪刀放在桌子上。鼓励动手能力较强的幼儿，用镂空的技法剪出故事内容；鼓励动手能力尚可的幼儿，用连剪的技法剪出故事内容；对于个别动手能力欠佳的幼儿，可鼓励他们剪出与故事有关的画面轮廓。

4. 幼儿展示、评价剪纸作品。

（1）幼儿把自己的剪纸作品夹在绳子上，剪完纸的幼儿可以自由欣赏或向同伴介绍自己的作品。

（2）所有幼儿都剪完后，教师请幼儿介绍自己的作品。

师：说一说你用了哪种剪纸方法?

（3）师生梳理活动流程，为下次剪纸做准备。

师：你们都很优秀，剪出了故事内容，有几幅作品用到了镂空技法，也有用到连剪技法的。下次大家可以尝试用这两种方法来剪纸。你们都特别专注、认真，老师为你们点赞。

【活动延伸】

创办司马光砸缸的故事剪纸作品展，鼓励幼儿在活动区继续创作。

活动三（艺术领域）：音乐表演《司马光砸缸》

【活动由来】

歌曲《司马光砸缸》讲述了司马光为救出掉在水缸中的同伴而砸破水缸的

故事。我们结合这首歌，设计了音乐表演活动，让小朋友们在说、听、玩的过程中，进一步学习司马光的优秀品质，了解到当我们遇到意外时要冷静、机智、勇敢，才能解决问题。

【活动目标】

1. 扮演不同的角色，用恰当的表情和动作表现故事情节。
2. 积极参加游戏活动，体验到音乐游戏的趣味性。

【活动重难点】

活动重点：表达自己对歌曲的感受。

活动难点：用恰当的表情和动作表现故事情节。

【活动准备】

经验准备：玩过捉迷藏游戏、听过司马光砸缸的故事。

物品准备：歌曲《司马光砸缸》、大石头道具等。

【活动过程】

1. 情景导入，激发学习兴趣。

播放歌曲前奏，引出司马光砸缸的故事。

师：很久以前的一天，司马光小朋友和小伙伴很早就起来读书，读书读累的时候，他们就去做游戏了。我们一起听一听，他们在做什么游戏？

2. 分段欣赏歌曲，根据歌曲情节大胆想象，发现不同角色的特点。

情节一：快乐游戏。

（1）围着水缸做游戏。小椅子来当我们的大水缸。

（2）我们一起捉迷藏。看谁又轻又快藏得好。

（3）一起表演。

情节二：伙伴落水。

（1）不好了，有人掉到大水缸里了，伙伴们快出来吧。

（2）他该怎么办呀？

（3）其他的小朋友都吓坏了，吓坏了是什么样子？

情节三：砸缸救人。

（1）司马光是怎么救小朋友的？

（2）你是司马光你会怎么砸缸？

（3）缸破了，小朋友得救了，快点钻出来吧。

（4）小朋友得救了，真开心！看来和好朋友玩游戏，可不能做危险的事，你们记住了吗？

情节四：向司马光学习。

司马光可真聪明，我们要向司马光学习，遇事不慌张，开动脑筋，解决问题。

3. 完整欣赏歌曲，集体表演，体验音乐游戏的趣味性。

（1）完整欣赏歌曲，集体表演。

师：我们来完整地听一听歌曲，想一想刚才我们是怎么玩游戏的？

（2）集体完整表演游戏。

师：请把椅子移到教室旁边，和好朋友找个空地围成圈，扮演大水缸。请两个小朋友扮演落水者，老师扮演司马光，咱们来玩游戏。

总结：玩了这么久，我们也该休息了。大家可以把这个游戏带给你身边的人，让更多的人都知道这个故事。

【活动延伸】

活动后和好朋友也玩玩这个好玩的游戏，学习司马光机智、勇敢的良好品质。

活动四（社会领域）：人际交往“感谢朋友”

【活动由来】

一天，萱萱和乐乐在图书区翻看绘本《司马光砸缸》。萱萱说：“这个小朋友被救出来了，但是他都没有感谢司马光。”乐乐说：“我们可不能像他那样没礼貌。”我顺势提问：“那我们应该如何做呢？是不是应该对帮助我们的人说谢谢？”以此问题为契机，我们设计了本次主题活动。

【活动目标】

1. 学会感谢他人、善待他人的方法。
2. 根据故事线索大胆表达自己的见解。
3. 用送感恩卡的方式表达对同伴的感激之情。

【活动重难点】

活动重点：知道表达感谢的多种方法，如说谢谢、送礼物，等等。

活动难点：根据故事线索大胆表达自己的见解。

【活动准备】

经验准备：会说感谢的话。

物品准备：一人一张自制感恩卡。

【活动过程】

1. 问题导入，幼儿根据故事线索表达自己的见解。

《司马光砸缸》中被救的小朋友是谁？猜一猜他被救后是怎么做的？

如果是你被其他小朋友救下来了，受到了别人的帮助，你会怎么做？（得到帮助以后会感谢朋友，懂得感恩。）

2. 日常生活经验迁移，幼儿用送感恩卡的方式表达对同伴的感激之情。

我们班的小朋友都很善良，乐于助人，我把他们帮助朋友的事情拍了下来。大家一起来看看，这些人都是谁？正在做什么？

你在生活中有没有遇到过困难？你的朋友是怎么帮助你的？

3. 交流、讨论，学会感谢他人、善待他人的方法。

师：朋友帮助了你，你会怎么感谢他呢？

生：说谢谢。

师：除了说些感谢的话，你还会用什么方法表示感谢呢？

生：送他感恩卡。

师：老师这里有一张漂亮的感恩卡，上面画有我的笑脸，还写着一句感谢语：感谢你！我要把它送给帮助过我的朋友。你们想不想给帮助过自己的人送一张感恩卡呢？你想送给谁？你想感谢他什么？

幼儿在音乐声中给帮助过自己的朋友或爸爸妈妈送感恩卡，再对朋友或爸爸妈妈说一句感谢的话或做一个感谢的动作。（播放《感恩的心》）

教师小结：感谢朋友的方法有很多，可以对朋友说感谢的话，可以抱一抱朋友，可以送礼物，最好的感谢办法是在朋友遇到困难时主动伸出援手。

【活动延伸】

布置感恩墙，将幼儿表达感恩的瞬间抓拍下来，将照片张贴到墙上，供幼儿欣赏。

活动五（科学领域）：数学位置与方向“一定找到你”

【活动由来】

幼儿对于绘本《司马光砸缸》中，司马光和朋友们一起玩的捉迷藏游戏特别感兴趣，也想在幼儿园中玩捉迷藏的游戏。但是在做游戏时，幼儿不能通过提示，很快寻找到藏起来的小朋友。为了让幼儿理解上、下、里、外的空间关系，我们组织了此次活动。

【活动目标】

1. 初步感知物体上、下、里、外的空间关系。

2. 尝试用短句“×× 在 ×× 上 / 下 / 里 / 外面”描述物体所在位置。

3. 愿意参与捉迷藏活动，体验与同伴一起游戏的乐趣。

【活动重难点】

活动重点：初步感知物体上、下、里、外的空间关系。

活动难点：观察实物，说出物体所在位置。

【活动准备】

经验准备：幼儿认识常见的小动物，并能说出名称。

物品准备：小动物玩具若干。

【活动过程】

1. 游戏导入，初步感知物体上、下、里、外的空间关系。

小朋友们，天气这么好，我们和小动物一起玩捉迷藏吧。你们猜猜看，小动物有可能藏在什么地方。

2. 找一找物体的空间位置，尝试用短句“×× 在 ×× 上 / 下 / 里 / 外面”讲述物体所在位置。

小动物究竟藏在哪里？你们愿意帮忙找找吗？

你找到了谁？在哪里找到的？

鼓励幼儿说说动物名称，并说出具体位置，如在椅子下面，在衣柜上面……

3. 藏一藏、找一找，体验与同伴一起游戏的乐趣，愿意参与捉迷藏活动。

（1）教师把小动物藏在身上，请幼儿找一找，说出小动物所在位置。

师：这次我要把小动物藏在身上，请小朋友闭上眼睛，我数到5，你们睁开眼睛找一找小动物藏在哪儿。

（2）幼儿找到好朋友，一起进行藏一藏、找一找的游戏。

藏的人把小动物藏在身上，找的人闭上眼睛，数到5后睁开眼睛找小动物，并说一说在哪里找到的。角色交换，再次或多次进行游戏。

【活动延伸】

请幼儿在过渡环节观察一下活动室，与其他幼儿说一说“××藏在××的上/下/里/外面”。

大班：主题活动——神笔马良

主题活动由来

一天，轩轩从绘本馆里借来了《神笔马良》，她很喜欢这个故事，并和她的好朋友们一起讨论：怎样才能像马良一样变出真的东西来？“我想当一名魔术师，这样就能变出好多玩具。”梓骁兴奋地说。“我喜欢吃烤鸭，要是用神笔画出一只烤鸭就好了。”泽泽边说边比划着，把大家逗得大笑起来。

小朋友们喜欢听故事、讲故事，愿意和同伴分享自己感兴趣的情节，并能结合生活经验进行讨论。善良的马良用神笔帮助了大家；县令的威胁没有让小马良害怕，机智勇敢的他顺利脱险。马良机智、善良的品质值得小朋友们学习。

因此，我们借着这个契机，开展了“神笔马良”主题共读、共讲、共剪、共创、共演活动，引导幼儿了解故事、讲述故事、创编故事、表演故事，感受中华优秀传统故事的独特魅力。

主题活动目标

1. 喜欢参加体育活动，通过搭建障碍、侧面钻、小组合作等方式发展幼儿大肌肉动作协调性、灵活性。

2. 喜欢阅读绘本，有良好的倾听习惯和语言理解能力。

3. 做自己力所能及的事，不怕困难，有自己的解决办法，有自信心。

4. 尝试按一个维度对常见事物进行分类、计数。

5. 有好奇心和求知欲，理解时间的概念。

6. 用剪纸、绘画等方法，设计、制作艺术作品，感受艺术之美。

7. 喜欢参加艺术活动，能够用唱歌、伴奏等自己喜欢的方式初步尝试创编神笔马良的故事，并进行表演。

主题活动思维导图

主题活动网络图

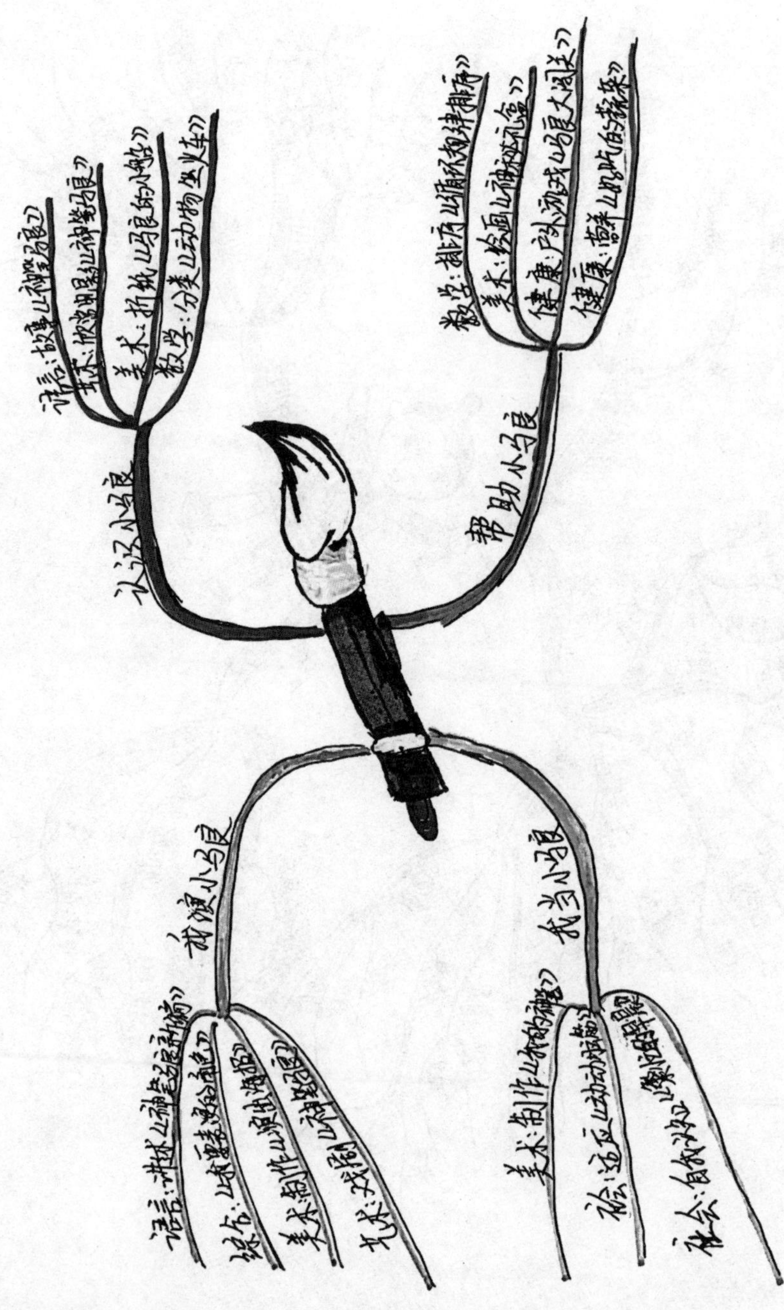

主题活动案例

活动一（语言领域）：绘本讲述《神笔马良》

【活动由来】

我班幼儿喜欢听故事，愿意表达对故事情节的理解和看法。故事《神笔马良》是小朋友们最近讨论的焦点。“小马良太棒了，能画出那么多动物。”“小马良被抓了，不但没有害怕，还能想办法逃走，真了不起。”善良、勇敢的马良成了小朋友们心目中的小英雄。

故事中的马良得到神笔后惩恶扬善，展现出了机智勇敢、爱憎分明等良好品质，这些也是幼儿需要学习的。因此，我们设计了本次活动。

【活动目标】

1. 讲述故事，了解《神笔马良》的主要情节。
2. 感受马良机智勇敢、爱憎分明的性格特征。
3. 在阅读中发展想象力，体验语言表达的乐趣。

【活动重难点】

活动重点：自主阅读，讲述《神笔马良》的主要情节。

活动难点：大胆想象、交流，体验语言表达的乐趣。

【活动准备】

经验准备：喜欢安静地听故事。

物品准备：《神笔马良》绘本、影视资料。

【活动过程】

1. 谈话导入，激发学生阅读兴趣。
2. 听故事，理解故事内容。

（1）自主阅读绘本，整体感知。知道马良是谁、故事中发生了什么事。

讨论：你是怎样知道书中所讲的故事的？你有什么问题需要大家帮助解决？

（2）再次阅读绘本，感悟情节。重点了解马良“盼笔——得笔——用笔”的主要情节。

讨论：马良是怎样学习画画的？他又是怎样得到神笔的？他用神笔做了些什么？

语言与画面匹配：请小朋友找出与下列语句相匹配的画面在第几页？

（3）进一步阅读绘本，感受马良的形象特征。

借助投影仪，师生共同阅读绘本（教师有感情地讲述）。

讨论：白胡子爷爷要送神笔给马良？神笔“神”在哪里？为什么它到了画师手上就不神了？马良是怎样用神笔帮助穷人的？马良又是怎样用神笔惩罚坏官的？你觉得马良是一个怎样的人？

3. 大胆想象，拓展思维。

马良得到了他梦寐以求的神笔，帮助穷人做了许多事情。如果你得到了这支神笔，你会做些什么？

总结：赞赏别人、关心自然等。

【活动延伸】

请幼儿自由挑选角色，进行故事表演。

活动二（艺术领域）：美术折纸“马良的小船”

【活动由来】

一些小朋友在阅读了绘本《神笔马良》后，对马良画的大船很感兴趣。熙熙说：“我们在纸上画的小船是平面的，要是能漂在水上就好了。”妍妍说：“我也想让小船漂在水里，就像真的小船一样。”

我班幼儿喜欢折纸活动，掌握了一些简单的折纸技巧，但是做立体小船还是第一次，于是我们设计了本次活动，以让幼儿学习折叠、翻折等折纸技巧。

【活动目标】

1. 掌握折叠、翻折等折纸技巧。

2. 喜欢参加折纸活动，具备创新意识。

3. 愿意与同伴分工合作，有合作意识。

【活动重难点】

活动重点：纸船折叠的步骤。

活动难点：掌握翻折的方法。

【活动准备】

经验准备：有折纸经验。

物品准备：小船玩具、图片，纸船范例一个，长方形纸若干张，布置成池塘的展板一块，音乐片段。

【活动过程】

引入环节，出示各种各样的船，激发幼儿的好奇心。

出示范例，引导幼儿观察范例中纸船的折法。

教师分步示范折叠纸船，最后重点讲解纸船的翻折成形。

鼓励幼儿大胆尝试，教师观察指导，帮助幼儿掌握重点，体验成功感。

游戏“赛船”，请幼儿将纸船放到“池塘里”，进行分组比赛。

教师口头帮助幼儿复习纸船的折法，再引导幼儿进行讲评。

活动结束。

【活动延伸】

幼儿向家人展示折纸船的方法，增进家庭亲情。

活动三（科学领域）：数学排序“循环规律排序”

【活动由来】

我班幼儿喜欢参加数学活动，掌握简单的排序方法。但是部分幼儿有时因为观察不够仔细，导致排序遇到困难，会选择放弃，失去自信。为了更好地帮助幼儿掌握规律排序的方法，我们开展了本次活动。

【活动目标】

1. 喜欢参加排序活动，用排序的方法解决生活中的问题，感受规律排序的趣味性。

2. 发现有规律的事物，感受规律排序的存在。

3. 学会按事物的不同维度（大小、颜色、形状等）进行循环规律排序。

【活动重难点】

活动重点：按事物的不同维度进行循环规律排序。

活动难点：用排序的方法解决生活中的问题。

【活动准备】

经验准备：幼儿有规律排序经验。

物品准备：水彩笔，幼儿操作图卡，大小、颜色、形状不同的粮仓，黑板。

【活动过程】

1. 创设秋天小兔子储存过冬食物的情境，激发幼儿参加活动的兴趣。

教师出示大小、颜色、形状不同的粮仓，请幼儿观察。

2. 讨论：小兔子将食物放在粮仓中，第二天它想吃个萝卜，可是怎么也找不到哪个粮仓中装的是萝卜，请小朋友帮忙想想办法。

3. 介绍简单排序规律。

（1）大粮仓、小粮仓、大粮仓、小粮仓。

（2）三角形粮仓、半圆形粮仓、三角形粮仓、半圆形粮仓。

（3）红色粮仓、蓝色粮仓、绿色粮仓、红色粮仓、蓝色粮仓、绿色粮仓。

（4）红色粮仓、红色粮仓、蓝色粮仓、蓝色粮仓。

4. 幼儿试将各种模式进行补充。

教师介绍材料使用方法，重点强调应注意大粮仓或小粮仓、三角形粮仓或半圆形粮仓图卡的使用方法。

5. 幼儿选择自己喜欢的材料进行操作活动，教师巡回指导。

6. 展示幼儿作品，请幼儿欣赏、评价。

【活动延伸】

将幼儿操作材料投放到益智区，引导幼儿继续进行排序活动。

活动四（健康领域）：户外游戏“马良大闯关”

【活动由来】

故事中，马良被县令抓了起来，聪明的他想办法逃了出来，就像闯关一样，小朋友们非常佩服马良。

闯关游戏是一种深受幼儿喜欢的户外游戏，制造障碍、互相合作、努力获胜，都是小朋友们的感兴趣的游戏。为了满足幼儿的求胜心，我决定以小马良闯关的形式开展游戏，帮助幼儿在游戏中发展大肌肉的发展水平，同时进一步发展幼儿创造力、与同伴合作的能力。

【活动目标】

1. 积极参加体育活动，在活动中体验成功和合作活动的乐趣。
2. 与同伴进行搭山洞、过山洞游戏，发展创造力。
3. 学习侧面钻，提高肌肉的耐力和集体的协调性。

【活动重难点】

学习侧面钻，提高肌肉耐力和身体协调性。

【活动准备】

经验准备：幼儿喜欢玩闯关游戏。

物品准备：音乐、铁圈、拱形门各 6 个、纸箱等简单结构材料。

【活动过程】

1. 开始部分。幼儿面对老师四散站立，随音乐做模仿操，重点活动四肢。

2. 基本部分。

（1）幼儿尝试用身体的不同部位“搭山洞”。

师：小马良要通过小朋友们用身体搭的山洞、用各种材料制作的障碍。想一想、试一试，怎样才能搭出不一样的山洞呢？

幼儿自由探索，老师观察、指导，提醒幼儿注意安全。

（2）组织幼儿讨论单人、双人搭山洞的方法。

（3）多人搭山洞。

师：我们搭了许多单人山洞、双人山洞，那么三个人、四个人，甚至更多人在一起，能不能搭出更有趣的山洞呢？

幼儿尝试搭多人山洞，老师观察并加以指导，引导幼儿加上一些障碍物，增加难度。

（4）用多种方法过山洞。教师启发幼儿探索多种过山洞的方法。（正面钻、侧身钻，匍匐前行、四肢贴地前行，仰躺于地、双脚蹬地后移等）

（5）游戏：小侦察员。

游戏规则：幼儿分六路纵队，站在起点线后，听信号，以鱼贯的方式钻爬过前面高低、大小不一的山洞（山洞有三种：每组推选两名幼儿搭成的山洞；拱形门、纸箱、铁圈），以不碰倒山洞、先钻过的一方为胜。游戏次数根据幼儿兴趣和活动量而定，每次游戏重新推选搭山洞的幼儿。

3. 结束部分。

师生在音乐游戏中相互捶捶背、敲敲腿，进行放松活动。

【活动延伸】

幼儿自由拼摆难度更高的障碍，做闯关游戏。

活动五（语言领域）：讲述《神笔马良新编》

【活动由来】

幼儿对神笔马良的故事很了解，他们对接下来还会发生哪些有意思的事情，有不同的看法，有的说："马良带着神笔去了很远的地方，帮助更多的人。"还有的说："还有坏人想抓住马良，得到神笔，马良会想到更多的办法逃走。"基于小朋友们对故事情节的猜想，给予幼儿大胆创造和表现的机会，为戏剧表演奠定基础，开展本次活动。

【活动目标】

1. 大胆表达对故事情节的猜想，发挥想象，丰富《神笔马良》的故事情节。

2. 积极思考，比较不同人物的性格，感受马良善良、勇敢、机智、爱憎分明的性格特征。

【活动重难点】

大胆新编，丰富故事情节。

【活动准备】

经验准备：熟悉《神笔马良》的故事情节和主要人物。

物品准备：壁画故事《神笔马良》，图书，背景音乐。

【活动过程】

1. 谈话导入，激发学生阅读兴趣。

2. 回忆故事内容：故事中发生了什么事？说一说你感情趣的故事情节。

3. 进一步阅读图书，感受马良的形象特征。

4. 大胆想象，拓展思维。故事还会发生哪些有意思的事情？小马良会怎样解决？

（1）分组讨论。

（2）引导幼儿将创编的故事情节表演出来。

【活动延伸】

为幼儿园里的小朋友表演话剧《神笔马良》。

仁爱中国娃

“仁者爱人”“己所不欲，勿施于人”等仁爱思想对中国社会和中华文化产生了深远影响，在中国历史的发展过程中一直都被思想家、文人、学者所提倡。幼儿期的仁爱品质教育可以为人的一生和谐发展打下坚实基础。作为学前教育者，更要关注幼儿仁爱品质的培养。为此，我园小班以《三只蝴蝶》、中班以《萝卜回来了》、大班以《奶奶的护身符》为主题开展教育实践活动。让每个孩子都有一颗仁爱之心，爱父母、爱他人、爱家园、爱社会，让每一个孩子的未来生活更加幸福而美好。

小班：主题活动——三只蝴蝶

主题活动由来

小班幼儿入园已经有一段时间了，充分感受到了幼儿园生活和家庭生活的不同。因为小班幼儿的年龄特点，小朋友们以自我为中心，所以在遇到一些问题时不知道该怎样解决。针对这样的情况，老师在教学过渡环节播放了视频《三只蝴蝶》，深受小朋友们欢迎。安安跟我说："老师，我觉得三只蝴蝶真漂亮！"壮壮对我说："老师，我让妈妈给我买了《三只蝴蝶》这本书。"还有的小朋友要求老师在午休时间再讲一讲这个故事，看到小朋友们对这个故事这么感兴趣，为了让幼儿理解故事内容，知道同伴之间要友好相处、互相帮助，我们设计了本次主题活动。

主题活动目标

1. 能安静地倾听三只蝴蝶的故事，愿意表达自己的想法。
2. 能模仿蝴蝶飞舞的动作。
3. 能手口一致地点数 5 以内花朵，并将花朵和蝴蝶匹配起来。
4. 愿意和小朋友一起游戏，能友好相处。
5. 用撕纸、粘贴等方法装饰蝴蝶。
6. 运用多种器官发现颜色的变化，具有初步的探究能力。
7. 根据提示分散跑，能躲避他人的碰撞。

主题活动思维导图

主题活动网络图

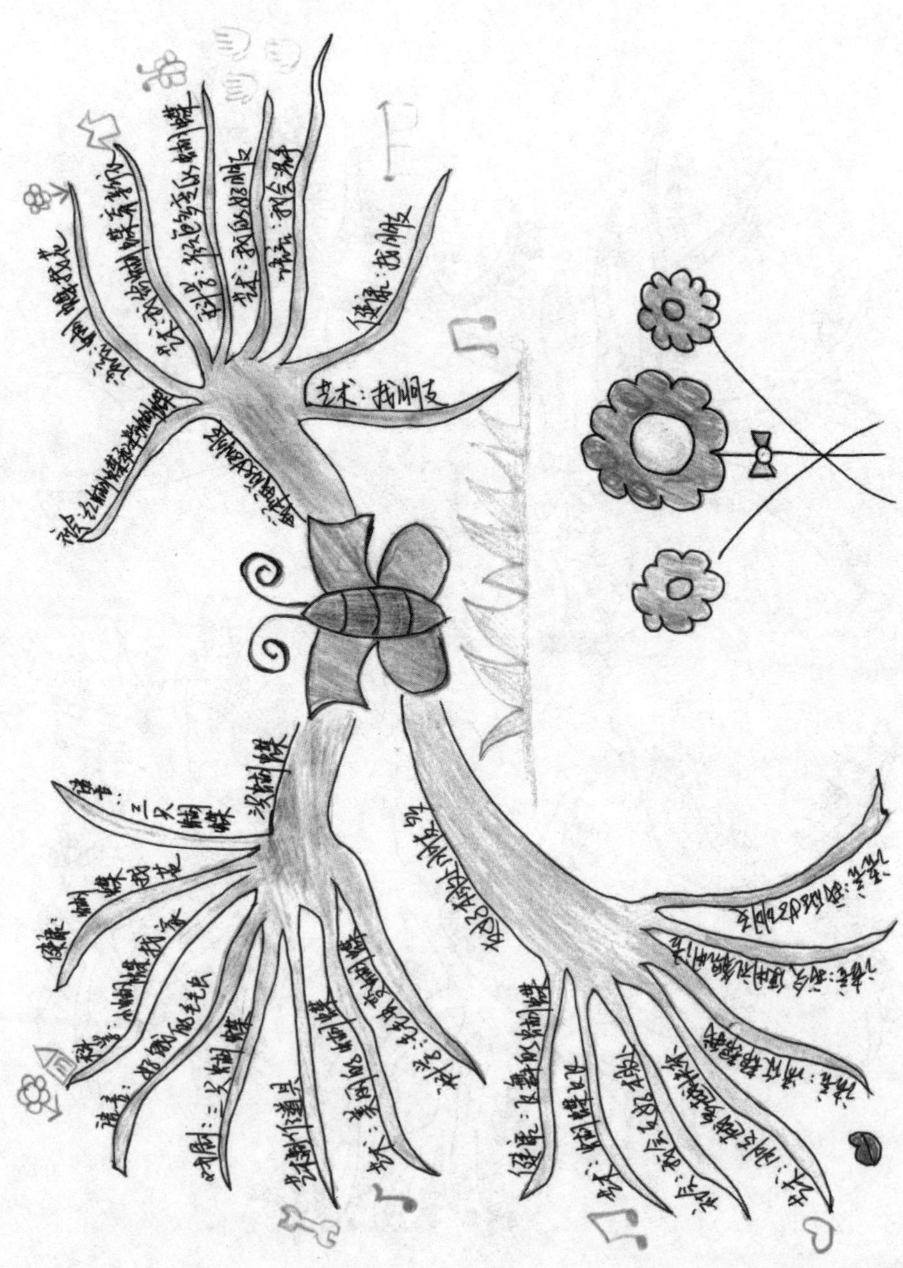

主题活动案例

活动一（语言领域）：绘本讲述《三只蝴蝶》

【活动由来】

小班幼儿的年龄特点是“以自我为中心”，从家庭生活转为幼儿园的集体生活，同伴之间难免发生一些摩擦。针对这样的情况，老师为大家播放了视频《三只蝴蝶》，用童话故事启迪幼儿智慧，使幼儿了解同伴之间要友好相处。

【活动目标】

1. 能安静地倾听三只蝴蝶的故事，了解故事基本情节。

2. 能复述蝴蝶之间的简短对话。

3. 愿意听故事，并体会到和同伴友好相处的快乐。

【活动重难点】

活动重点：了解《三只蝴蝶》的基本故事情节。

活动难点：能复述蝴蝶之间的简短对话。

【活动准备】

经验准备：幼儿听过三只蝴蝶的故事。

物品准备：故事绘本、故事音频、三只蝴蝶图片、麦克风等。

【活动过程】

1. 创设情境，激发幼儿学习兴趣。

（1）教师出示三只蝴蝶的手偶，用手偶和幼儿打招呼。

师：老师给小朋友们带来了三位好朋友，大家看看它们是谁呀？它们都是什么颜色的？

（2）教师用手偶示范，进行故事铺垫。

春天来了，花园里红的花、白的花、黄的花都开了，美丽的蝴蝶也飞来了，它们在花园里一块儿跳舞、游戏，非常快乐，有一天，这三只蝴蝶在花园里发生了什么事呢？我们一起来看看。

2. 教师播放故事音频，幼儿熟悉故事情节。

师：故事的名字叫什么？故事里面都有谁？故事中的三只蝴蝶在哪儿玩？三只蝴蝶在草地上玩时，突然发生了什么事？

3. 教师播放课件讲述故事，幼儿复述蝴蝶和花的简短对话。

教师拿着麦克风扮演记者，随机采访。

三只蝴蝶为了躲雨去找了谁？（红花姐姐、白花姐姐、黄花姐姐）

三只蝴蝶一同飞到红花姐姐那里，红花姐姐让三只蝴蝶进去了吗？三只蝴蝶是怎么说的？

三只蝴蝶一同飞到白花姐姐那里，白花姐姐让三只蝴蝶进去了吗？三只蝴蝶是怎么说的？

三只蝴蝶一同飞到黄花姐姐那里，黄花姐姐让三只蝴蝶进去了吗？三只蝴蝶是怎么说的？

4. 教师出示太阳教具，幼儿知道友好相处更快乐。

（1）教师出示太阳图片。

师：三只蝴蝶在大雨里飞来飞去，找不着避雨的地方，真着急呀，可是它们谁也不愿意离开自己的朋友。这时候，是谁帮助了三只蝴蝶？

（2）教师请幼儿自由表达自己的想法。

师：小朋友们喜欢三只蝴蝶吗？喜欢三朵花吗？喜欢太阳吗？如果你是红花姐姐，你会帮助三只蝴蝶吗？怎样帮？

总结：小朋友们要向三只蝴蝶学习，团结友爱，在遇到困难时，不离不弃。比如，小朋友在玩玩具时，不争不抢，大家一起玩，学会分享。玩滑滑梯时，不推不挤，团结友爱，讲秩序。上下楼梯时一个跟着一个走。在生活中有很多的小事，都需要小朋友们团结在一起。这样我们才能开心快乐地度过幼儿园生活。

【活动延伸】

幼儿在表演区尝试表演三只蝴蝶的故事。

活动二（艺术领域）：故事表演《三只蝴蝶》

【活动由来】

学习了三只蝴蝶的故事后，小朋友们非常喜欢学说故事中重复的语言。在离园环节，有的孩子会装作飞到小柜子前说："我是红蝴蝶，这是我的红衣服。"为了充分满足小朋友们的表演欲，我们准备了表演用的材料，如蝴蝶翅膀道具，蝴蝶头饰，红、黄、白蝴蝶胸卡等，设计了本次故事表演活动，引导幼儿用语言、动作、表情表达自己对故事的理解。开展此活动内容。

【活动目标】

1. 在轻松、和谐的氛围中，积极参加故事表演活动。

2. 模仿三只蝴蝶和花朵的语言和形象，有表达和交流的愿望。

3. 在教师的提示下，按自己的意愿选择并扮演角色，尝试与同伴共同表演故事。

【活动重难点】

活动重点：积极参与故事表演活动，进一步理解故事内容。

活动难点：表演过程中尝试加入自己的想象与创造。

【活动准备】

经验准备：幼儿熟悉《三只蝴蝶》故事情节，了解故事中主要人物的动作、语言等。

物品准备：场地布置成花园，红、黄、白三种颜色的花环头饰、蝴蝶头饰、蝴蝶胸卡、蝴蝶翅膀，自制花朵、云朵、太阳公公头饰。

【活动过程】

1. 集体复述故事，学说故事中的对话，感受表演活动的乐趣。

师：小朋友一定还记得三只蝴蝶的故事，今天我们一起来表演这个故事，先请小朋友和老师一起讲一讲这个故事，到蝴蝶和花朵对话的情节，小朋友要一起学说对话。

2. 游戏"蝴蝶飞来了"，分段表演故事，模仿三只蝴蝶和花朵的语言和形象。

（1）创设蝴蝶飞到红花处的情境进行表演。

师：小朋友们现在都是红蝴蝶，我们一起去红花家里做客，小蝴蝶们要用自己喜欢的动作飞到红花家里，并学说故事中的对话。

（2）创设蝴蝶飞到黄花处的情境进行表演。

师：现在小朋友都变成黄蝴蝶，我们一起去黄花家里做客，小蝴蝶们要用和刚才不一样的动作飞到黄花家里，并学说故事中的对话。

（3）创设蝴蝶飞到白花处的情境进行表演。

师：现在小朋友又变成白蝴蝶，我们一起去白花家里做客，小蝴蝶们想一想，还可以怎样飞到黄花家里，并学说故事中的对话。

（4）创设雨过天晴，蝴蝶们一起游戏的情境进行表演。

师：雨停了，天晴了，太阳公公出来了，小蝴蝶们高高兴兴地在花园里一起飞舞、一起游戏吧。

（5）小结，丰富幼儿表演经验。

师：刚才小蝴蝶们分别飞到了红花、黄花、白花家里，学说了故事中的对话，有的小蝴蝶在飞舞的时候用到了很多优美的动作，真聪明！

3. 选择喜欢的角色，尝试共同表演。

（1）选择喜欢的角色。

游戏“我是花仙子”。现在我们要一起表演了，请愿意扮演花仙子的小朋友选择自己喜欢的花朵和红、黄、白三种颜色的花环头饰，和旁边的小朋友说一说“我是红（黄、白）色的花仙子”。

游戏“我是花蝴蝶”。请愿意扮演花仙子的小朋友选择自己喜欢的翅膀、头饰、花朵胸卡，和旁边的小朋友说一说“我是红（黄、白）色的蝴蝶仙子”。

（2）表演游戏，教师适当提示。

师：花仙子和蝴蝶仙子们准备好，表演活动正式开始了。

教师负责旁白，扮演太阳和云朵，并在必要的时候对幼儿进行适当的提示。

（3）小结：蝴蝶仙子和花仙子们都是非常出色的小演员，不仅完整地学说了对话，有的小演员还加入了自己的动作和表情。

4. 延伸活动，游戏“魔法棒”，幼儿互换角色进行表演。

师：老师现在也是蝴蝶仙子，用我的魔法棒轻轻一指，小蝴蝶仙子和花仙子们要互相交换角色，我们再来表演一次。

【活动延伸】

将道具投放到表演区，幼儿可以在区域活动中继续进行表演。

活动三（健康领域）：体育游戏“蝴蝶找花”

【活动由来】

小朋友们对蝴蝶越来越感兴趣，也对蝴蝶的特征、习性等有了进一步了解。在户外活动时，小朋友们喜欢在操场上模仿蝴蝶飞来飞去。凡凡说：“蝴蝶应该在花园里飞，故事里就是这样的，我们去寻找花园吧！”于是小朋友们自由地跑了起来，当凡凡说“花园到了”时，其他孩子还在跑。为了支持小朋友们的游戏，我们在场地上画出大圆圈作为花园，“蝴蝶们”可以飞进花园里了，也更加开心了。这项活动能够发展幼儿动作的灵活性和协调性。

【活动目标】

1. 喜欢参加体育活动，感受运动的快乐。
2. 自由地走或跑，模仿蝴蝶飞舞，动作协调、灵活。
3. 在模仿蝴蝶飞舞时，听到信号后能快速找到花朵避雨，能控制自己的身体。

【活动重难点】

活动重点：用自己感兴趣的方式模仿蝴蝶飞舞，动作协调、灵活。

活动难点：能有意识地听信号，音乐停止时，能快跑到花朵处避雨。

【活动准备】

经验准备：幼儿熟悉蝴蝶飞舞动作，在走、跑时能控制自己的身体。

物品准备：红色、黄色、白色蝴蝶胸卡、花朵大贴纸，在宽敞、平坦的活动场地上画有花园的围栏，歌曲《蝴蝶飞飞》，鼓。

【活动过程】

1. 游戏“蝴蝶飞飞”，感受运动的快乐。

（1）听音乐模仿蝴蝶自由飞舞，音乐停止马上“飞”回来。

师：你们现在都是小蝴蝶，老师是蝴蝶妈妈。音乐响起来的时候，蝴蝶们飞到外面去玩，音乐停下来的时候，小蝴蝶们飞回家来。

（2）布置花园，创设游戏情境。

师：小蝴蝶们最喜欢到花园里玩，今天蝴蝶妈妈带领小蝴蝶去花园种花，把我们的花园装扮得更漂亮。请小蝴蝶们选择自己喜欢的花朵，音乐响起后将花朵种在花园里，种完一朵花马上飞回家。

2. 游戏活动，用走或跑的动作模仿蝴蝶飞舞，动作协调。

（1）幼儿开始做游戏，教师观察、指导。

师：我们的花园真漂亮，小蝴蝶们一定特别想去花园玩。请小朋友们边听音乐边去花园里飞舞（走或跑），当听到打雷的声音（敲鼓）时，记得要到花朵那里躲雨呦。

根据幼儿游戏情况及时指导。

师：小蝴蝶们要记住，一朵花下只能躲一只蝴蝶，游戏中注意躲避同伴，避免碰撞。

（2）幼儿第二次做游戏，教师参与并观察幼儿游戏情况。

师：花朵们很喜欢和小蝴蝶们一起做游戏，刚才花朵们悄悄告诉蝴蝶妈妈，它们希望和自己颜色一样的小蝴蝶躲在一起。现在请小朋友选择自己喜欢的颜色的蝴蝶胸卡贴在胸前，我们再去花园玩，听到打雷声音，躲到自己颜色一样的花朵那里避雨。蝴蝶们一定要注意安全，不要撞到你的好朋友。

（3）教师小结。

师：小蝴蝶们玩得真开心，在飞舞的时候保证自己不摔倒，还能够注意不撞到旁边的同伴，真是棒棒的。在听到打雷声音时，能马上跑到和自己一样颜色的花朵那里躲雨，都是既聪明又遵守游戏规则的蝴蝶，蝴蝶妈妈为你们点赞。

（4）游戏“蝴蝶大变身”，鼓励幼儿和同伴更换蝴蝶颜色进行游戏，促进幼儿间的交往。

师：小蝴蝶们不仅喜欢做游戏，还喜欢变魔术，请小蝴蝶们和旁边的同伴交换蝴蝶胸卡，变身为其他颜色的小蝴蝶，我们继续飞到花园里做游戏。

3. 小结，梳理游戏经验。

师：今天我们玩了“蝴蝶找花”的游戏，请小蝴蝶们说说自己在做游戏时发生了哪些开心的事情。

小蝴蝶们不仅装饰了美丽的花园，还开心地在花园里自由飞舞，动作优美、协调。小蝴蝶们能及时躲起来避雨，注意躲避小朋友，真是懂事的好孩子。

【活动延伸】

和幼儿一起讨论：雨过天晴后，小蝴蝶可以和花朵一起做什么游戏，下次一起玩。

活动四（科学领域）：数学“蝴蝶找花”

【活动由来】

听了三只蝴蝶的故事后，有一天班里的一依小朋友带来了一张照片：“老师，这是妈妈带我去鲜花港拍的照片，您看，我身边有好多蝴蝶呢！”这张照片引来了好多小朋友的围观，大家热烈地讨论起来。为了让幼儿将花和蝴蝶联系起来，掌握匹配的技能，故开展该活动。

【活动目标】

1. 能手口一致地点数5以内花朵的数量，并将花朵和蝴蝶进行匹配。

2. 能在活动中仔细观察花朵的数量，锻炼观察力和动手操作能力。

3. 能在活动中感受到快乐。

【活动重难点】

会对照相应的数量匹配花朵与蝴蝶。

【活动准备】

经验准备：幼儿有1~5手口一致点数的经验。

物品准备：大花朵和大蝴蝶的图片，每名幼儿5盆花卡片、蝴蝶若干。

【活动过程】

1. 教师出示图片，幼儿观察。

（1）教师出示花朵图片，幼儿观察。

师：在花园里有几盆花？你发现这些花儿有什么地方不一样？

（2）幼儿选择一盆自己最喜欢的花儿进行表述。

师：这里有这么多盆花，请你说说喜欢哪一盆、里面有几朵？（鼓励幼儿伸出手指点一点）

2. 教师出示卡片，学生将花和蝴蝶进行匹配。

（1）教师示范，将花和蝴蝶匹配摆放。

师：花园里的花儿真漂亮，看谁来了？（出示小蝴蝶），小蝴蝶来找小花做朋友，一只蝴蝶找到了一朵小花（示范摆放一只蝴蝶）。这盆花有两朵小花，会有几只蝴蝶飞过来呢？（老师根据幼儿的回答摆放蝴蝶，集体点数小花和蝴蝶）。

（2）请一个幼儿给另外三盆花匹配相应数量的蝴蝶，其余幼儿评价。

师：那三朵小花会有几只蝴蝶飞过来呢？四朵小花会有几只蝴蝶飞过来呢？五朵小花会有几只蝴蝶飞过来呢？

3. 游戏“蝴蝶找花”，将蝴蝶和花朵进行匹配。

（1）幼儿为教师的花朵匹配相应数量的蝴蝶。

师：小朋友们真聪明，帮蝴蝶找到了花朵，接下来请小朋友给自己的小蝴蝶找花朵吧。

（2）教师拍照记录幼儿操作问题或亮点，和大家分享。

4. 教师总结。

师：今天，我们帮助小蝴蝶找到了花朵做朋友。小朋友们在日常生活中还发现了哪些可以做朋友的事物呢？找到了可以和大家分享哟！

【活动延伸】

在益智区投放蝴蝶和花朵的卡片，供幼儿操作。

活动五（社会领域）：人际交往“红蝴蝶和粉蝴蝶”

【活动由来】

在区域活动时间，彤彤跑来和我说：“老师，我们区的冬冬总是抢我的玩具。”小朋友之间出现的一些小摩擦引起了我的关注。由于之前我们讲述过三只蝴蝶的故事，所以我们就以此为主题设计了人际交往活动，引导幼儿和同伴友好相处。

【活动目标】

1. 知道自己和好朋友的性别。
2. 想加入游戏时能友好地提出请求。
3. 愿意和小伙伴一起做游戏，感受游戏的快乐。

【活动重难点】

活动重点：知道小伙伴之间要友好相处。

活动难点：想加入游戏时能友好地提出请求。

【活动准备】

经验准备：幼儿在活动前和自己好朋友合照。

物品准备：红蝴蝶和粉蝴蝶的头饰、小朋友摔倒的图片、小朋友过生日的图片。

【活动过程】

1. 情境导入，激发幼儿学习兴趣。

（1）教师出示红蝴蝶和粉蝴蝶头饰。

师：小朋友们，今天有两位客人来到班里，想来和小朋友们做朋友，大家欢迎吗？

（2）教师讲述红蝴蝶和粉蝴蝶的故事，帮助幼儿理解“好朋友”的概念。

师：红蝴蝶和粉蝴蝶是一对好朋友，它们每天一起上学、一起游戏，有好东西一起吃，红蝴蝶搬不动小桌子，粉蝴蝶就会一起来抬，粉蝴蝶不会系鞋带，红蝴蝶会帮他系鞋带。它们真是一对好朋友。

2. 介绍自己的好朋友，知道要和小朋友友好相处。

（1）教师介绍自己的好朋友。

师：小朋友们，这是老师和老师的好朋友，我们有好吃的东西会一起吃，从来不打架。

（2）幼儿介绍自己的好朋友，教师拍照记录。

师：大家刚才看了老师的好朋友，现在谁愿意和老师说一说自己的好朋友，他是男孩还是女孩？你为什么和他做好朋友？你们在一起都会做什么事情呢？他有什么优点呢？

3. 出示范例图片，知道和小伙伴友好游戏很快乐。

（1）教师出示小朋友摔倒的图片，请幼儿自由表达自己的想法。

师：这个小朋友不小心摔倒了，如果你是他的好朋友，你会怎么做？

（2）出示小朋友开心地做游戏的图片，请小朋友表达自己的想法。

师：这个小朋友在做什么，他开心吗？为什么？

4. 游戏“找朋友”。

一位教师和小朋友一起来做“找朋友”的游戏，另一位教师拍照记录。

5. 教师展示师生游戏照片，并进行总结。

师：我们要有礼貌，懂得分享、谦让，常常帮助别人，这样才能交到好朋友。

【活动延伸】

引导幼儿回家和家长说一说自己今天又交到了哪些新朋友，一起做了哪些有趣的事情。

中班：主题活动——萝卜回来了

主题活动由来

在班级开展的图书漂流活动中，然然从家里带来了一本绘本《萝卜回来了》。小朋友们被绘本中小兔、小猴、小鹿、小熊之间发生的相互关爱、与人分享的故事所吸引，在阅读时将小兔在雪地里找食物的样子表现得活灵活现，并且用小兔的口吻说："雪这么大，天气这么冷，我把萝卜送给 ×× 吃。"中班幼儿的社会认知能力明显提高，他们懂得更多的社会规则和行为规范，能关心他人的情感反应，表现出初步的关心、同情的反应，合作、友好、助人的行为明显增多。传统故事《萝卜回来了》是对幼儿实施仁爱品格教育的契机，因此我们计划围绕《萝卜回来了》开展一系列活动。

主题活动目标

1. 喜欢参与拔河游戏，体验合作的乐趣，探索出自我保护的方法。（健康）

2. 理解故事内容，能用较准确、完整的语言描述人物的简单对话，并愿意与同伴交流，表达自己的想法。（语言）

3. 能用点、线条、简单图形表现萝卜的基本部分和主要特征，尝试使用印画、剪纸的方式进行创作。（美术）

4. 喜欢唱歌，能跟随音乐大胆表现，围绕绘本展开想象，愿意参与戏剧表演。（音乐）

5. 积极运用多种器官感知萝卜的特征，进行自发的探究活动。（科学）

6. 能区分远近、中间、旁边的位置关系，并用语言描述出来。（数学）

7. 懂得关爱他人，愿意与同伴友好相处，有初步的合作意识。（社会）

主题活动思维导图

主题活动网络图

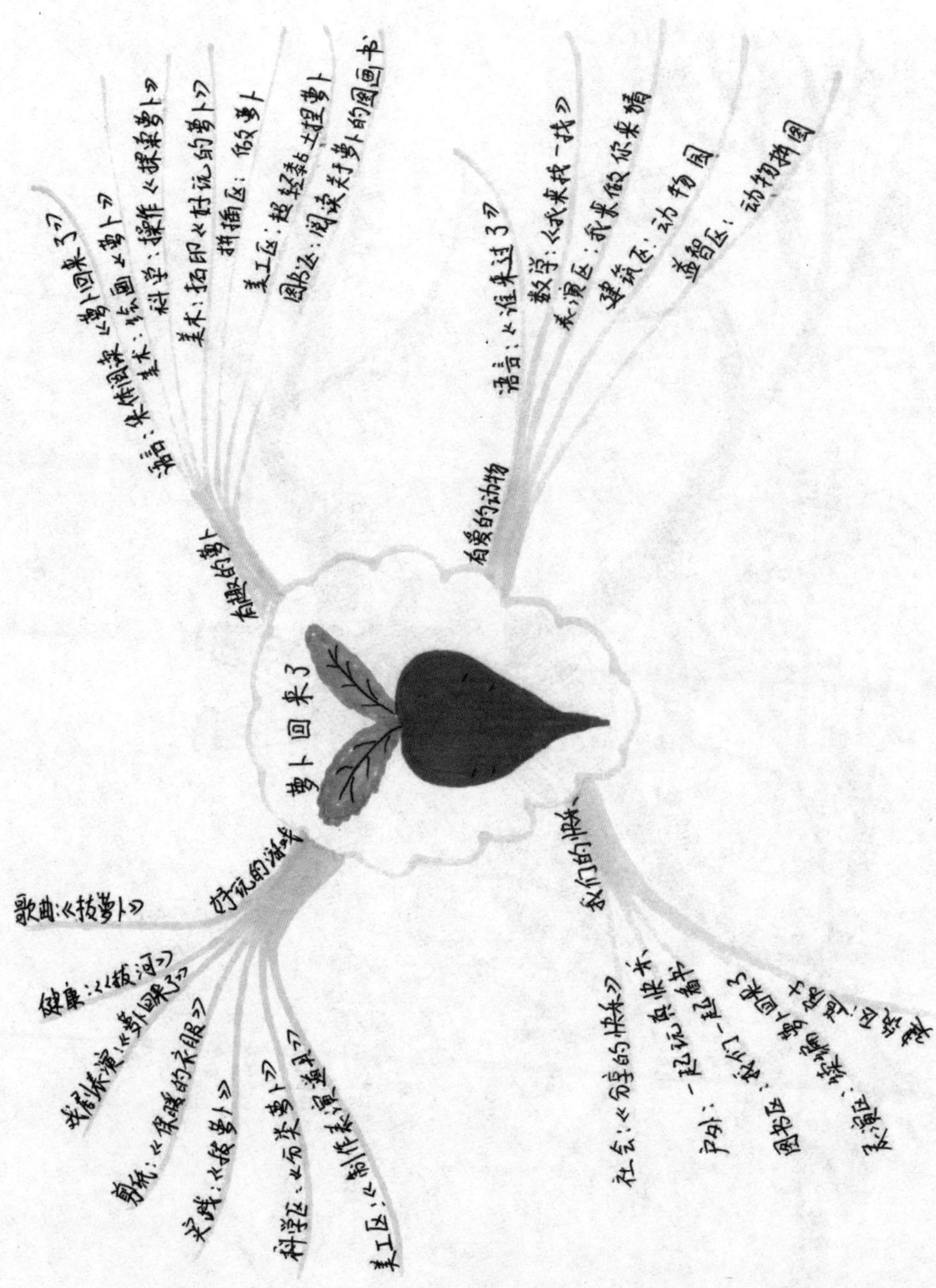
萝卜回来了
有趣的萝卜
语言：集体阅读《萝卜回来了》
美术：线描《萝卜》
科学：操作《探索萝卜》
美术：拓印《好玩的萝卜》
拼插区：做萝卜
美工区：超轻黏土捏萝卜
阅读区：阅读关于萝卜的图画书
有爱的动物
语言：《谁来过了》
数学：《我来找一找》
表演区：我来做 你来猜
建筑区：动物园
益智区：动物拼图
好玩的游戏
歌曲：《拔萝卜》
健康：《拔河》
戏剧表演：《萝卜回来了》
剪纸：《保暖的衣服》
实践：《拔萝卜》
科学区：《分类萝卜》
美工区：《制作表演道具》
我们的伙伴
社会：《分享的快乐》

主题活动案例

活动一（语言领域）：绘本讲述《萝卜回来了》

【活动由来】

然然从家里带来一本绘本《萝卜回来了》，小朋友们对这本绘本非常感兴趣。皓皓说："这个故事真有趣，萝卜最后又回来了。"彤彤说："我好喜欢小兔呀！"小朋友们你一言我一语，表达着对绘本的喜爱。《萝卜回来了》以"萝卜"为线索，讲述了小动物们和朋友一起分享萝卜的童话故事，表达了关心他人、与人分享的情感主题。于是我们开展了本次绘本阅读活动，深度剖析故事情节，体验故事里相互关心、与人分享的情感。

【活动目标】

1. 愿意与同伴交流，表达自己的想法。
2. 理解故事内容，能用较准确、完整的语言描述人物的简单对话。
3. 对故事感兴趣，培养乐于分享、关心他人的良好品质。

【活动重难点】

活动重点：理解故事内容，能用较准确、完整的语言描述人物的简单对话。

活动难点：培养乐于分享、关心他人的良好品质。

【活动准备】

经验准备：幼儿认识绘本中的动物及食物。

物品准备：雪天背景图一张，大萝卜图片一张，故事录音，小兔、小猴、小鹿、小熊角色图片各一张，脚印组合成的箭头、打 × 的嘴巴图片各四张，幼儿关心他人、与人分享的生活情景图片若干张。

【活动过程】

1. 情景导入。

教师出示雪天背景图，提出问题：这是什么季节？雪地里有什么？这么冷的天，小兔子出来找东西吃，它看见萝卜会怎么样？

2. 完整欣赏故事，初步理解故事内容。

提问：故事里有哪些小动物？它们有没有把萝卜吃掉？它们是怎么做的？

教师根据幼儿的回答出示相应角色图片。

3. 结合图片进一步理解故事，用较准确、完整的语言描述人物的简单对话。

提问：萝卜是从哪里来的？小兔子拔萝卜送给谁？它是怎么想的？怎么做的？接下来又发生什么有趣的事情？（小猴、小鹿、小熊同上）

教师根据幼儿的回答，按顺序摆放小动物、脚印组合成的箭头和打 × 的嘴巴图片，并鼓励幼儿用生动的语言描述小动物的心理活动。

4. 结合生活实际，谈一谈自己的感受。

提问：你的好朋友是谁？你是怎么关心他的？好朋友又是怎么关心你的？

幼儿回答问题，教师可以出示幼儿相互帮忙的图片，从旁引导。

最后教师小结：我们只有具备关心他人、乐于分享的良好品质，才能交到好朋友。

【活动延伸】

讲绘本投放图书区，鼓励幼儿在区域活动中进行阅读。

活动二（艺术领域）：美术线描“画萝卜”

【活动由来】

萝卜品种较多，如胡萝卜、白萝卜、红萝卜、水果萝卜等，具有不同的形态和颜色。本节课通过让幼儿观察各种萝卜、用水彩笔画出萝卜的轮廓等活动，使幼儿初步了解萝卜的形态特点和食用方法。

【活动目标】

1. 观察萝卜，发现萝卜的颜色、形态。

2. 能用点、线条、简单图形表现萝卜的主体和叶子。

3. 体验创作线描画的乐趣。

【活动重难点】

活动重点：了解线描画的绘画方法。

活动难点：能用点、线条、简单图形表现萝卜的主体和叶子。

【活动准备】

经验准备：认识白萝卜、红萝卜、胡萝卜、水果萝卜，了解萝卜的种类。

物品准备：在雪地里找食物的小兔的插画、各种萝卜、水彩笔、勾线笔、白纸。

【活动过程】

1. 图片导入，激发幼儿的学习兴趣。

教师出示在雪地里找食物的小兔的插画，提问：小兔在雪地里找到了什么？我们一起来看看这些萝卜？你看到了哪些形状？

2. 欣赏萝卜线描画，尝试用点、线条和图形表现萝卜的主体和叶子。

师生一起讨论设计方案。

师：你喜欢什么样的萝卜，长长的、心形的、上粗下细的？你想用什么图案和线条装饰萝卜？

幼儿画画，教师指导，鼓励幼儿运用点、线条、图案表现萝卜的主体和叶子。

3. 展示作品。

幼儿介绍自己的作品，说一说运用了哪些图形、线条。

师：我们一起听音乐，把这些萝卜送给雪地里的小兔子吧！

【活动延伸】

将幼儿作品展示在作品栏中。

活动三（科学领域）：操作活动“探索萝卜”

【活动由来】

幼儿在阅读绘本《萝卜回来了》时发起讨论：萝卜好吃吗？有的小朋友说：“胡萝卜甜甜的非常有营养。”有的小朋友说：“我吃过萝卜，有点辣，一点都不好吃！”对于幼儿的讨论，我们收集了各种萝卜，引导幼儿通过看看、闻闻、摸摸、切切、尝尝的方法，进行科学探究活动。

【活动目标】

1. 积极参与科学探索活动。

2. 观察萝卜，了解萝卜的主要特征（颜色、形状、气味）。

3. 养成爱吃萝卜、不挑食的良好饮食习惯。

【活动重难点】

活动重点：愿意参与科学探究活动。

活动难点：了解萝卜的主要特征（颜色、形状、气味）。

【活动准备】

经验准备：幼儿对萝卜有基本了解。

物品准备：各种萝卜、水果刀。

【活动过程】

1. 问题导入，观察萝卜。

师：请你看看萝卜，说说自己喜欢哪一种。

2. 摸一摸、切一切，感知萝卜最明显的特征（颜色、形状、气味）。

师：萝卜还有许多秘密，请你摸一摸，把你的发现告诉我。

被切开的萝卜里面是什么样子的？（形状、颜色、气味）

3. 教师介绍萝卜的营养价值。

萝卜中丰富的维生素 C 和微量元素锌有助于增强机体的免疫功能，提高抗病能力；芥子油能促进胃肠蠕动，帮助消化，增加食欲；淀粉酶能分解食物中的淀粉、脂肪，使之得到充分吸收。所以我们小朋友要多吃萝卜，身体会更健康哦！

【活动延伸】

在进餐环节中，引导幼儿观察萝卜，品尝萝卜。

活动四（艺术领域）：美术拓印“好玩的萝卜”

【活动由来】

小朋友们收集了多个种类的萝卜，为了让小朋友们更好地观察萝卜的内部，我们将萝卜切成了多种形状的萝卜块，让幼儿将萝卜的横切面蘸上颜料，创作拓印画，感受拓印的乐趣。

【活动目标】

1. 用拓印的方法创作美术作品。

2. 将萝卜的横切面、纵切面蘸上颜料，创作拓印画。

3. 感受创作的乐趣。

【活动重难点】

活动重点：用拓印的方法创作美术作品。

活动难点：将萝卜的横切面、纵切面蘸上颜料，创作拓印画。

【活动准备】

经验准备：幼儿认识基本颜色和萝卜。

物品准备：各种萝卜（胡萝卜、绿萝卜、水萝卜、红萝卜）的截面，红、黄、蓝、绿四色糨糊，调色盘4个，小毛巾4块，A4纸若干张。

【活动过程】

1. 出示萝卜拓印画，激发幼儿学习兴趣。

师：萝卜宝宝们创作了一幅漂亮的画，你们想看吗？（出示范画——《可爱的毛毛虫》）

2. 幼儿自由创作萝卜拓印画。

选一个萝卜宝宝，先将它的各部位蘸上颜料，再用力盖在纸上，印的时间要长一些，注意不要将颜色重叠印，印完一个要晾一会儿。

3. 幼儿展示作品，感受实物拓印画的乐趣。

幼儿自由展示作品，并介绍创作思路。

教师将拓印画张贴到作品墙上，供大家欣赏。

【活动延伸】

将拓印工具投放到美工区，供幼儿后续探索使用。

活动五（语言领域）：描述性讲述游戏“谁来过了”

【活动由来】

《萝卜回来了》讲述了小动物们互相关心、分享食物的故事。故事里小动物们并不知道是哪个朋友送来的萝卜，于是我们以萝卜为线索，设计了本次活动，引导小朋友了解动物的基本特征。

【活动目标】

1. 愿意根据动物的特征（脚印、皮毛、形态）猜测动物种类。

2. 能用准确、完整的语言描述动物特征，大胆在众人面前模仿出来。

3. 喜欢参与语言活动并感到快乐。

【活动重难点】

活动重点：根据动物的特征（脚印、皮毛、形态）猜测动物种类。

活动难点：用准确、完整的语言描述动物特征。

【活动准备】

经验准备：幼儿对动物的特征有所了解。

物品准备：课件。

【活动过程】

1. 问题导入，激发幼儿探究欲望。

师：小朋友们，小猴子找到食物回到家里，看到桌子上的萝卜，心想：这个萝卜一定是好朋友们送来的，是哪个好朋友呢？请你帮小猴子想一想，告诉我，你是怎么知道的。

2. 幼儿用准确、完整的语言描述动物特征。

教师播放鸭叫音频，幼儿猜测动物种类。

教师出示具有斑马、老虎、梅花鹿局部特征的图片，幼儿猜测是谁去了小熊家。

3. 游戏“我演你猜”，鼓励幼儿大胆表现自己。

幼儿扮演自己喜欢的小动物，请大家一起猜一猜动物种类。

教师总结：小朋友们知道的小动物可真多呀！接下来，我们看一看谁去了小鹿的家里。

【活动延伸】

幼儿集体玩猜谜游戏，看看谁是猜谜大王。

大班：主题活动——奶奶的护身符

主题活动由来

小朋友们的成长路上有许多值得感恩的人与事。他们受到了爸爸妈妈、爷爷奶奶的细心照顾，也受到了一些社会人士的帮助。尤其是疫情袭来，对小朋友们的生活和学习造成了很大影响。乐乐说："我妈说不能总是出去吃饭，现在好不容易疫情得到了控制，我们得珍惜。"诺诺说："我妈妈给我讲过钟南山爷爷的事迹，他非常厉害，我特别佩服他！"为了增强幼儿对爱的认识，培养幼儿的感恩之心，同时鼓励幼儿树立自强信念，我们设计了"奶奶的护身符"主题活动。

主题活动目标

1. 有良好的倾听习惯和初步的阅读理解能力，能说出绘本《奶奶的护身符》的主要情节。

2. 了解有关新型冠状病毒的知识及抗疫英雄的事迹，愿意用图画和符号表现抗疫英雄的事迹。

3. 能自觉遵守基本的安全规则；能平稳、快速地走过平衡木；能手脚并用，安全地攀爬云梯。

4. 了解警察、消防员、医生等职业特点，用积极的情感和行动表达自己对他人的感激之情。

5. 使用连剪、镂空的技法剪纸，与同伴分享自己的剪纸作品。

6. 愿意参加音乐活动，敢于用肢体语言表现音乐的旋律和情绪，具有一定协调配合能力。

7. 运用正在发展的配对和反向思维的数学观念、方法解决生活和游戏中遇到配对推理的实际问题。

8. 发现网状物品的特点，了解网状物品在生活中的应用，尝试用网状物品解决生活中的实际问题。

主题活动思维导图

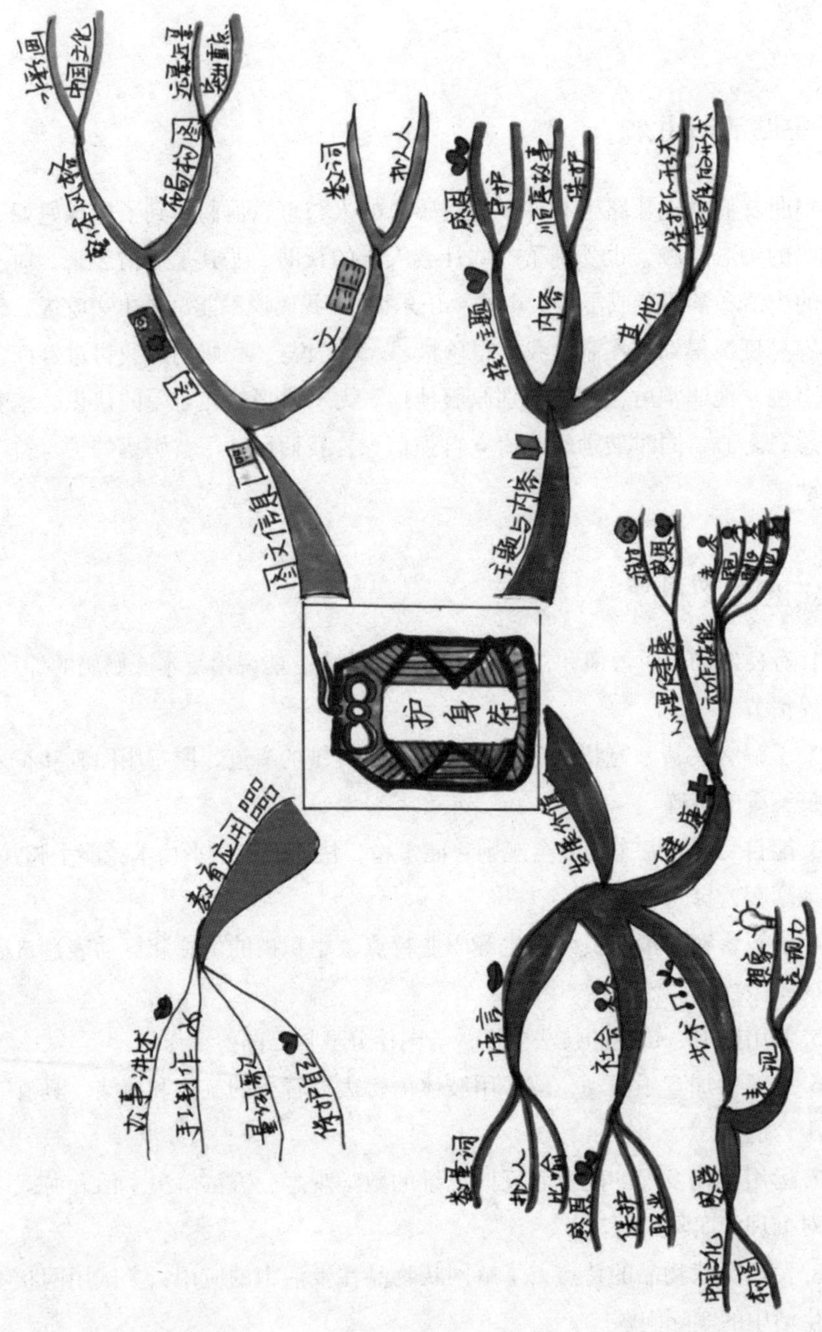

主题活动网络图

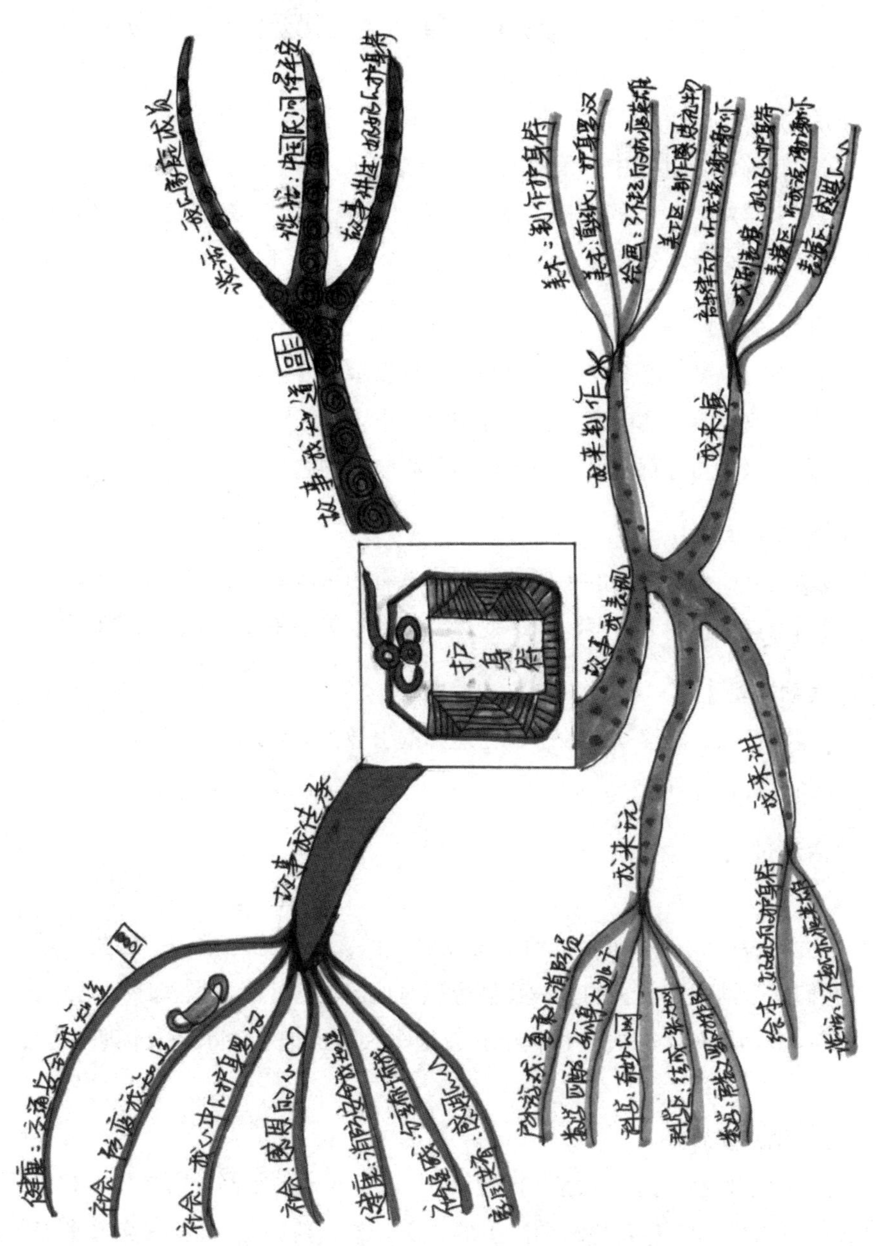

主题活动案例

活动一（语言领域）：故事讲述《奶奶的护身符》

【活动由来】

在幼儿的成长过程中，不仅有来自最亲近的爸爸妈妈、爷爷奶奶的悉心照顾，还有来自社会人士的支持与帮助，为了增强幼儿对爱的认识，培养幼儿的感恩之心，同时鼓励幼儿独立自主、不怕困难，我们开展了本次活动。

【活动目标】

1. 喜欢听故事，愿意与老师、同伴讨论故事内容。

2. 了解故事的主要内容，尝试看图讲故事。

3. 感受奶奶和五百罗汉对小男孩的关心与爱护之情。

【活动重难点】

活动重点：了解故事的主要内容，尝试看图讲故事。

活动难点：感受五百罗汉由多变少、帮助小男孩平安长大的故事情节。

【活动准备】

经验准备：幼儿喜欢听故事，在老师的引导下能够理解故事内容。

物品准备：课件。

【活动过程】

1. 谈话导入。

请大家说一说，平时是谁给你洗衣服、做饭、送你上学的？这些都是关心爱护我们，帮助我们成长的人，我们应该对他们说些什么、做些什么呢？

有一个小男孩，在成长过程中，有很多人帮助他。请小朋友们听一听这个故事。

2. 师生共读故事。

（1）阅览观察封面，了解"护身符"（随身佩戴的驱邪免灾之物）和"五百罗汉"（可以理解为有武功的和尚）的含义。猜一猜："五百罗汉交通平安"是什么意思？

（2）正文第一部分：是谁给小男孩求了护身符？小男孩去做哪些事情时带着护身符？这时的五百罗汉在做什么？

（3）正文第二部分：

小男孩 3 岁时候从山崖上摔下来，500 罗汉如何保护他？有 36 位罗汉摔下山谷。

小男孩 6 岁时候坐飞机遇到狂风，464 位罗汉如何保护他？有 72 位罗汉被狂风吹走。

小男孩 9 岁时候坐轮船遇到海啸，392 位罗汉如何保护他？数不清的罗汉被海浪卷走了。

小男孩 12 岁时候坐火车脱轨，10 位罗汉如何保护他？只剩下 1 位大师兄怎样了？小男孩是怎样做的？

（4）正文第三部分：请幼儿说一说对最后两页的理解。

提问：小男孩的奶奶呢？在小男孩平安长大的过程中，都有谁帮助了小男孩？在我们的生活中，有哪些人像 500 罗汉一样守护了我们的安全？（警察、消防员、抗疫英雄等）。

3. 幼儿看图讲故事，教师指导。

说一说你最喜欢故事的哪个情节？为什么喜欢？

自然结束活动。

【活动延伸】

幼儿向照顾自己的家人表达感谢之情。在图书区，引导幼儿继续阅读这个故事。

活动二（语言活动）：谈话“了不起的抗疫英雄”

【活动由来】

当下，全社会正在形成合力，共同守护幼儿健康成长。小朋友们从多种渠道了解到，他们之所以可以出去游玩，是因为在所有抗疫英雄的一致努力下，国内疫情得到了有效控制。他们纷纷表示：抗疫英雄真棒呀！我也要做抗疫英雄！我们抓住这一契机，设计了本次活动。

【活动目标】

1. 参与抗议英雄话题讨论。

2. 了解抗疫英雄的事迹，感受抗疫英雄无私奉献、不怕困难、勇敢无畏的高尚品质。

3. 用自己喜欢的方式，如语言、图画或符号表现抗疫英雄的事迹。

【活动重难点】

活动重点：了解抗疫英雄的事迹，用完整的语言表达自己的想法，用图画或符号表现抗疫英雄的事迹。

活动难点：了解抗疫英雄的事迹，用完整的语言表达自己的想法。

【活动准备】

经验准备：幼儿对新型冠状病毒和抗疫英雄有一定了解。

物品准备：课件。

【活动过程】

1. 谈话导入，了解新型冠状病毒。

出示新型冠状病毒图片，请幼儿说一说这是什么。

2020 年，全世界都受到了一种可怕的病毒的侵袭，它就是新型冠状病毒。它如果入侵我们的身体，我们会出现哪些不适症状？（发烧、咽痛、咳嗽、乏力、腹泻等，传染性很强，严重者可导致死亡）

目前，幼儿园等场所仍在进行疫情防控，小朋友和家人如果出现这些症状，要及时跟老师说，出京或返京也要跟老师说。

为了战胜这种可怕的病毒，中国人民共同抗疫，涌现出一批不惧生死、勇敢向前的抗疫英雄。我们一起来听一听这些了不起的抗疫英雄的故事吧！

2. 事迹讲述：了不起的抗疫英雄。

（1）抗疫英雄之钟南山院士。

①（出示图片）2020 年 1 月，新型冠状病毒疫情以武汉为中心全面爆发。1 月 18 日，钟南山院士带领医疗团队夜驰武汉，深入疫区考察、研究、治疗、呼吁。钟南山院士提醒我们，做好防护，戴好口罩，不出门，少聚集……

②这位抗疫英雄的名字是什么？他做了哪些事情？你最敬佩他的地方是什么？

（教师从幼儿的讲述是否连贯、完整、清楚、感人等方面进行评价，下面同此处理）

（2）抗疫英雄之白衣天使。

①（出示图片）新型冠状病毒疫情暴发以后，众多医护人员奔赴湖北武汉。他们每天都要穿上厚厚的医用防护服和护目镜工作，防护服有30斤重（相当于一个小朋友的重量）。有些医生阿姨忍痛把头发剃光了。在工作时不能上厕所，他们就穿上纸尿裤。为了区分彼此，他们在防护服上写下自己的名字。拿下口罩的医护人员的脸上满是深深的勒痕。他们有时累得顾不上吃饭，坐在椅子上就睡着了。

②请幼儿说一说这些抗疫英雄是什么人？他们做了哪些事情？你最敬佩他们的地方是什么？

（3）抗疫英雄之警察叔叔。

①（出示图片）在每一座城市的十字路口、公交车站，都有警察叔叔的身影。他们无惧恶劣天气，戴着口罩，耐心地劝导大家居家隔离。为了战胜疫情，警察叔叔们坚定地喊出口号："疫情不退，警察不退。"他们每天执勤，只有短暂的吃饭时间，有些甚至牺牲在工作岗位上。

②说一说这些抗疫英雄是什么人？他们做了哪些事情？你最敬佩他们的地方是什么？

小结：大家刚才了解了抗疫英雄的感人事迹，你们觉得他们棒不棒？他们为了保护人民生命安全，奉献出自己的一切，我们要感谢这些抗疫英雄。

3. 记录我心中的抗疫英雄。

（1）幼儿用图画或符号记录抗疫英雄（也可以是科研人员、保安人员等）的感人事迹。

（2）选三位幼儿讲述自己记录的内容。

【活动延伸】

在区域活动时，引导幼儿继续用剪纸、绘画等自己喜欢的方法记录抗疫英雄的感人事迹。

活动三（科学领域）：探究“奇妙的网”

【活动由来】

绘本《奶奶的护身符》中，众人为了营救小男孩结成了一张大网。生活中也有很多大网，接下来我们就带领小朋友们走进网的世界，探索网状物品的特点和用途，激发小朋友们探索身边科学现象的兴趣。

【活动目标】

1. 通过收集网状物品，引导幼儿发现网状物品的特点、了解网状物品的用途。

2. 用网状物品解决生活中的实际问题，培养幼儿的思维能力。

3. 激发幼儿探索身边科学现象的兴趣。

【活动重难点】

活动重点：发现网状物品的特点、了解网状物品的用途。

活动难点：用网状物品解决生活中的实际问题。

【活动准备】

1. 请家长协助收集网状物品或照片。

2. 渔民用渔网捕鱼等网状物品在生活中的运用照片和视频。

3. 混在一起的绿豆和面粉；豆浆和豆渣混合物，鱼缸、小金鱼若干，小渔网、豆浆机滤网、小筛子等。

【活动过程】

1. 问题导入。

播放课件（渔民用渔网捕鱼），引出课题。

你看到了谁？他们在做什么？（渔民在捕鱼）

渔民用什么捕鱼？（渔网）

在生活中你还见过哪些网？是用来干什么的？（蜘蛛网、拎水果的网兜……）

2. 交流、探究。

（1）师生讨论日常生活中的网状物品。

幼儿相互介绍自己收集到的网状物品，比较异同点。（幼儿带来的网状物品有小渔网、羽毛球拍、发网、网兜、纱窗网、洗衣网袋等）

幼儿说一说自己的发现，这些网状物品的相同点和不同点是什么？家长用这些网状用品做什么？

（2）幼儿探索网状物品的实际用途。

师：人们为什么要设计各种各样的网状物品？网状物品有哪些用途？

①出示蜘蛛织网照片，引导幼儿观察：这是哪种昆虫？它在干什么？

生：蜘蛛，蜘蛛在织网。

师：蜘蛛网有什么用？

生：网苍蝇，逮蚊子。

②小蜘蛛十分聪明，它会选择在虫多的地方织一张网。网织好后，自己躲到一边。蜘蛛吐出的丝带有黏性，小虫子撞上蛛网就跑不掉了。这时小蜘蛛会出来享受美餐。

③出示套有包装网的苹果。提问：苹果上为什么要套这个网呢？网上的洞洞又有什么用呢？

生：保护苹果，苹果摔不坏。

师：水果套上保护网套，能够防止磕碰，网套上的小孔能让水果充分接触空气，防止水果腐烂。

④出示电风扇。提问：电风扇上也有网，小朋友们知道它有什么用吗？

生：可以保护手指，防止扇叶打到我们的手。

师：是啊！有了这个网罩，电风扇用起来就很安全。

⑤出示纱窗。提问：这也是一种网，小朋友们在哪里见过？有什么用？

生：门上，窗户上。不让蚊子、苍蝇进来。

小结：网的用处可真大呀！想亲自用一用吗？

（3）幼儿自由选择材料分组活动，尝试用网状物品解决生活中的实际问题。

将混在一起的绿豆和面粉分开；将小金鱼从鱼缸捞到盆里；把豆浆和豆渣分开。

3. 观看视频，拓展思维，进一步了解网状物品的用途。

汽车尾部的散热网；下水道的过滤网；建筑工地用的防护网；家庭用的防盗网；等等。

4. 教师小结。

生活中存在各种各样的网，有的网能帮助我们解决实际问题，有的网能保护我们的生命安全。我们要感谢发明各种网状物品的人哦！

活动四（社会领域）：归属感《感恩的心》

【活动由来】

欣赏了绘本《奶奶的护身符》后，小朋友们为奶奶深厚的爱而感动，愿意说一说自己在生活中感受到的爱。我们以此为核心，设计本次主题活动，让幼儿充分感受并表达爱。

【活动目标】

1. 理解父母的养育之恩，感受父母无私的爱。

2. 体会来自社会的关爱。

3. 愿意用自己的方式感恩他人，表达自己的爱。

【活动重难点】

活动重点：感受父母之爱。

活动难点：如何孝敬父母。

【活动准备】

经验准备：有初步的感恩之情。

物品准备：动画歌曲《小乌鸦爱妈妈》，家长照顾孩子课件，公益广告《给妈妈洗脚》，歌曲《感恩的心》。

【活动过程】

1. 歌曲导入。

师：小朋友们，老师给你们带来了一首非常好听的动画歌曲，请你们认真看，仔细听，然后回答老师的问题。（播放动画歌曲）

动画中都有谁？歌曲里唱了什么？听了这首歌曲你有什么感受？为什么？

教师小结：小乌鸦是乌鸦妈妈辛辛苦苦抚养大的，现在妈妈老了，小乌鸦在报答妈妈的养育之恩。那我们的爸妈是怎样把我们抚养大的呢？

2. 观看课件，了解爸爸妈妈是如何把孩子抚养长大的。

画面一：家人给宝宝喂饭。

画面二：家人给宝宝洗澡。

画面三：家人给宝宝穿衣服。

画面四：爸爸带宝宝去动物园。

提问：小朋友们，爸爸妈妈为宝宝做了哪些事？你们的爸爸妈妈为你们做过哪些事情呢？他们为你们辛苦付出，你们心里有什么感受？

教师小结：爸爸妈妈为了你们健康成长付出了很多心血。当你们生病的时候，他们是怎样照顾你们的呢？

3. 了解自己生病时爸爸妈妈的做法和心情。

这位小朋友生病的时候，他的爸爸妈妈心里感到怎么样？

当针扎到这位小朋友的时候，他大声地哭了，他的爸爸和妈妈怎么做的？

既然我们知道了爸爸妈妈是这么爱我们，那我们应该怎样对待他们呢？（幼儿自由讲述）

4. 感受来自社会的爱与被爱，激发幼儿感恩他人、感恩社会之情。

我们生活的环境干净整洁，是谁的功劳呢？

我们每天都能吃到营养美味的食品，是谁的功劳？

教师小结：我们要感谢爸爸妈妈抚养我们长大；感谢亲人对我们的关心；感谢所有帮助过我们的人们；感谢祖国给了我们这么好的生活环境！

5. 幼儿手语表演《感恩的心》。

为了表达我们的感激之情，请小朋友们手语表演《感恩的心》。

【活动延伸】

回家后给爸爸妈妈捶捶背，家园共育培养孩子的感恩之心。

活动五（科学领域）：数学序数“大家来排队”

【活动由来】

小朋友们对绘本《奶奶的护身符》中的各种人物形象很感兴趣，还会给他们排队。巧音向别人介绍：“从这边数，第三个人只有一只眼睛！”小朋友互相谈论着，对序数产生了浓厚的兴趣，于是我们设计了本次活动。

【活动目标】

1. 认识 1~10 的序数，从不同方向辨别物体在序列中的位置。

2. 用序数词“第几”较准确地表示物体在序列中的位置。

3. 激发幼儿对序数的兴趣，喜欢参加序数活动，能够大胆用数学语言回答问题。

【活动重难点】

活动重点：从不同方向辨别物体在序列中的位置。

活动难点：自己确定方向并能准确找出位置。

【活动准备】

经验准备：幼儿有排队站位的经验。

物品准备：贴绒教具——10 个不同的罗汉、有 10 层 10 个房间的楼房图片。

【活动过程】

1. 幼儿随音乐“开火车”进教室。

小朋友们开着小火车进来了，10 个罗汉也排着整齐的队伍进来了。

2. 护身罗汉们多神气，排着整齐的队伍向我们走来。

（1）10 个罗汉横向排队。

请小朋友们看一看，从左向右排，第 4 个罗汉是谁?

请小朋友们看一看，从右向左排，第 7 个罗汉是谁?

（2）10 个罗汉纵向排队。

请小朋友们说一说，从上向下排，独眼罗汉排第几?

请小朋友们说一说，从下向上排，第 6 个罗汉是谁?

3. 10 个罗汉都累了，我们一起把他们送回家吧。（教师出示楼房图片）

我们先数数这栋楼房共有几层，再数数每层有几个房间。

独眼罗汉住在第 3 层，从左边数第 6 间房子；

三撇胡子罗汉住在第 5 层，从右边数第 8 间房子；

胖罗汉住在第 7 层，从左边数第 4 间房子。

4. 游戏“乘火车”。

小朋友们学习了 10 以内的序数，能从不同的方向辨别 10 以内的序数。现在我们一起玩“乘火车”的游戏。

游戏规则：用椅子搭成三列火车，分别编上编号“1”“2”“3”。幼儿每人一张带编号的车票，如第2列火车的第5节车厢就写2–5。幼儿在音乐声中做开火车的动作，音乐一停，幼儿依照车票编号快速找到号码座位坐下。教师扮演列车员查票，看看谁找得又对又快。

5. 播放音乐，幼儿出教室，活动结束。

【活动延伸】

将材料投放到益智区，引导幼儿做排序游戏。

健康中国娃

《幼儿园教育指导纲要（试行）》指出："幼儿园必须把保护幼儿的生命和促进幼儿的健康放在工作的首位。"健康不仅指生理健康，还指心理健康。幼儿园健康教育是全面提高幼儿对健康的认识水平，培养幼儿的良好习惯所实施的教育，目的是使幼儿身心健康和谐发展，为幼儿未来生活奠定坚实基础。我们根据幼儿年龄特点和课程需要，研究和筛选中华传统故事，开展了《小马过河》（小班）、《长征路上的红小丫》（中班）、《夸父追日》（大班）主题教育实践活动，培养幼儿良好的生活和学习习惯，促进幼儿身心健康成长。

小班：主题活动——小马过河

主题活动由来

在一次过渡环节，我给小朋友们讲了小马过河的故事。有的小朋友说："我喜欢故事中的小松鼠，它怎么那么可爱啊。"有的小朋友说："我喜欢牛伯伯，它力气特别大。"还有小朋友附和："我也喜欢牛伯伯！"我们发现，小朋友们特别喜欢这个故事。

《3~6岁儿童学习与发展指南》指出，幼儿园应为幼儿创设自由、宽松的语言交往环境，鼓励和支持幼儿与成人、同伴交流，让幼儿想说、敢说、喜欢说，并能得到积极回应。

小朋友们喜欢童话故事，对于情节生动曲折、角色形象鲜明的绘本更是爱不释手，总是要求老师一遍遍地讲述故事，并模仿故事中的角色进行表演。于是我们以"小马过河"为主题设计了一系列活动。

主题活动目标

1. 理解小马过河的故事，愿意与同伴交流，表达自己的想法。（语言）

2. 能够比较和区分物体的长短、深浅，并用语言描述出来。（数学）

3. 喜欢参与集体游戏，感受合作的乐趣，探索出自我保护的方法。（健康）

4. 围绕故事展开想象并进行表演。（音乐）

5. 与他人友善交往，与同伴友好相处，遇到问题时主动寻求别人帮助。（社会）

6. 能用撕、粘、画等方法，表现小马的主要特征。（美术）

7. 运用多种器官感知小马的主要特征，进行自发的探究活动。（科学）

主题活动思维导图

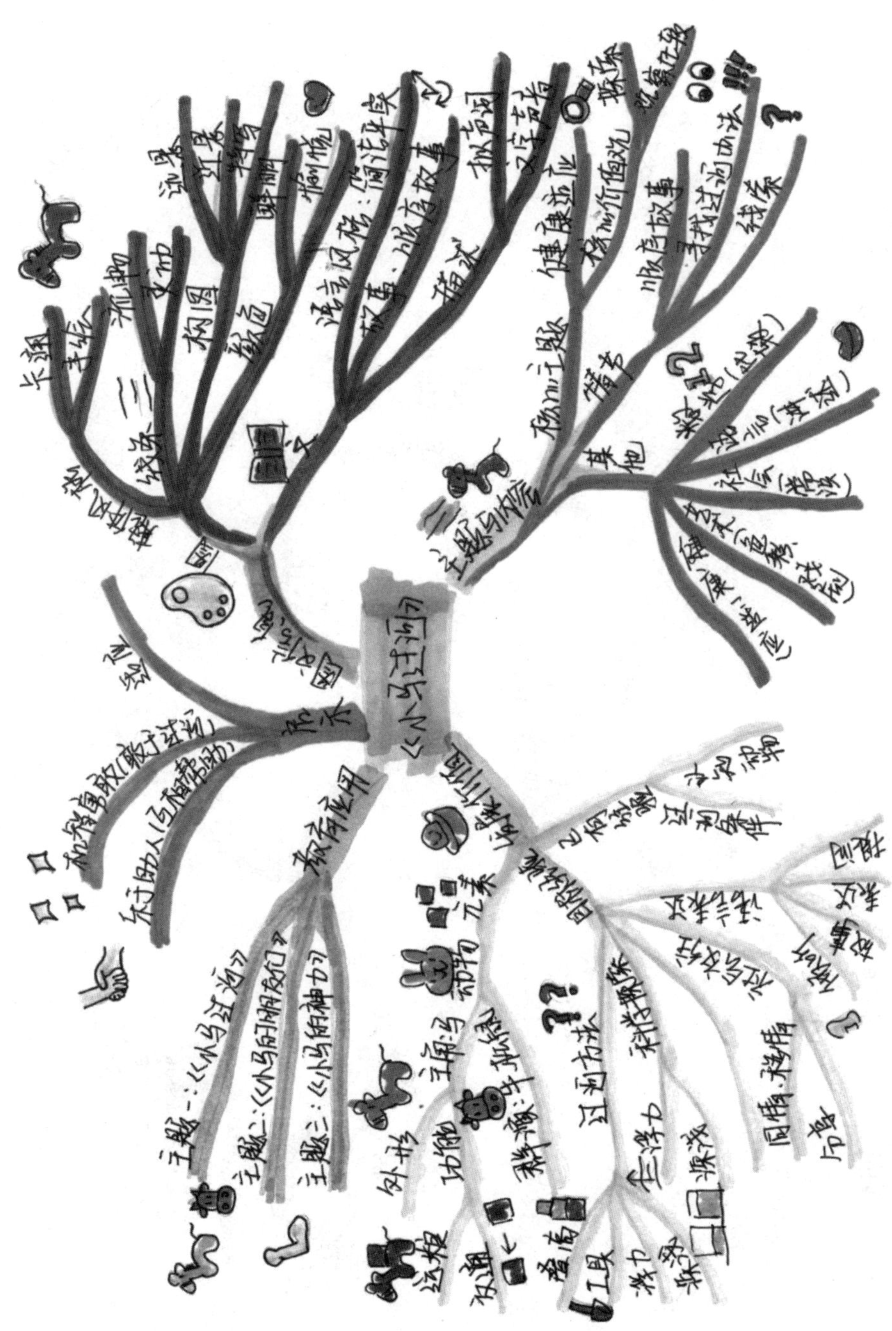

主题活动网络图

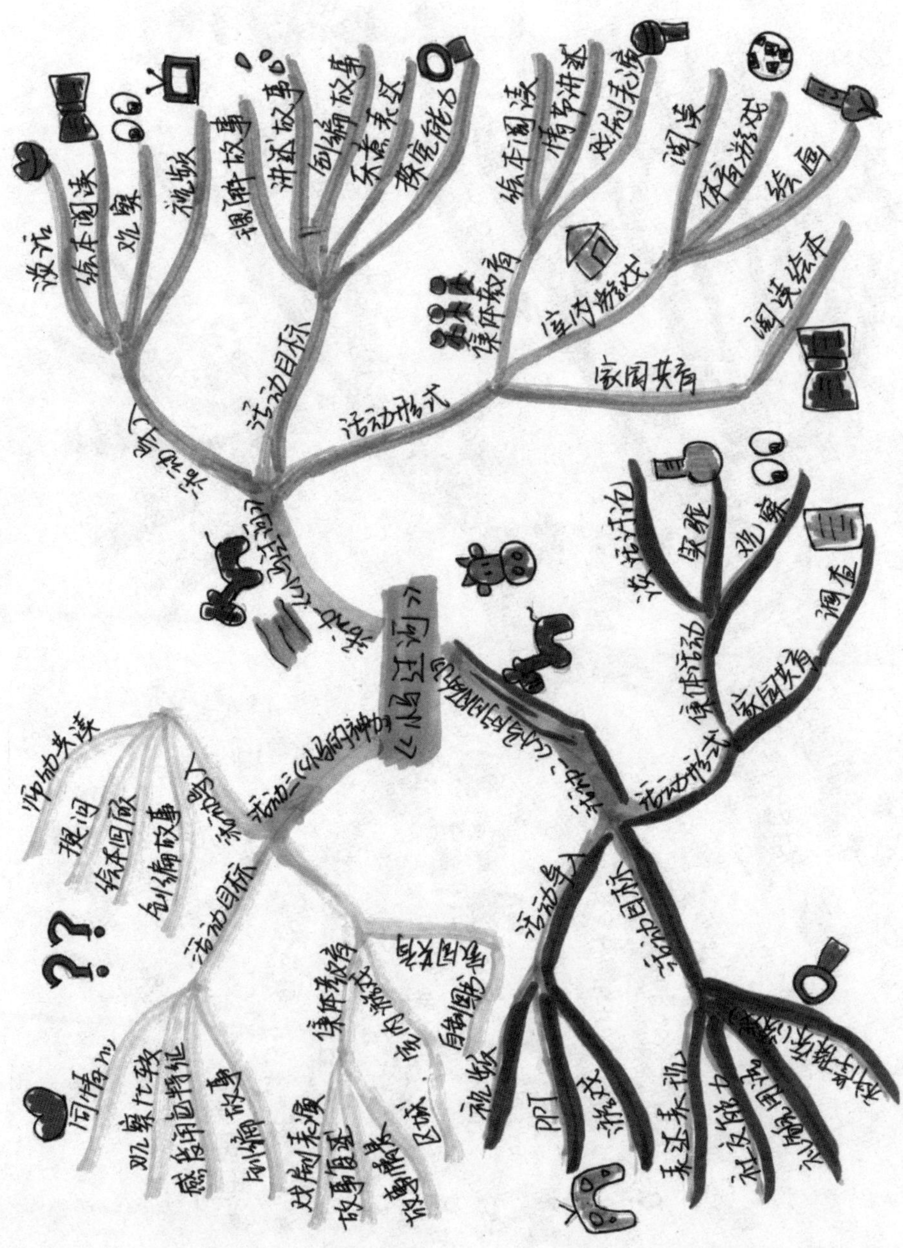
《小马过河》
活动目标
活动形式
绘本阅读
观察
视频
理解故事
讲述故事
创编故事
乐意表达
探究能力
情节讲述
戏剧表演
阅读
体育游戏
绘画
室内游戏
家园共育
阅读绘本
实验
调查
活动导入
PPT
游戏
提问
绘本回顾
同情心
观察比较
感知角色特征
故事接龙
区域

主题活动案例

活动一（语言领域）：绘本故事《小马过河》

【活动由来】

老师在离园环节为小朋友们讲了小马过河的故事。我们发现，小朋友们很喜欢绘本故事，愿意看自己感兴趣的图书，喜欢听成人讲故事。为了帮助幼儿养成良好的倾听习惯，鼓励幼儿大胆表现自我，我们设计了本次活动。

【活动目标】

1. 喜欢听故事，理解故事内容。
2. 观察、模仿《小马过河》中动物的动作与表情。
3. 看自己感兴趣的图书，大胆表达自己的想法。

【活动重难点】

活动重点：理解故事内容。

活动难点：观察、模仿《小马过河》中动物的动作与表情。

【活动准备】

经验准备：幼儿听过小马过河的故事。

物品准备：《小马过河》绘本，白纸，彩笔，小马、小牛卡片。

【活动过程】

1. 教师带领幼儿回忆小马过河的故事。

师：上次老师给大家讲过小马过河的故事，你们还记得里面都有谁吗？我们一起来想一想。小马要去干什么？它在路途中遇到了谁？

2. 教师出示图片，熟悉故事角色。

教师出示小马和小牛的卡片，请幼儿认一认，想一想，做一做故事中角色的相应动作。

教师完整讲述故事，帮助幼儿理解故事内容。

3. 游戏“小动物模仿秀”。

教师做动作，请幼儿猜一猜是什么小动物。

幼儿自主模仿自己喜欢的小动物。

4. 分享交流。

幼儿说出自己喜欢哪一种小动物，并说明原因。

【活动延伸】

将道具投放到表演区，鼓励幼儿自由模仿自己喜欢的小动物。

活动二（科学领域）：数学比较“小马能过吗？”

【活动由来】

小马过河的故事小朋友们已经很熟悉了，但是对于小马为什么不敢过河、老牛为什么说水很浅、小松鼠为什么说水很深等问题充满疑问。小朋友们兴致勃勃地讨论着，却没有统一的答案。于是我们设计了本次活动。

【活动目标】

1. 学会使用简单的工具，帮助自己完成实验。

2. 能够比较和区分物体的长短，深浅的关系，并用语言描述出来。

3. 知道在遇到事情能够多观察，多动脑筋，勇于尝试。

【活动重难点】

活动重点：引导幼儿在遇到事情能够多观察，多动脑筋，勇于尝试。

活动难点：幼儿能够理解大小、深浅的含义。

【活动准备】

经验准备：认识数字的大小关系。

物品准备：牛、马、松鼠图片各一张（立体教具），水盒，尺子，记号笔。

【活动过程】

1. 通过故事引出幼儿兴趣。

教师出示教具，讲故事，激发幼儿的兴趣。

师：小朋友们，老师给你们带来了一位小客人，它是谁呢？是小马。今天小马来到幼儿园帮我们驮米，走着走着，一条小河挡住了去路，小马很害怕，它该怎么办呢?

2. 使用工具比较河水深浅。

师：我们用什么方法能知道河水到底是深还是浅呢？（幼儿讨论，并试验）

3. 教师示范比较的方法。幼儿比较河水的深度和动物的高度。

师：小马能不能过河呢？

4. 交流与分享。

师：小朋友们帮助小马成功过河了，这样我们就有米吃了，小朋友们通过自己的努力解决了实际问题。可见我们在遇到问题时，应该多想想办法。

【活动延伸】

在科学区让幼儿比较多种材料。

活动三（科学领域）：实验“把它运过河”

【活动由来】

了解小马过河的故事以后，有个小朋友发出疑问：“大米是怎么运过河的呢？”大家又开始讨论上了。这就需要小朋友们开动脑筋，帮助小马把大米运过河。我们设计了本次活动来解决幼儿心中的疑问。

【活动目标】

1. 能够初步理解并知道水有浮力。

2. 运用多种器官感知小马的特征，进行自发的探究活动。

3. 喜欢参加科学探索活动，发现探究的乐趣。

【活动重难点】

活动重点：了解哪种类型的物体可以浮在水面上。

活动难点：幼儿初步理解水有浮力。

【活动准备】

经验准备：家长与幼儿讨论“米该怎么运过河”。

物品准备：碗、盘、竹筐、小纸盒、大箱子、水。

【活动过程】

1. 以问题情境激发幼儿探究的兴趣。

师：小朋友们，昨天小马向我们寻求帮助，它在送米的路上被一条小河挡住去路，虽然它成功过河了，但是米该怎么运过去呢？我们一起来帮助它解决这个问题吧！

2. 出示道具。

师：小朋友们，我们一起来到了河边。如果直接将米放进河里会怎么样呢？

老师准备了几种运送大米的工具，小朋友们先来猜一猜，哪些工具可以成功地将大米运送到对岸呢？

我们找到了适合运送大米的工具，接下来就帮助小马把大米运到对岸吧。

3. 分享与交流。

除了老师提供的这几种工具，还有哪些可以浮在水面上呢？小朋友们可以在教室或者家里找一找，试验一下吧。

【活动延伸】

幼儿回到家里和爸爸妈妈玩这种沉浮游戏。

活动四（健康领域）：体育活动“小马运粮”

【活动由来】

在听了小马过河的故事以后，小朋友们模仿小马用自己的身体“运粮”。为了锻炼幼儿的平衡能力，培养幼儿坚强、勇敢的品质，我们设计了此次活动。

【活动目标】

1. 锻炼平衡能力，培养坚强、勇敢的品质。

2. 愿意大胆尝试，并与同伴分享自己的心得。

【活动重难点】

活动重点：锻炼平衡能力，培养坚强、勇敢的品质。

活动难点：提高平衡能力。

【活动准备】

经验准备：幼儿喜欢参与体育活动。

物品准备：沙包若干，平衡木四组。

【活动过程】

1. 以律动的形式进入活动场地。

在音乐伴奏下，老师组织幼儿进入活动场地，进行队形队列练习，大圈——

小圈——圆点——四队体操队形结束。

2. 基本部分。

（1）每人一个沙包。

（2）幼儿自由玩沙包，老师观察幼儿的玩法。

（3）根据刚才小朋友们的沙包玩法，集体练习。

3. 介绍沙包的另一种玩法。

师：老师来介绍小马过河游戏的玩法，这里有四组平衡木，小朋友们每人拿一个沙包，听到口令后，将沙包放于头顶上，两手平举，登上小桥——平衡木，平稳地到达另一端就算胜利。

4. 教师示范。

（1）幼儿自由练习头顶沙包两手平举的动作，老师及时纠正不正确的动作。

（2）幼儿练习在平衡木上行走，注意安全。

（3）分组比赛：小马过河。

5. 交流与分享。

请幼儿说一说怎样平稳地走过平衡木，听音乐跟随老师做放松运动。

【活动延伸】

回到家里和爸爸妈妈一起探讨沙包的多种玩法。

活动五（艺术领域）：戏剧表演“小马过河”

【活动由来】

小马过河的故事比较短小，通俗易懂，且易于模仿，适合幼儿表演。《3~6岁儿童学习与发展指南》指出：“3~4 岁幼儿喜欢听音乐或观看舞蹈、戏剧等表演，乐于观看绘画、泥塑或其他艺术形式的作品。”于是我们以“小马过河”为主题，设计了此次戏剧表演活动，旨在提高幼儿表现能力和创造能力。

【活动目标】

1. 阅读绘本故事，了解小马过河的过程。

2. 喜欢模仿小动物的形象。

3. 感受与同伴共同表演小马过河的乐趣。

【活动重难点】

活动重点：理解故事内容，培养良好的倾听习惯。

活动难点：培养幼儿仔细阅读的习惯，激发阅读兴趣。

【活动准备】

经验准备：能理解老师讲的内容。

物品准备：动物头饰，《小马过河》绘本。

【活动过程】

1. 问题导入，激发幼儿学习兴趣。

师：小朋友们见过小马吗？马是怎么跑的呢？（幼儿学马跑）今天老师带来了一个关于马的故事，请小朋友们欣赏。听故事时要留意：故事中提到了哪些小动物，它们都在做什么？

2. 讲述故事，理解故事内容。

师：大家已经听完了故事，老师想请小朋友把这个故事表演出来。

3. 故事表演。

（1）出示动物头饰，吸引幼儿参与兴趣。

师：老师准备了动物头饰，让我们戴着头饰把故事表演出来，好吗？要求是，大家在表演时要说清楚动物之间的对话。

（2）教师与几个幼儿示范表演。

（3）幼儿表演。

【活动延伸】

幼儿回到家以后，为爸爸妈妈表演小马过河的故事。

中班：主题活动——长征路上的红小丫

主题活动由来

在健康中国娃活动月，我班开展了一系列主题活动。在某次活动中，安安带来了一本绘本《长征路上的红小丫》。小朋友们非常好奇，长征是什么？为什么会有红小丫？……中班幼儿能够提出自己的想法，能够简单复述自己感兴趣的故事，有主动参与活动的热情与能力，但是对红色革命历史了解不多。于是我们开展了本次主题活动。

主题活动目标

1. 欣赏、讲述革命故事。（语言）

2. 初步理解对称的概念，感知生活中对称的事物和对称美，增强观察能力和审美能力，喜欢参与数学活动。（数学）

3. 练习跑跳、钻爬、攀登、投掷、拍球等，培养勇敢坚强的良好品质；有自我保护的意识和能力；养成不挑食、不浪费粮食的习惯。（健康）

4. 学习祖国的全称和首都的名称，初步了解祖国传统文化，萌发做中国人的自豪感。（社会）

5. 养成动手动脑的能力和认真观察的习惯，能够用对角线折的方法折成五角星，体验手工制作的快乐。（美术）

6. 能够掌握正确的发声方法及唱歌姿势，并且能较有感情地演唱歌曲，主动参与表演活动。（音乐）

7. 愿意大胆尝试科学实验，并与同伴分享自己的心得。（科学）

8. 养成坚韧不拔的良好品质，有热爱祖国的意识。（健康：积极、适应）

主题活动思维导图

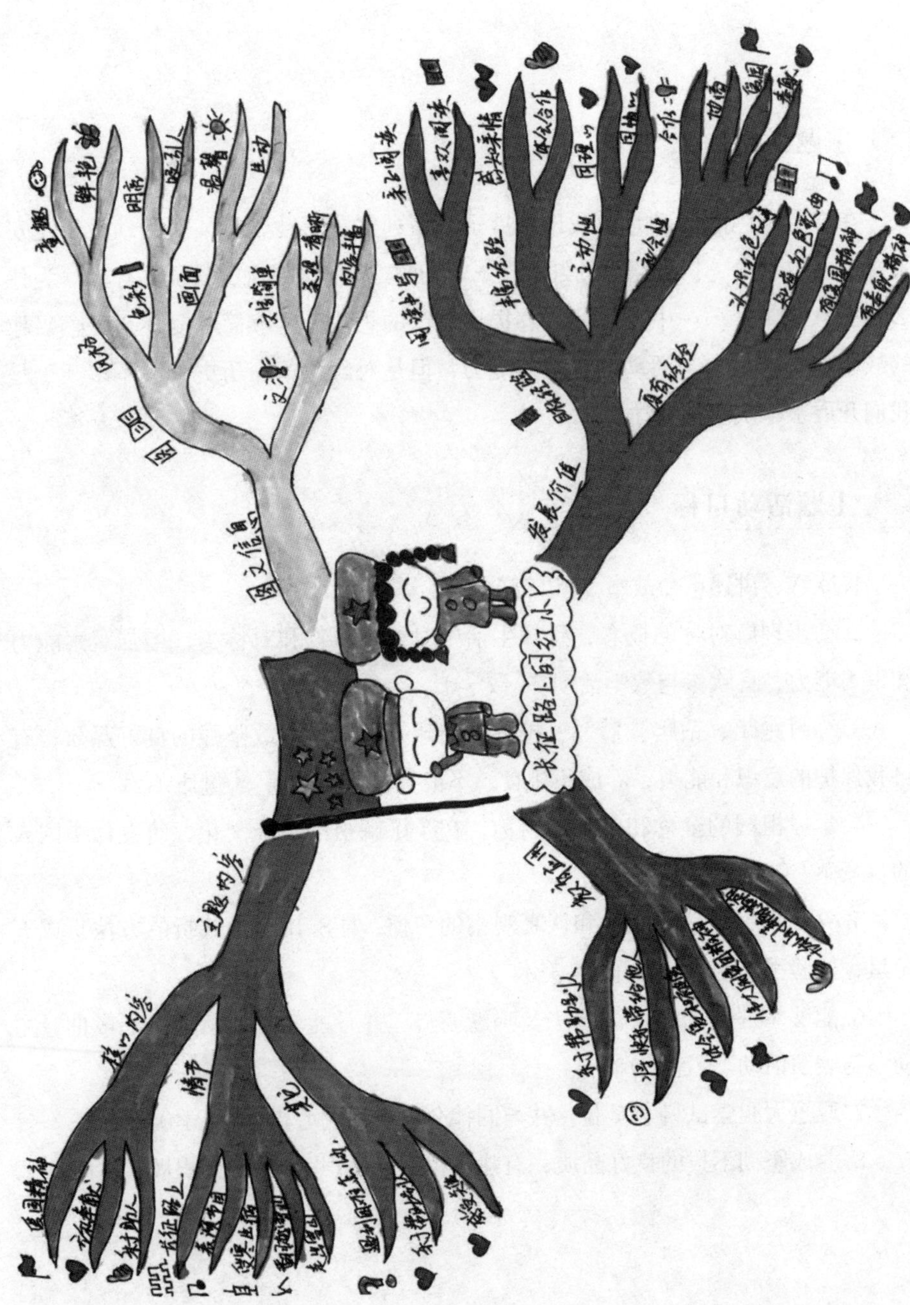
长征路上的红小丫
图文信息
图
风格
童趣
鲜艳
色彩
明亮
吸引人
画面
生动
文
文字简单
条理清晰
内容丰富
主题内容
核心内容
爱国精神
无私奉献
情节
长征路上
其它
发展价值
阅读书写
亲子阅读
喜欢阅读
丰富经验
感知亲情
体会合作
主动性
同理心
社会性
合作
已有经验
认识红色故事
知道红色歌曲
爱国精神
有奉献精神
教育应用
乐于帮助别人
将快乐带给他人

主题活动网络图

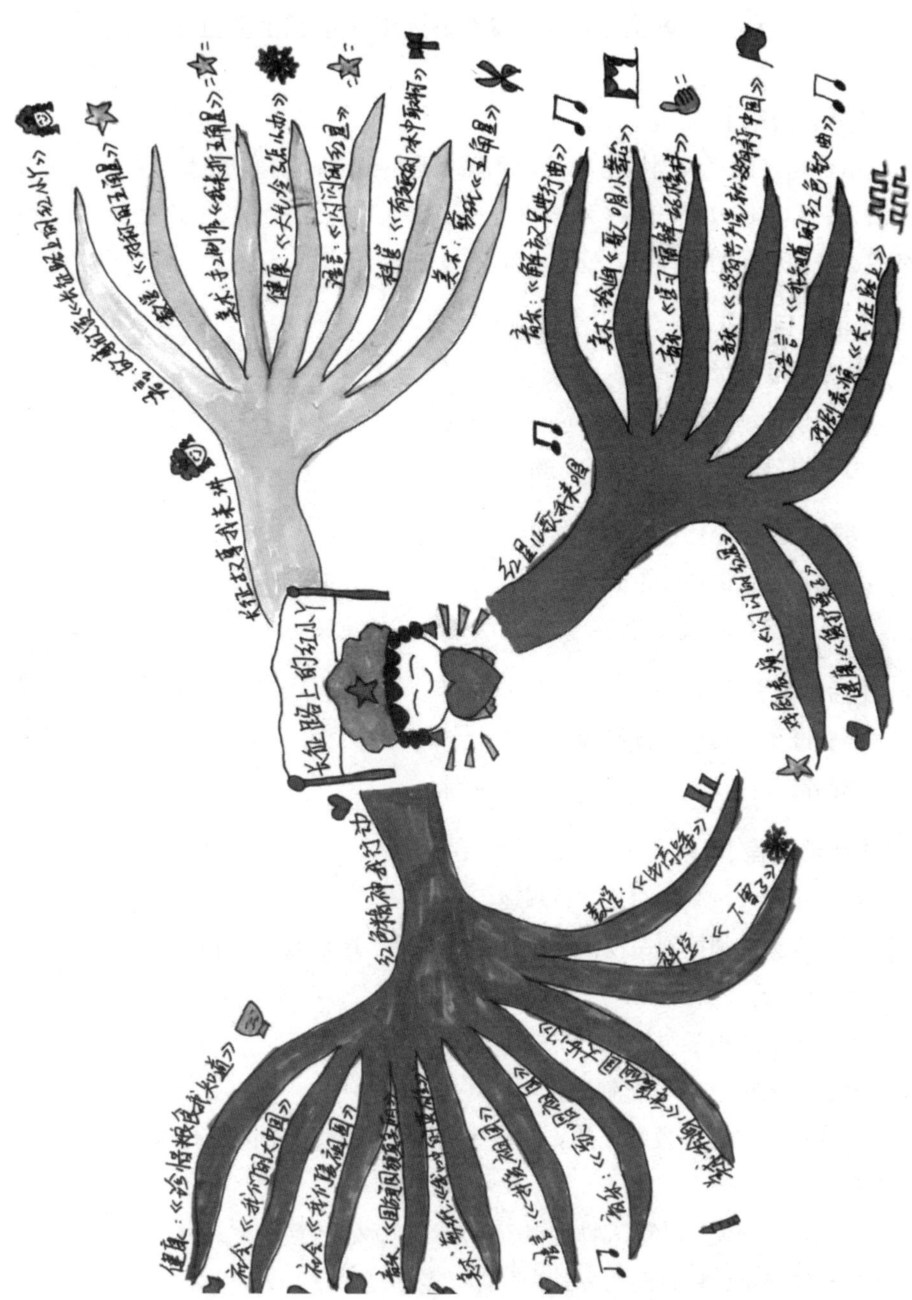
长征路上的红小丫
长征故事我来讲
语言：故事欣赏《长征路上的红小丫》
数学：《对称的五角星》
美术：手工制作《我来折五角星》
健康：《天气冷了怎么办》
语言：《闪闪的红星》
科学：《有趣的冰中取物》
美术：剪纸《五角星》
红星儿歌我来唱
音乐：《解放军进行曲》
美术：绘画《歌唱小舞台》
音乐：《学习雷锋好榜样》
音乐：《没有共产党就没有新中国》
语言：《我知道的红色歌曲》
戏剧表演：《长征路上》
戏剧表演：《闪闪的红星》
健康：《保护嗓子》
红色精神我行动
健康：《珍惜粮食我知道》
社会：《我们的大中国》
社会：《我们爱祖国》
语言：《我爱祖国》
音乐：《歌唱祖国》
科学：《下雪了》

主题活动案例

活动一（语言领域）：故事讲述《长征路上的红小丫》

【活动由来】

结合本月健康中国娃主题及幼儿感兴趣的红色故事，我们开展了丰富的语言活动，和小朋友们一起了解故事中的主要人物特点，和长征路上先辈们艰苦奋战、坚韧不屈的精神以及爱国情怀。

【活动目标】

1. 喜欢欣赏影视作品。

2. 发现人物特征，知道红色标志的意义。

3. 用自己的方式为同伴、老师复述故事。

【活动重难点】

活动重点：讲述红色故事。

活动难点：发现人物特征，知道红色标志的意义。

【活动准备】

经验准备：具有阅读经验。

物品准备：音频、照片、音乐、军帽。

【活动过程】

1. 视频导入，激发幼儿学习兴趣。

师：今天老师捡到一顶帽子，你们来看看，这是谁的帽子？

（幼儿讨论，引出红军）

教师出示红小丫照片，引出故事。

2. 观看视频，自由交流。

幼儿回顾视频，教师提问：故事中有哪些人物？你印象深刻的是什么，有什么特征？

幼儿自由交流，总结人物特点，了解红色标志的意义。

3. 集体展示，用自己的方式为同伴、老师复述故事。

（1）幼儿大胆发言，用自己的方式简单复述故事。

（2）教师再次拿出帽子，提问：什么人戴这样的帽子？

教师小结：听了红小丫的故事，小朋友一定很感动吧！她在长征路上不畏艰难，克服重重阻碍，我们也要向她学习。

【活动延伸】

请幼儿利用区域活动环节，对故事的场景、内容进行戏剧表演。

活动二（科学领域）：数学图形“对称的五角星”

【活动由来】

阅读绘本《长征路上的红小丫》之后，小朋友们对红军帽子上的五角星非常感兴趣。然然说：“这个五角星是我最喜欢的图形，它代表解放军。”我们以此为契机，开展了此次活动。

【活动目标】

1. 初步理解对称的概念。

2. 感知生活中对称的事物和对称美，增强观察能力和审美能力。

3. 喜欢参与数学活动。

【活动重难点】

活动重点：感知生活中对称的事物。

活动难点：初步理解对称的概念。

【活动准备】

经验准备：有了解对称的图形的经验。

物品准备：各种对称图案的课件。

【活动过程】

1. 观察五角星图片，初步了解对称的概念。

师：老师给大家带来了绘本《长征路上的红小丫》，你们想看吗？你觉得这些图片好看吗？你发现这些图片奇妙的地方了吗？原来，这些图形的左边和右边是一模一样的，像这种左右两边形状、大小、颜色都一样的图形，我们就叫它“对称图形”。

教师拿出一张图片，演示对折图形。

2. 观察实物图片，感受对称之美。

出示蝴蝶、风筝、面具（脸谱）、飞机等图片。提问：它们是对称图形吗？你从什么地方看出它们是对称的？人们为什么将这些物体设计成对称的？

寻找身边的对称物体，巩固理解对称的含义。

介绍自己找到的对称物体，说说为什么自己觉得它是对称的？

3. 幼儿做数学游戏，用拼摆、折叠等方法表现对称美。

（1）幼儿自主操作，用拼摆、折叠、绘画等方法表现身边的对称物体或图形。

（2）幼儿展示自己的作品，相互学习。

【活动延伸】

我们身边还有好多对称物体，大家回家后找一找，还有哪些是对称的，明天来和小朋友们分享自己的收获。

活动三（健康领域）：营养教育“珍惜粮食从我做起”

【活动由来】

一段时间以来，我们发现小朋友们挑食、剩饭的情况较多，为了让幼儿养成不挑食、不浪费的好习惯，我们开展了营养教育活动“珍惜粮食从我做起”，引导小朋友们了解粮食的生长过程，懂得粮食来之不易、不能浪费的道理。

【活动目标】

1. 了解粮食的生长过程，知道粮食来之不易。
2. 了解粮食对我们的重要性，养成珍惜粮食的好习惯。
3. 培养幼儿大胆发言、勇敢表现的学习习惯。

【活动重难点】

活动重点：知道浪费粮食是不对的，要学习珍惜粮食。

活动难点：培养幼儿大胆发言、勇敢表现的学习习惯。

【活动准备】

经验准备：了解粮食的概念。

物品准备：儿歌《爱惜粮食》课件。

【活动过程】

1. 观看儿歌《爱惜粮食》视频，了解粮食的生长过程。

提问：小朋友们，你们知道大米是从哪里来的吗？大米的生长过程是怎样的？为什么说农民伯伯种粮食很辛苦？今后你会珍惜粮食吗？

教师总结：小朋友们，农民伯伯种粮食非常辛苦，从播种到锄草、施肥、收割，不知洒下了多少汗水。晒黑了脸，累弯了腰，两手磨出了厚厚的老茧，才能收获粮食，我们要做珍惜粮食的好孩子，不能浪费。

2. 学习儿歌《爱惜粮食》，懂得粮食来之不易的道理。

如前文提及的绘本《长征路上的红小丫》中，红军叔叔在长征路上非常艰苦，常常没有粮食吃，现在小朋友们生活幸福美满，更要珍惜粮食，懂得粮食来之不易的道理。

3. 交流、讨论如何爱护粮食。

幼儿大胆表达，说一说在生活中可以怎样爱惜粮食。

【活动延伸】

小朋友们要养成盛多少吃多少、不挑食、不浪费的好习惯，争做光盘小标兵。

活动四（艺术领域）：美术制作“我来折五角星”

【活动由来】

幼儿通过阅读绘本《长征路上的红小丫》，认识了五角星，了解了它的对称性。为了培养幼儿动手动脑能力和认真观察的习惯，我们设计了本次活动，引导幼儿用折纸的方式制作五角星，体验手工制作的快乐。

【活动目标】

1. 养成认真观察、动手动脑的习惯。

2. 能够用对角线折的方法折成五角星。

3. 体验手工制作的快乐。

【活动重难点】

活动重点：养成动手动脑的能力和认真观察的习惯。

活动难点：能够用对角线折的方法折成五角星。

【活动准备】

经验准备：幼儿有折纸经验。

物品准备：同样大小的正方形纸若干张；已折好并剪好的五角星 1 个。

【活动过程】

1. 游戏导入。

师：小朋友们，今天老师要给小朋友们变一个小魔术，用一张纸变成一个五角星，你们可要看好了呀!

2. 观察五角星的制作方法。

教师出示折好、剪好的五角星，将它拆开给幼儿看，使幼儿了解折纸的过程。

教师讲解折叠步骤，介绍对角线折法。幼儿认真观察。

3. 幼儿自主操作，体验手工制作的快乐。

（1）幼儿自主折叠五角星。

（2）幼儿展示自己的作品。

【活动延伸】

幼儿将折好的五角星贴到军帽上。

活动五（艺术领域）：学唱歌曲《小朋友爱祖国》

【活动由来】

学习了《长征路上的红小丫》，小朋友们更加热爱祖国，同时对红色爱国歌曲也产生了浓厚的兴趣，于是我们开展了本次音乐主题活动。

【活动目标】

1. 知道歌曲的名称，并且能较有感情地演唱歌曲。

2. 掌握正确的发声方法及唱歌姿势。

3. 增强对祖国的热爱之情。

【活动重难点】

活动重点：通过对歌曲的学习，培养对祖国的热爱之情。

活动难点：掌握正确的发声方法及唱歌姿势。

【活动准备】

经验准备：理解祖国的含义。

物品准备：电脑、音响、天安门的图片。

【活动过程】

1. 音乐导入，幼儿听音乐模仿鸟飞的动作。

师：刚才小朋友边听音乐边飞，你们飞到了什么地方？在北京的天安门前，有些小朋友在唱歌跳舞呢！你们听。

2. 学习歌曲《小朋友爱祖国》掌握正确的唱歌方法。

（1）欣赏教师范唱，初步了解歌曲内容。

师：刚才你们听到了什么？再听老师唱一遍，仔细听我唱了什么。

幼儿第二遍听教师范唱，了解歌词大意。

师：歌曲中提到了什么内容？什么是祖国，我们的祖国叫什么？

（2）幼儿学唱歌曲。

师：这首歌曲的名字叫《小朋友爱祖国》，请小朋友跟着老师一起来学习歌词。

幼儿学唱歌曲。跟着伴奏，分句学唱。

3. 通过对歌曲的学习，培养对祖国的热爱之情。

幼儿配上相应的动作演唱歌曲。

师：小朋友们唱得真好，现在可以边唱边加上一些漂亮的动作进行表演，表达我们对祖国的热爱。

【活动延伸】

利用区域活动时间，请小朋友们画一画祖国的天安门等标志性建筑。

大班：主题活动——夸父追日

主题活动由来

幼儿对夸父追日的故事感兴趣，经常谈论故事中的人物、情节，并在区域活动中进行角色扮演游戏。小朋友们分享了自己对故事的理解，比如夸父是一个什么性格的人、他有什么好的品质，另外还对故事进行创编和续编。

因此，我们以《夸父追日》为主题设计了一系列活动，意在培养幼儿坚韧不拔的品格。

主题活动目标

1. 大胆交流从故事中得到的收获，感受夸父为追求光明，坚持不懈、顽强拼搏的精神。

2. 学习泥塑的基本技法，能够掌握泥塑人物的基本形态。

3. 知道身体各部位的作用，学习运用身体不同部位移动身体，提高身体的灵活性和动作的表现力。

4. 尝试运用身高尺测量身高，掌握身高测量方法。

5. 观察太阳的外形特征，了解太阳与人类、动物、植物的关系。

6. 知道有困难不害怕，积极应对，及时拨打相应的求助电话：110、120、119。

7. 欣赏歌曲，感受歌曲活泼欢快的节奏、充满希望的情感，尝试用语言表述自己的想法。

主题活动思维导图

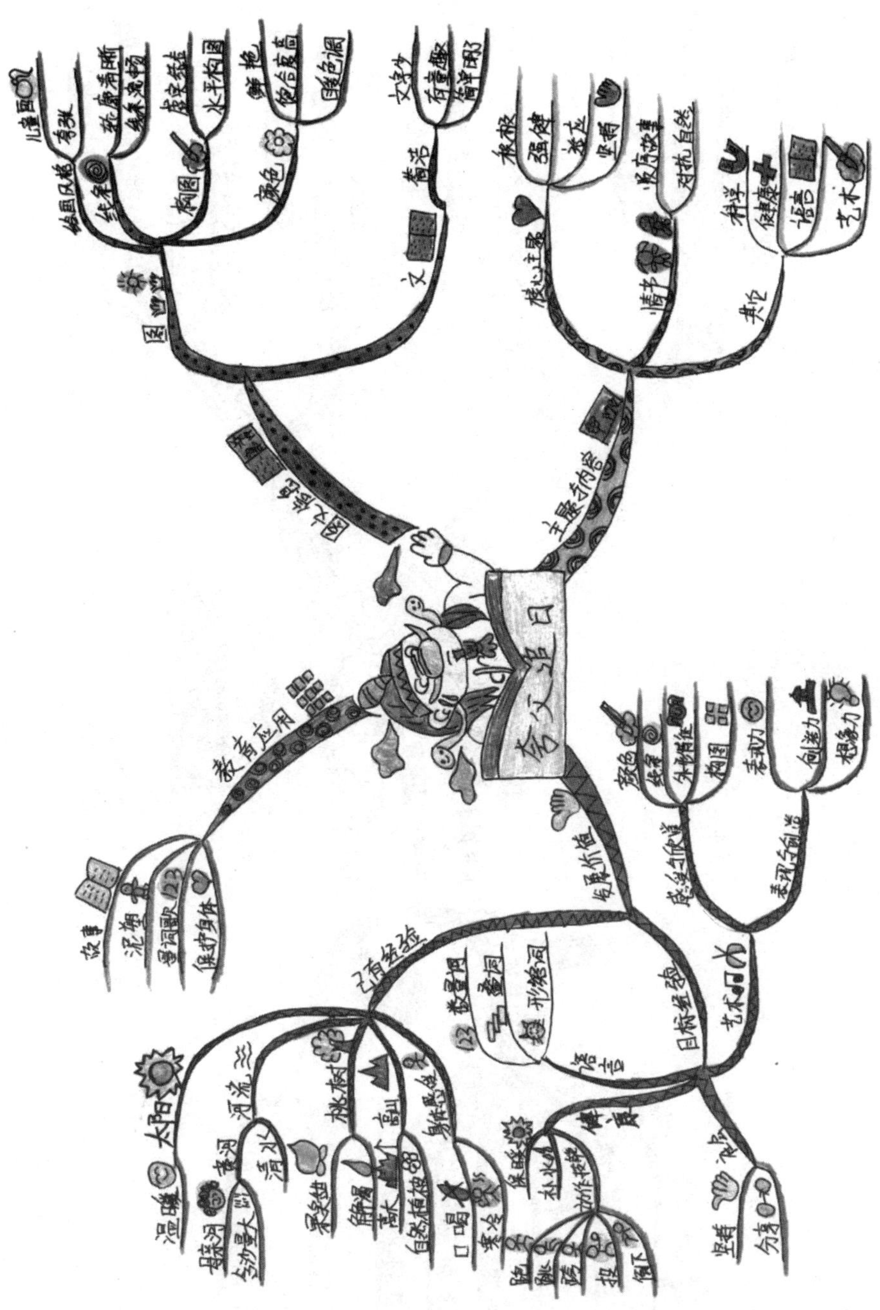

主题活动网络图

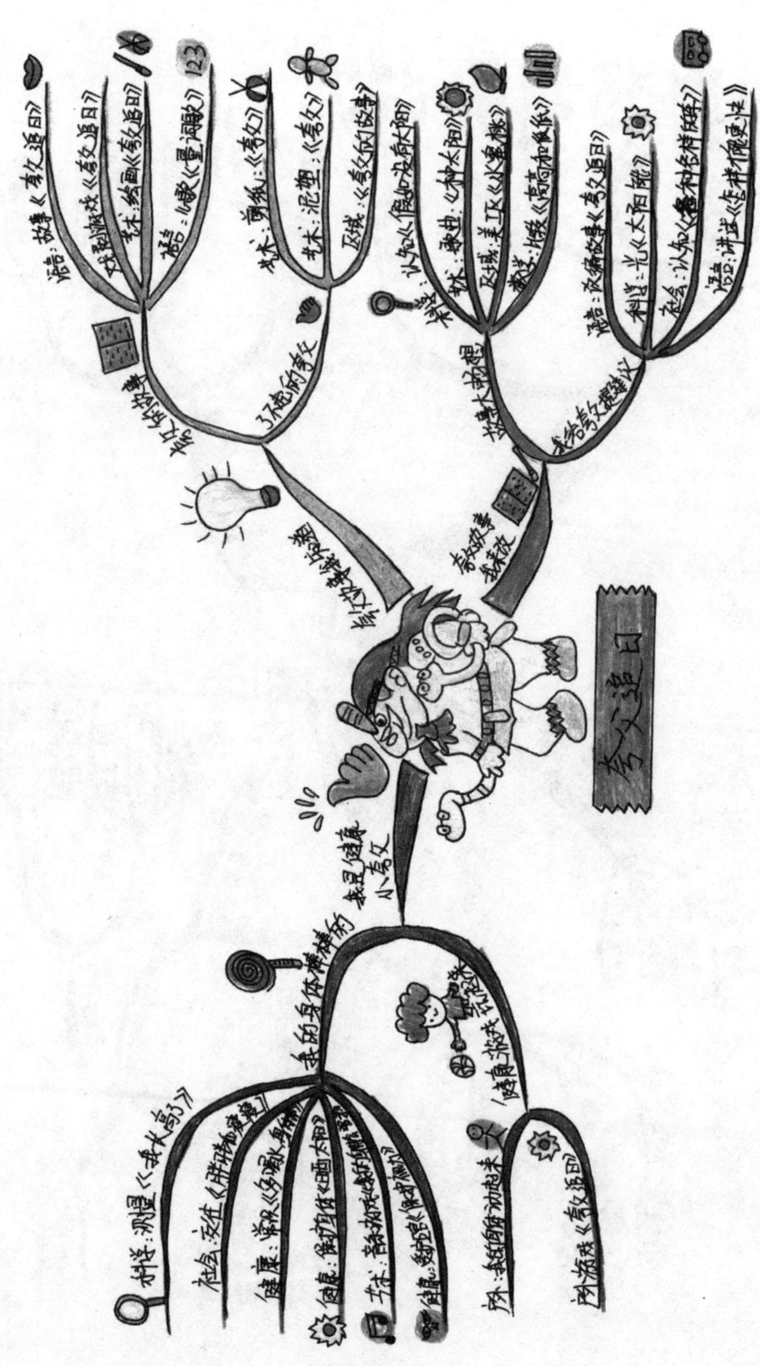

主题活动案例

活动一（语言领域）：故事讲述《夸父追日》

【活动由来】

天气炎热，小朋友们在进行户外活动时不够积极主动。曹恩瑜一边擦着脸上的汗一边对郭佳力说："热死啦，热死啦，我真想像夸父一样，追上太阳，把太阳赶跑，太阳你快走吧，晒死我们啦。"他还比画出赶跑太阳的动作。郭佳力不解地问："谁是夸父呀？""我妈给我讲的夸父追日的故事……"曹恩瑜的表演吸引了一些小朋友的关注。看到小朋友们对故事颇感兴趣，为了让幼儿对夸父追日的故事有正确了解，我们设计了此次活动。

【活动目标】

1. 通过多种形式让幼儿了解故事内容，并通过对关键词句的理解体会神话传说的特点。

2. 鼓励幼儿大胆交流自己从故事中得到的收获，发展幼儿的语言表述能力。

3. 引导幼儿感受夸父为追求光明，坚持不懈、顽强拼搏的精神。鼓励幼儿用积极的心态做事，遇到困难时不轻易放弃。

【活动重难点】

活动重点：体会神话传说的神奇，感受夸父的精神。

活动难点：通过对关键词句的理解，感受夸父坚持不懈、顽强拼搏的精神。

【活动准备】

经验准备：幼儿听过神话故事，能够简单表述自己的想法。

物品准备：《夸父追日》动画片，人物卡片。

【活动过程】

1. 谈话导入，激发幼儿学习兴趣。

师：小朋友们喜欢听神话故事吗？谁能说一说自己听过哪些神话故事？（愚公移山、盘古开天地、女娲补天……）你们知道的可真多啊！今天我给你们带来一篇神奇的神话故事，名字叫作夸父追日。（出示夸父追日图片）

2. 幼儿听故事，感知故事大概内容。

（1）幼儿说说自己听到、看到的情节，教师及时给予评价。

师：小朋友们，这篇神话讲了一件什么事呢？

（2）幼儿做图文衔接游戏，进一步熟悉故事内容。

师：小朋友们说得都很棒，（出示文字图片）这里有一段话，谁能把相应的图片放到这句话里？

游戏规则：教师读文字，幼儿根据文字提示找出相关的故事情景或人物形象的图片放到括号里。

这篇神话讲了夸父去追赶（　　），他跨过（　　）和（　　）追到虞渊时闭上眼睛（　　）。他倒下后变成了（　　），他的手杖变成（　　）。

（3）播放故事，幼儿深入理解故事内容。

师：小朋友们，夸父追到太阳了吗？他为什么要一直追赶太阳呢？

夸父不是为了一个人的利益，而是为了整个部族的利益，为了让大地充满光明，才去追赶太阳。

3. 精品故事，体会神奇。

师：小朋友们，夸父在追赶太阳的过程中有很多奇遇，让我们一起来感受一下。

教师出示图片并朗读：夸父拿着手杖，提起长腿，迈开大步……两千里。

师：小朋友们，请仔细观察，这张图片有什么神奇之处呢，或者它吸引你的地方在哪儿？

生：人一般不会一眨眼就跑两千里。

师：你能说一说哪些词语让你感到神奇吗？

生：像风似的奔跑，一眨眼，两千里。

师：你能表现一下这个句子吗？

师：你们感受到的，也是老师感受到的。你们可以眨一下眼睛，这个时候，夸父已经从北京跑到上海了；再眨一下眼睛，夸父又从上海回到了北京，像风似的。像什么风呢？

生：台风、龙卷风、飓风等。

师：哦，你们知道的可真多。一些龙卷风风速可超过 480 千米每小时，但夸父一眨眼能走两千里。神话最大的特点就是大胆想象。

幼儿大胆想象，表述自己的看法。

师小结：小朋友们，神话中像夸父这样的人还有很多，（出示幻灯片）比如愚公、女娲等。这些神话故事告诉我们，古代劳动人民渴望征服自然，改造自然的决心和顽强不息的精神。你们也要学习他们的这种精神，用积极的心做事，遇到困难不放弃，那么一定会成功。

【活动延伸】

将故事绘本放到图书区，鼓励幼儿再次阅读，深入感知故事所蕴含的神奇色彩。

活动二（艺术领域）：美术泥工“夸父”

【活动由来】

区域活动快结束时，王璟瑜拿着一个泥塑作品跑到我跟前说：“王老师，你看看，我捏的夸父像不像？”我一看，还真的和绘本上的夸父很相似，只不过腿略长了一些。我问：“他的腿为什么这么长呀？”“因为他要追着太阳跑呀，腿长迈的步子就大，跑得就快，就能追上太阳了。”“哦，我们璟瑜知道的真多，手太巧了，我们让大家一起来欣赏你的作品好吗？”话音刚落，在一边听着我们对话的田杉杉和小欣说道：“老师，我们也想做一个。”看到小朋友们如此感兴趣，我便设计了此次活动。

【活动目标】

1. 学习泥塑的基本技法，能够捏出人物基本形态。
2. 通过练习泥塑，加深对泥塑艺术的理解。
3. 体验制作泥塑作品的乐趣，初步培养立体造型能力。

【活动重难点】

活动重点：制作泥塑人物作品。

活动难点：掌握泥塑人物的基本形态。

【活动过程】

1. 问题导入，帮助幼儿在脑海里建立人物形象和故事场景。

师：小朋友们，还记得夸父追日的故事吗？你们觉得里面的人物怎么样？

幼儿交流感受。

师小结：夸父为追赶太阳，寻求光明，最后渴死，反映了远古时代人们勇于向自然挑战的精神。接下来，我们把夸父追日时的情景用泥塑的形式表现出来好不好？

2. 教师和幼儿一起探究人物的神态动作。

夸父刚开始追赶太阳时神态会是什么样？夸父在翻山过河时会是什么样？

夸父跑累的时候又会有什么样的动作？衣服会怎样？会有什么样的面部表情？

幼儿回忆、交流，教师根据幼儿的回答出示相应的图片。

幼儿用表情和动作来表现夸父的形象，发展形象思维。

师：你能做出他的表情或动作吗？

鼓励幼儿大胆交流，模仿夸父的表情和动作。

3. 学习泥塑的基本技法。

（1）师：我们玩过好多次泥塑了，但你们的作品一般都是倒在纸上的，你们认真观察，老师带来的作品和你们的有什么不同？

幼儿观察交流。

师：我的泥塑作品是能站住的，有表情的。你们想一想，我的为什么能站住？我有没有借助别的东西来帮忙？

幼儿观察交流，汇报。

（2）师：小朋友们观察的真仔细，今天我们就学习一种新的泥塑方法。

播放影像：介绍泥塑制作方法的图片。

幼儿观察学习。

师：泥塑人物欣赏都表现了哪样的人物，你觉得怎么样？你想表现怎样的夸父形象？

幼儿欣赏交流自己的设计思路。

4. 师明确要求，幼儿自主操作。

（1）注重人物动态特点的表现。

（2）引导幼儿从多个角度去观察、体会泥塑作品的立体造型特点。

（3）幼儿创作。（对于动手慢的幼儿鼓励与人合作）

（4）幼儿作品赏析。

（5）幼儿自己表述自己的作品。

（6）幼儿评价同伴的作品。

【活动延伸】

鼓励幼儿在美工区用多种形式如：绘画、剪纸，布艺粘贴等方式展示看夸父追日的故事内容及人物形象特征。

活动三（健康领域）：生活卫生习惯“多喝水，身体棒”

【活动由来】

有一次，我无意间听到苍芊雨对艳艳说：“你知道吗，其实夸父不是追太阳累死的，而是渴死的。”艳艳不解地问：“你怎么知道的？老师不是说夸父是累死的吗？”“因为他没有喝够足量的水，还没跑到大湖就死了，你说他是不是渴死的？我妈让我在幼儿园多喝水，这样才能保持健康。走，咱们去喝水吧。”说罢，俩人拉着手喝水去了。我觉得苍芊雨的推断有一定道理，并且近期小朋友们饮水情况较差，有必要设计一次健康饮水主题活动。

【活动目标】

1. 初步懂得人的身体需要水分，知道白开水是最好的饮料。

2. 生活中能够多饮水，养成主动饮水的习惯。

【活动重难点】

活动重点：懂得人的身体需要水分，养成主动饮水的习惯。

活动难点：知道白开水是最好的饮料，生活中要多饮水。

【活动准备】

经验准备：幼儿知道白开水是无色无味的。

物品准备：保健医生讲解视频，一桶白开水，每人一只水杯。

【活动过程】

1. 活动导入。

师：小朋友们，在夸父追日的故事中，夸父因为追着太阳跑了很久累死了。可是芊雨小朋友有了新发现，我们一起听一听，她发现了什么。

苍芊雨手持绘本，讲述自己的发现：因为他没有喝够足量的水，还没跑到大湖补充水分就死了。他喝不到水，身体就生病了，生病了就没力气跑了，最终才累死了。

师：你们觉得芊雨的发现有道理吗？老师查了很多资料，发现有的文献记载，夸父在喝干了黄河、渭水之后，在奔于大泽路途中渴死了。所以芊雨的发现是正确的。你们看，夸父是一个身体多么强健的人，可是在喝不到水的情况下追着太阳跑了太久，最后又累又渴倒下了。可见，水对人体是很重要的，接下来老师就带领大家了解水的重要性。

2. 了解水对人体的重要性。

（1）观看课件。

师：请你欣赏完课件后告诉我，人们在什么时候最想喝水？（口渴时、锻炼后、劳动后、游玩时、洗澡后、起床时……）

（2）喝水有益健康。

师：我们没感觉渴时要不要喝水呢？为什么？（不管什么时候，人们都需要补充水分，水可以帮助我们将身体里面的毒素通过小便排出体外，使身体更健康。）

（3）观察花，了解缺水的后果。

师：这里有两盆小花，它们有什么不一样吗？请你仔细看一看，猜一猜为什么？它们的泥土是怎么样的？（一干一湿）原来，花儿没有水喝就会枯死，人也像花儿一样离不开水，只有每天多喝水才能长高、长大。

3. 了解什么时候应喝水、哪些水不能喝。

（1）教师出示图片，幼儿认真观察，发现锻炼后、外出游玩时、洗澡后等情况下人会想喝水；口渴了不喝水会很难受，想喝水时可以自己喝水。

（2）教师出示图片并提问，幼儿自由讨论。

师：我们每天都要喝水，那么是不是什么水都可以喝呢？我们来看一看，这些地方的水能喝吗？为什么？

池塘里的水、井水、溪水……这些水看似清澈，但是不能直接喝，因为水里有细菌，只有烧开了的自来水才可以喝。我们保温桶里的水是烧开过的，所以可以喝。

4. 通过保健医生的讲解，了解白开水是最好的饮品。

师：口渴的时候你最想喝什么？为什么？到底喝什么对小朋友的身体最好呢？我们来听听保健医生怎么说。（播放保健医生的讲解视频）

深受小朋友们喜欢的碳酸饮料、果汁、奶茶等饮品中添加剂很多，之所以喝起来甜甜的，是因为加了很多糖；之所以闻起来香香的，是因为加了很多香精；之所以颜色丰富，是因为加了多种色素。这些添加剂对我们的身体有害。只有白开水才是对身体最好的，最有利于健康的，希望小朋友们平时多喝白开水，身体棒棒的不生病。

【活动延伸】

教师在日常生活中提醒幼儿多喝白开水，每周评选“喝水小宝贝”，激励幼儿多饮水。

活动四（科学领域）：科学“假如没有太阳”

【活动由来】

盛夏时节，天气炎热，小朋友们一个个躲到阴凉处聊着天。只听马瑞涵说：“太晒了，我希望没有太阳。”坐在他旁边的金胜轩说：“老师给咱们讲过的夸父追日的故事里，夸父追太阳是为了把太阳留住，可这太阳多晒呀，都把滑梯晒热啦，我一玩都烫屁股。我不希望有太阳。”马瑞涵笑着说：“小车也烫屁股。”他说着用手指着太阳嚷起来：“太阳，你走吧，我们太晒了。”他这么一嚷嚷，其他小朋友也跟着嚷起来：“太阳，你走吧，我们太晒啦，我们不需要你了。”见到这一幕，我觉得有必要提高小朋友们对于太阳的正确认识，使小朋友们了解太阳与人类、动物、植物的关系，知道太阳的重要性。于是，我设计了此次活动。

【活动目标】

1. 观察太阳的特征，了解太阳与人类、动物、植物的关系。
2. 通过欣赏儿歌，了解太阳的重要性。
3. 对自然现象感兴趣，有探索欲望。

【活动重难点】

活动重点：了解太阳与人类、动物、植物的关系。

活动难点：了解太阳的重要性。

【活动准备】

经验准备：幼儿认识太阳，知道太阳能带来温暖。

物品准备：每人一副墨镜、一册幼儿用书。

【活动过程】

1. 猜谜语，引出活动内容。

师：早上从东出，晚上从西下，照亮了大地，温暖了万家。小朋友们猜一猜，这是什么？你是怎么猜到的？

根据幼儿表述情况，教师小结：太阳的特点可简单概括为，白天有，晚上没有，可以发光，能够给人们带来温暖。

太阳可以给我们带来光明，带来温暖。就因为这些，夸父不怕辛苦和劳累也要为族人把太阳留下。可是有的小朋友不喜欢太阳，这是为什么呢？

请金胜轩和马瑞涵上台说一说自己对太阳的认识。

师小结：听了这两位小朋友的想法，老师想带你们重新认识一下太阳。

2. 户外观察，了解太阳的特征。

（1）教师带领幼儿来到户外，提醒幼儿戴上墨镜观察太阳。

为什么要戴着墨镜看太阳？

你看到的太阳是什么样子的？

你觉得太阳给我们带来了什么？

（2）组织幼儿围绕太阳进行讨论，了解太阳的主要特征。

刚才你戴着墨镜在干什么？

你发现太阳是什么样子的？太阳是什么形状、什么颜色的？

你知道太阳有什么本领吗？太阳照到身上有什么感觉？你是怎么知道的？

根据幼儿表述情况，教师小结：太阳的主要特征是，圆形，发出金色的刺眼光芒，让人感到很热。

3. 学儿歌，了解太阳的作用。

（1）阅读幼儿用书，了解太阳与人类、动物、植物的关系。

你观察到书上画了什么？

太阳的阳光照到哪里？

那里的植物长势如何?

还有什么物体需要太阳?

（2）欣赏儿歌《红红的太阳》，了解太阳的作用。

你在儿歌中发现了什么？（说出太阳对人类、动物、植物有什么好处）

教师带领幼儿念儿歌《红红的太阳》，进一步了解太阳的作用。

（3）组织幼儿讨论：假如没有太阳，会发生什么情况?

太阳对人类还有哪些作用?

假如没有了太阳，会怎样呢?

幼儿相互交流、讨论。

4. 教师小结，巩固幼儿认知。

（1）（出示图片）陷入黑暗，植物死亡。如果太阳忽然消失了，地球就没有了光照，将在 8 分钟之后陷入一片黑暗。如果没有了太阳，植物就无法生长。

（2）（出示图片）氧气渐渐不足。因为植物全部死亡，无法进行光合作用，也就无法产生人类赖以生存的氧气。人类最终将窒息而死。

（3）（出示图片）寒冷来袭。

（4）（出示图片）居无定所。地球是围绕太阳运动的，受太阳引力影响，如果没有太阳引力，地球将会在宇宙之中飘荡，去向未知。

【活动延伸】

投放有关太阳的知识图谱到科学区，鼓励幼儿积极阅读与思考。

活动五（艺术领域）：音乐歌唱《种太阳》

【活动由来】

“假如没有太阳”活动结束后。王麦森问我：“老师，假如太阳真的消失了，地球会变成您说的那样吗？”“会呀，太阳很重要，它的存在对人类、动物、植物以及气候影响巨大。”“假如有一天太阳消失了，我们可不可以再制造一个太阳呢？就像植物角里的豆苗苗死了，我们再撒些种子，又会长出新的豆苗苗。太阳能不能种出来或制造出来？”我笑着摸着他的头说：“森森，你真是一个特别喜欢思考、遇到困难不退缩的孩子，虽然你的想法现在不能实现，但未来我们的森森科学家或许就‘种出太阳’了呢。现在就把这个愿望放在你的心里吧！”对于孩子的大胆想法，我想到了歌曲《种太阳》，希望用歌曲帮助孩子实现这个美好的愿望。

【活动目标】

1. 初步欣赏歌曲，感受歌曲既活泼欢快的节奏又充满幻想希望的情感，并鼓励幼儿尝试用语言进行表述。

2. 通过图片理解歌词内容，并能根据歌词内容展开大胆的想象，激发幼儿对生命的关注和热爱。

3. 能随歌曲旋律唱出歌词来，引导幼儿大胆想象，改编歌曲部分歌词并演唱。

【活动重难点】

活动重点：欣赏歌曲，理解歌词内容，感受歌曲活泼欢快的节奏及充满幻想希望的情感，并尝试能用语言进行表述。

活动难点：引导幼儿大胆想象，改编歌曲部分歌词并演唱。

【活动准备】

经验准备：幼儿简单了解南极、北冰洋的地形及气候特点。

物品准备：教学挂图、课件、白纸、彩笔、幼儿用书。

【活动过程】

1. 谈话导入。

小朋友们，你们喜欢太阳吗？为什么？

因为有太阳的地方就会变得温暖和明亮，所以大家都很喜欢太阳。

在上次活动结束后，王麦森跟我说他有一个愿望。小朋友们想不想听听他的愿望是什么？（幼儿：想）森森，你愿意把你的愿望和小朋友们分享一下吗？

小朋友们，你们是不是和我一样觉得森森是一个特别喜欢思考，积极动脑想办法的孩子，你们想不想让这个愿望实现？今天老师给你们带来一首好听的歌曲，虽然我们不能像夸父那样去追赶太阳把它留住，但我们可以在歌曲里实现自己美好的愿望。

2. 幼儿欣赏、跟唱儿歌《种太阳》。

（1）教师播放《种太阳》，幼儿欣赏。

世界上有几个太阳呢？有小朋友认为一个太阳不够，想种太阳，为什么呢？

（2）师生一起欣赏《种太阳》。

教师出示情景图，引导幼儿探讨歌曲内容。

他的愿望是什么？为什么他要播种太阳呢？他想把太阳送给谁呢？为什么？

（3）幼儿再次欣赏儿歌，感受歌曲活泼愉快的情绪及充满希望的情感。

这首歌听上去感觉怎么样？请你猜一猜，歌曲里的小朋友在幻想种太阳时，心情怎么样？

（4）幼儿跟唱儿歌 2~3 遍。

3. 幼儿展开想象，尝试改编歌曲部分歌词。

如果你来种太阳，你想把种的太阳送给谁呢？为什么？

教师根据幼儿的想象，改编歌曲部分歌词，引导幼儿欣赏。

教师把幼儿想法编到歌曲里，鼓励幼儿唱一唱。

4. 活动总结。

小朋友们，每个人都有自己的愿望，你的愿望是什么呢？请你把它画出来或者请爸爸妈妈帮忙记录下来，贴到我们的愿望树上和大家一起分享，好吗？

【活动延伸】

制作愿望树，鼓励幼儿与他人分享自己的愿望。

美丽中国娃

美丽是一种态度，一种状态，一种修行。追求美，发现美，创造美，是人类一生的追求，一生的期盼，在追求美的过程中，人类最终达到外在美与内在美的统一。学前教育是人生发展的奠基性教育，是基础教育的基础，作为学前教育者，要创新工作思路，注意对孩子一点一滴的培养，一言一行的引导。在此基础上，幼儿园开展了《勤劳人和懒惰人》（小班）、《闻鸡起舞》（中班）、《田螺姑娘》（大班）主题教育实践活动，让幼儿去感念美、体悟美，让我们的每个孩子生成一颗探美、寻美之心，能够关注和发现生活中的美好，用积极的态度热爱生命，努力生活。

小班：主题活动——勤劳人和懒惰人

主题活动由来

在区域结束时，泽泽从图书区拿出一本《勤劳人和懒惰人》，说："李老师给我们讲过这本书，可有意思啦！"萱萱马上说："我也看过，但我不喜欢里面的懒惰人，因为他总是躺在那里不动。"琪琪说："能让我也看看吗？"其他幼儿马上围了过来。有的问："他是谁？为什么躺在地上？"有的说："他脏兮兮的，真难看！"我们观察发现，幼儿对绘本中的人物产生了极大兴趣，喜欢和成人一起翻看图书。

《3~6岁儿童学习与发展指南》也指出，为幼儿提供丰富、适宜的读物，经常和幼儿看图书、讲故事，丰富其语言表达能力，培养阅读兴趣和习惯。因此，我们预设开展《勤劳人和懒惰人》的传统故事主题活动。

主题活动目标

1. 了解《勤劳人和懒惰人》绘本故事内容，喜欢倾听，大胆表达自己的想法。

2. 喜欢用自然的声音演唱歌曲《勤劳人和懒惰人》，尝试用语言、动作表达自己的感受。

3. 根据生活经验，积极运用感官感知周围人物的变化。

4. 愿意参与数学操作活动，在游戏中进行归类整理。

5. 愿意模仿绘本故事《勤劳人和懒惰人》中的人物，养成良好的卫生习惯。

6. 喜欢参与美术活动，愿意用绘画的方法表现自己。

7. 愿意做自己力所能及的事，懂得尊重为自己服务的人。

8. 能够围绕绘本《勤劳人和懒惰人》展开想象，愿意参与绘本故事表演。

主题活动思维导图

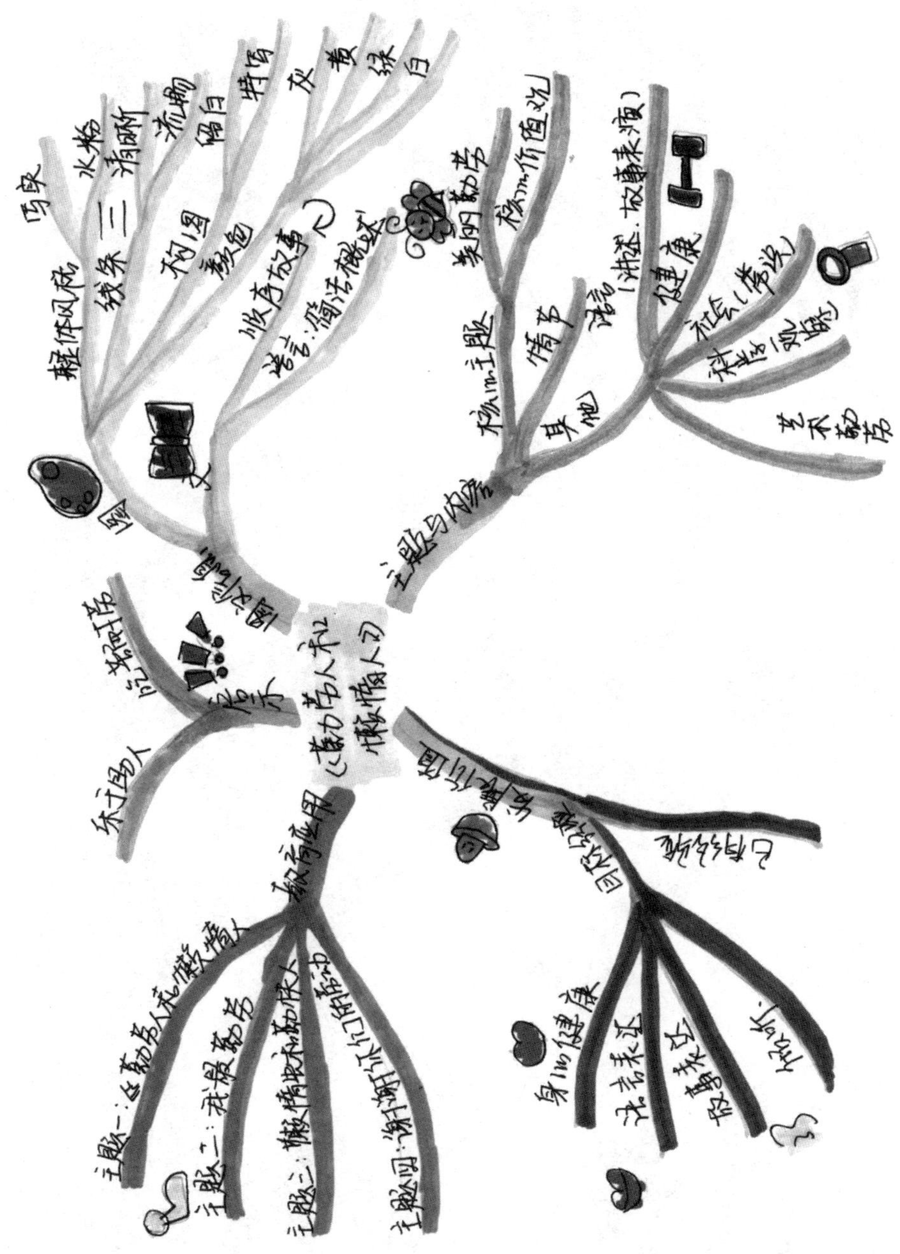

主题活动网络图

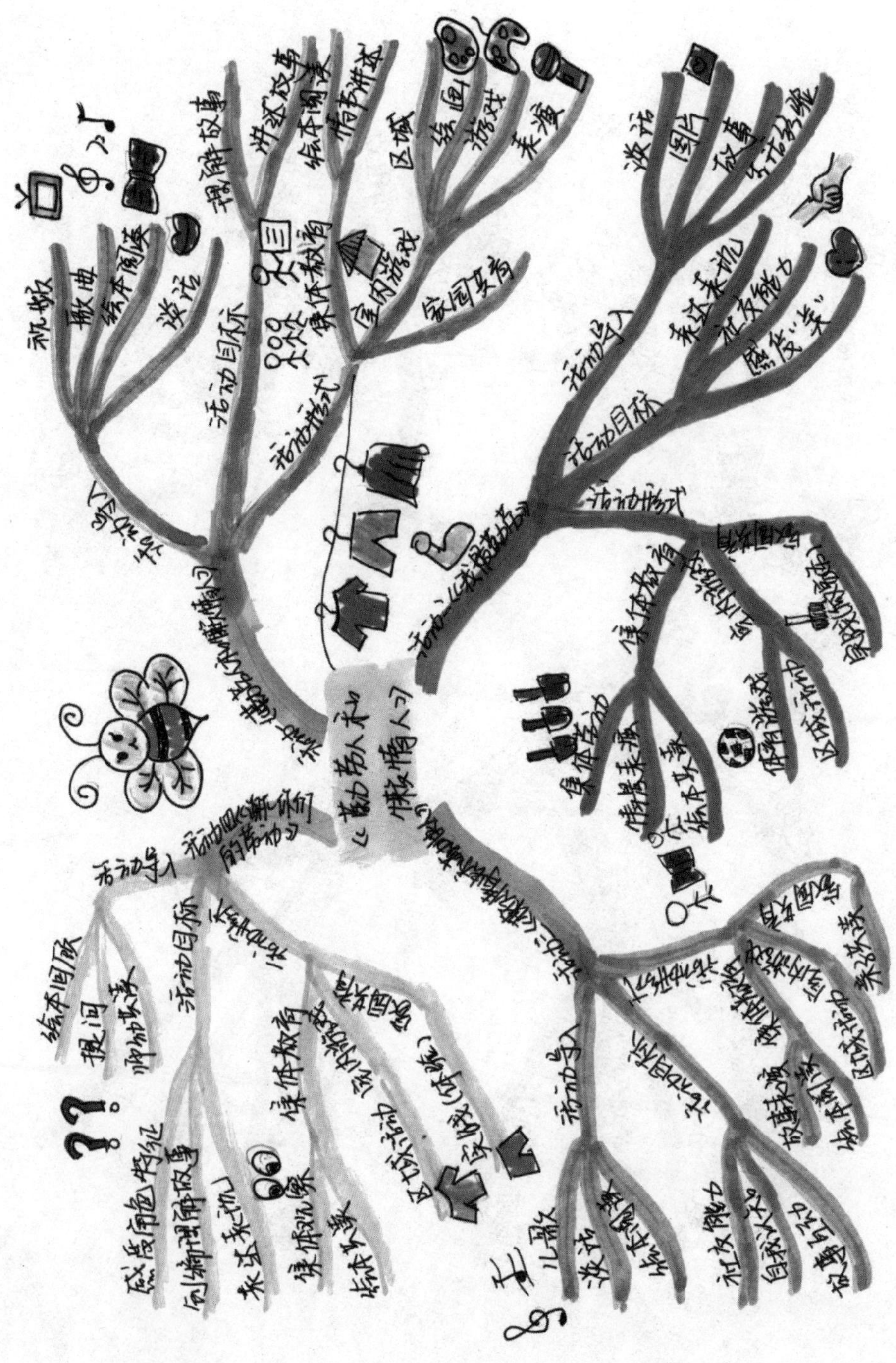

主题活动案例

活动一（语言领域）：绘本故事《勤劳人和懒惰人》

【活动由来】

一天，轩轩从图书区拿来绘本《勤劳人和懒惰人》，对老师说：“老师，我在家里听妈妈讲过这个故事。有一个人特别能干，有一个人什么也不干，跟我爸爸一样。”老师问他：“那你喜欢谁呢？”他指着勤劳的人说：“这个人。”老师又问：“你为什么不喜欢他呢？”“他总是躺着什么也不干，太懒了。”为了让幼儿区分勤劳人和懒惰人，我们开展了此次活动。

【活动目标】

1. 愿意看自己感兴趣的图书，能够一页一页地翻看图书。

2. 喜欢听《勤劳人和懒惰人》的故事，理解其大意，愿意复述故事中的部分情节。

3. 能有爱护图书的意识，愿意主动收放图书。

【活动重难点】

活动重点：能够一页一页地翻看图书。

活动难点：能够理解其大意，愿意复述故事中的部分情节。

【活动准备】

经验准备：请幼儿提前回家观察父母在厨房干活的情景。

物品准备：“勤劳人”干活、“懒惰人”的图片和视频。

【活动过程】

1. 观看绘本故事《勤劳人和懒惰人》，激发幼儿探索兴趣。

（1）教师为幼儿讲述故事《勤劳人和懒惰人》。

师：我们先来听一个故事，听的时候想一想，故事里的人都在做什么？

（2）教师出示视频。

师：今天老师请来了一些勤快人，你们看看这些勤快人在做什么？

2. 教师出示图片。

（1）幼儿看图，表达自己的想法。

师：小朋友们，我们一起来看看这些人都在做什么。勤快的人在做什么？懒惰的人又在做什么呢？

（2）幼儿回答问题，教师鼓励较为胆小的孩子勇敢表达自我。

师：这些人都在做什么呢？

3. 教师带领幼儿回忆故事内容、复述故事情节。

师：谁愿意上来讲一讲故事里面都有谁？发生了哪些事情呢？

4. 游戏“我是小小劳动者”。

（1）教师讲解游戏规则。

师：今天老师带来了一个好玩的游戏，看看谁是最能干的。

（2）教师分组组织幼儿参加劳动，如擦桌子、扫地等，初步体会家长做家务的辛苦。

【活动延伸】

幼儿在家做些力所能及的事情。

活动二（健康领域）：卫生习惯“不爱干净的宝宝”

【活动由来】

刚入园的孩子都会不适应，通过和家长沟通时发现，部分幼儿自理能力较差，有的家长说：“我家孩子不会擦鼻涕。”有的家长说：“在家里他就很不爱干净，让我们很头疼。”近期，我发现班中几个孩子感冒流鼻涕，小朋友们知道要用卫生纸擦鼻涕，但是方法不是很正确，卫生习惯不好。为了促进幼儿养成良好的生活卫生习惯，我们开展了本次活动。

【活动目标】

1. 学习正确的擦鼻涕方法，养成良好的生活卫生习惯。
2. 初步理解“抹”“擦”“脏乎乎”的意思。
3. 喜欢参加集体活动并感受快乐。

【活动重难点】

活动重点：学习正确的擦鼻涕方法，养成良好的生活卫生习惯。

活动难点：初步理解“抹”“擦”“脏乎乎”的意思。

【活动准备】

经验准备：幼儿知道流鼻涕自己擦。

物品准备：猪图案胸饰 1 个，正方形餐巾纸若干，塑料筐，塑料桶。

【活动过程】

1. 创设猪妈妈找宝宝的情境，引起幼儿学习兴趣。

师：猪妈妈的宝宝找不到了，它的脸上脏乎乎的，流着鼻涕，还用手抹，抹得脸两边像长着长长的胡须。小朋友们帮猪妈妈找一找宝宝好不好？为什么猪宝宝会长胡须呢？

2. 教师教幼儿学习正确的擦鼻涕的方法。

（1）教师出示图片，引导幼儿学会擦鼻涕的正确方法。

师：小朋友，你们什么时候会流鼻涕呢？鼻涕流出来了怎么办呢？

（2）擦得正确的和擦得不正确的小朋友分别演示。

（3）教师演示正确的擦鼻涕方法：双手打开餐巾纸，然后把餐巾纸捂在鼻子上，向中间捏拢。

3. 全体幼儿练习擦鼻涕，教师进行指导。

【活动延伸】

在生活中，幼儿练习自己擦鼻涕。

活动三（健康领域）：体育适应“勤劳的小乌龟”

【活动由来】

户外游戏结束时，一部分小朋友喜欢在地上爬来爬去。于是我问孩子：“你们爬来爬去，真好玩！咱们来比一比谁爬得快！”有的说：“老师，我最快。”还有的说：“老师，看我爬得多快！”好多孩子爬了起来，个别爬得并不是很顺利。为了发展幼儿身体协调能力，我们开展了本次活动。

【活动目标】

1. 愿意手膝爬，感受其中的乐趣。

2. 能够手脚自然协调地向指定方向爬行。

3. 积极参加体育活动，感受小乌龟完成任务的喜悦。

【活动重难点】

活动重点：手膝着地爬行。

活动难点：能够手脚自然协调地向指定方向爬行。

【活动准备】

经验准备：幼儿用手膝爬行过。

物品准备：场地上画有迷宫，垫子、圈、彩虹桥、沙包、轮胎、塑料板、塑料墩柱、小动物家、毛巾、筐等。

【活动过程】

1. 教师带领幼儿进行全身热身，重点活动手腕、脚腕。

2. 教师带领幼儿做“乌龟爬”的游戏。

游戏规则：“小乌龟”在场地上四散爬，在爬的过程中敲击小铃；幼儿根据铃声的快慢节奏爬。

3.“小乌龟”爬迷宫。

（1）教师为幼儿创设游戏情境。

师：在草地上有个大迷宫，我们一起到迷宫里去爬好吗？迷宫有四扇门，你们要从这几扇小门爬进去，还要从小门里爬出来。

（2）老师观察幼儿爬行情况。

（3）在迷宫四周添加辅助材料以提高游戏难度，“小乌龟”见到辅助物即可上去爬入迷宫。

4.“小乌龟”送粮食。

师：是谁在找你们呀？在迷宫里住着小猫、大公鸡、小兔、小羊，它们想请“小乌龟”帮个忙，把粮食送到它们的家里去。你们愿意吗？

【活动延伸】

教师组织幼儿进行户外游戏“比一比谁爬得更快”。

活动四（艺术领域）：音乐歌唱《勤劳人和懒惰人》

【活动由来】

在离园环节，小朋友们喜欢点播歌曲。有的说：“老师，我要听那首《勤劳人和懒惰人》。”很多小朋友附和：“我也听！”小朋友们非常喜欢这首儿歌，在听歌时会用语言、表情、动作表达自己的感受，于是我们开展了本次活动。

【活动目标】

1. 熟悉音乐旋律，初步感知音乐节奏。

2. 喜欢用自然的声音演唱歌曲《勤劳人和懒惰人》尝试用语言、动作表达自己的感受。

3. 愿意参与音乐活动，感受音乐游戏的快乐。

【活动重难点】

活动重点：喜欢用自然的声音演唱歌曲《勤劳人和懒惰人》尝试用语言、动作表达自己的感受。

活动难点：能独立演唱歌曲《勤劳人和懒惰人》。

【活动准备】

经验准备：幼儿有歌唱基础，能理解教师所讲的内容。

物品准备：与歌曲内容有关的图片。

【活动过程】

1. 欣赏歌曲《勤劳人和懒惰人》，激发幼儿学习兴趣。

师：小朋友们，你们知道什么是勤快人，什么是懒惰人吗？让我们一起听听谁是勤快人，谁又是懒惰人吧！

2. 教师指导幼儿学习歌曲《勤劳人和懒惰人》。

（1）教师带领幼儿观看图片，理解勤劳和懒惰。

师：这儿也有一些勤快人，他们正在什么地方？在干什么呢？

（2）教师引导幼儿回忆歌曲内容。

师：歌里勤快人在干什么？我们一起说一说。

（3）教师鼓励幼儿学唱歌曲《勤劳人和懒惰人》。

①教师一句一句教幼儿唱，慢慢引导，多学习几遍。

②幼儿基本学会，尝试让幼儿独立演唱，教师提醒。

3. 教师请幼儿在集体面前大胆表演并演唱，鼓励胆小的幼儿上前表演。

【活动延伸】

请幼儿回家给爸爸妈妈演唱歌曲《勤劳人和懒惰人》。

活动五（艺术领域）：美术绘画“谢谢你们的劳动”

【活动由来】

一天离园前，我们开展“送礼物”的游戏，有个小朋友说：“我要送给妈妈一个小礼物。”还有小朋友说：“我要送给爸爸一张小贴画。”我追问：“为什么要送给他们呀？”“我的妈妈很辛苦！”“我的妈妈每天给我做好吃的，太累了。”听到小朋友们对这个话题很感兴趣，愿意用礼物答谢爸爸妈妈，我们开展了本次活动。

【活动目标】

1. 尝试设计各种职业的人。

2. 喜欢参与美术活动，愿意用绘画方式表现《谢谢你们的劳动》。

3. 能够在美术活动中体验乐趣，提高审美能力。

【活动重难点】

活动重点：喜欢参与美术活动，愿意用绘画方式表现《谢谢你们的劳动》。

活动难点：能够在活动中体验乐趣，提高审美能力。

【活动准备】

经验准备：之前参与过美术活动。

物品准备：图画纸、各种劳动的图片。

【活动过程】

1. 观看视频《勤劳人和懒惰人》，激发幼儿创作兴趣。

师：小朋友们知道爸爸妈妈是做什么工作的吗？请你说一说你喜欢爸爸妈妈的工作吗？为什么？

2. 出示图片，“说一说它的故事”。

（1）教师出示劳动者图片，引导幼儿说说有哪些劳动者与这支铅笔有关，幼儿想得越仔细越好。

（2）幼儿展示自己带来的物品，讲一讲照片及物品是怎样来的。

（3）幼儿与同伴交流讲述有关它的故事。

3. 绘画《谢谢你们的劳动》。

（1）幼儿创作绘画作品。

（2）教师将幼儿作品张贴在墙面上，并把大家带来的物品对应地摆放在展示台上。

【活动延伸】

区域活动时间，师生共同布置“劳动的人最光荣”展览，将幼儿的画张贴在展览墙上，集体欣赏美术作品。

中班：主题活动——闻鸡起舞

主题活动由来

在“美丽中国娃”活动月，幼儿积极参与“丫丫绘本馆”“丫丫故事秀”等多种活动。其中，闻鸡起舞的故事深受幼儿喜欢。他们总是问：“为什么这个故事叫闻鸡起舞呢？是鸡叫就起床了吗？”他们富有好奇心，愿意在他人的帮助下进行实践探究活动。我班幼儿在故事讲述和跟读方面有一定的基础，但在故事的创新、探究、表演等方面还有待提高，例如在戏剧表演活动中，大多数幼儿只能用单一或相同的动作表现同一情节。我们根据本班幼儿的发展现状，以“闻鸡起舞”为主题设计了一系列活动，幼儿学习祖逖努力、坚持、勤劳的良好品质，运用多种形式表现自己的想法。

主题活动目标

1. 能基本完整地讲述闻鸡起舞的故事，了解故事大意，理解故事内容。（语言）

2. 能在音乐的带领下，用身体表现故事中的人物造型，进行戏剧表演。（音乐）

3. 能运用剪纸、手工制作等方式呈现故事场景和想象的事物。（美术）

4. 能与他人玩追逐躲闪跑的游戏，知道跑的动作要领，发展快速跑的能力，喜欢参加体育游戏活动。（健康）

5. 能够初步了解日夜交替的自然现象，并通过图画或其他符号记录的方式进行探究、合作游戏。（科学）

6. 感知圆形、三角形、长方形、正方形的特点，能对图形进行组合拼摆。（数学）

7. 了解不同的职业，敢于接受尝试有一定难度的任务并坚持努力完成。（社会）

8. 感受自主、努力、坚持、不怕困难、认真、勤劳的良好品质。（品质）

主题活动思维导图

闻鸡起舞
图文信息
图
文
动词
叙述
整体风格
布局构图
颜色
线条
粗
细
主题与内容
核心主题
内容
坚持
勤奋
刻苦努力
闻鸡练剑
坚持练剑
取得成就
发展价值
遇到困难不放弃
勤奋努力
懂得坚持

主题活动网络图

闻鸡起舞
我了解
集体
绘本讲述：《闻鸡起舞》
过渡
故事欣赏：《闻鸡起舞》
家园共育
共读绘本
我展示
讲一讲
集体
语言 讨论：《我的游戏时光》
社会：《我的小小梦想》
区域
图书区：《故事我来讲》
做一做
集体
美术：剪纸《我坚持的事》
美术：制做《道具我来做》
演一演
集体
音乐：戏剧表演《闻鸡起舞》
区域
表演区：《故事创编》
玩一玩
集体
健康：户外《小鸡捉虫》
区域
科学区：《认一认标本》
我懂得
集体
科学：《白天和黑夜》
数学：《有趣的图形》
社会：《坚持就是胜利》
家园共育
一起来坚持

主题活动案例

活动一（语言领域）：绘本讲述《闻鸡起舞》

【活动由来】

在“丫丫故事秀”活动中，小朋友们对闻鸡起舞的故事很感兴趣，哲哲说：“我也想要一只小鸡，让它每天叫我起床。”然然说：“我每天都在家里练钢琴，我是不是也很厉害。”看到小朋友们对故事这么感兴趣，为了让幼儿了解故事的内容，我们生成了此次活动。

【活动目标】

1. 对传统故事感兴趣，愿意参与绘本讲述活动。
2. 理解故事内容，并完整讲述。
3. 学习祖逖严于律己、坚持不懈的良好品质。

【活动重难点】

活动重点：完整讲述闻鸡起舞的故事。

活动难点：学习祖逖严于律己、坚持不懈的良好品质。

【活动准备】

经验准备：听过闻鸡起舞的故事。

物品准备：故事视频、课件、绘本《闻鸡起舞》、纸、画笔。

【活动过程】

1. 播放公鸡打鸣的声音，激发幼儿学习兴趣。

师：快听，是什么声音？

出示图片，引发讨论。

师：为什么人们听见鸡叫都起来劳动呢？

2. 欣赏故事，理解故事。

（1）播放故事视频，了解故事内容。

师：古时候有一个人叫祖逖，他听见鸡叫，做了什么事情呢？

（2）教师讲述故事，了解祖逖的坚持。

师：祖逖为什么坚持舞剑？

3. 故事图片引导，完整讲述闻鸡起舞的故事。

（1）出示图片，看图讲故事。

师：谁能看图来给小朋友讲一讲这个故事呢？

（2）同伴共讲。

师：小朋友们可以看书给自己的小伙伴讲一讲故事发生了什么吗？

4. 集体讨论。

（1）讨论：坚持做事的辛苦。

师：小朋友们有没有像祖逖一样有坚持做一件事的经历？你是怎么坚持下来的？

（2）教师出示图片，幼儿表达自己坚持做事的情感。

师：图片中的人每天都在坚持做这件事，他们为什么坚持？坚持做一件事后你有什么想法？

小结：坚持做一件事的过程可能会很辛苦，但是坚持下来，我们就会发现其实并不难，特别为自己感到骄傲，自豪。

【活动延伸】

回家与爸爸妈妈讲一讲闻鸡起舞的故事。

活动二（科学领域）：认知“白天与黑夜”

【活动由来】

小朋友们听了闻鸡起舞的故事，对为什么听到鸡的叫声就起来舞剑这件事很好奇，总是问：“为什么听到鸡叫就起来呢？”升入中班了，他们对白天和黑夜有了一定的了解，为使他们更了解日夜交替的这种自然现象，生成了此次活动。

【活动目标】

1. 感知白天、黑夜与人之间的关系。

2. 发现白天和黑夜的不同，初步了解日夜交替的自然现象。

3. 愿意探索白天和黑夜的不同，感受白天和黑夜都是美好的。

【活动重难点】

活动重点：发现白天和黑夜的不同。

活动难点：初步了解日夜交替的自然现象。

【活动准备】

经验准备：幼儿了解《兔子不喜欢夜晚》的故事内容。

物品准备：白板课件。

【活动过程】

1. 谈话导入，萌发探索白天和黑夜的兴趣。

师：闻鸡起舞的故事里，鸡叫就像我们的小闹钟一样，祖逖即使是半夜听到鸡叫也要起来坚持舞剑。

在《兔子不喜欢夜晚》中，为什么兔子不喜欢夜晚呢？猫头鹰又是怎么说的？

兔子不喜欢黑夜，猫头鹰不喜欢白天，到现在它们还在吵个不停。

2. 集体讨论，感知白天、黑夜与人之间的关系。

（1）出示两个小精灵图片，看看它们的肚子上有什么？

（肚子上有太阳的是白天小精灵，有月亮的是黑夜小精灵。）

（2）观看第一段视频。

师：白天小精灵的肚子里装着什么有趣的事？黑夜小精灵又有什么开心的事情？

（3）讨论：我们在白天和黑夜都可以做什么？说一说有哪些人夜间依然在工作？

3. 播放视频，初步了解黑夜和白天交替变换。

（1）出示图片，感知白天与黑夜。

师：你们怎么知道什么时候是白天？什么时候是黑夜的？

（2）播放视频，感知昼夜交替。

师：为什么会有白天与黑夜呢？

了解太阳照到地球的一面就是白天，照不到的另一面就是黑夜。

总结：在白天和黑夜都会有美好和快乐的事情，白天和黑夜都重要。

【活动延伸】

在科学区投放感知白天与黑夜的玩具，幼儿继续探索。

活动三（艺术领域）：剪纸“我坚持的事”

【活动由来】

小朋友们通过语言活动了解了闻鸡起舞的故事内容，了解了故事中主人公的坚持与努力。皓皓说：“我也要像大将军那样坚持做一件事，每周都要认真学跆拳道，我肯定也会成功的。”小朋友们通过讲述、表演的形式表现、体验了故事内容，将故事情节迁移到生活中，小朋友们还想用剪纸的形式表现自己坚持的一件事情，因此我们生成了本次活动。

【活动目标】

1. 能用剪纸、粘贴的形式来表现自己坚持的一件事情。

2. 尝试用镂空的技法剪出面部表情或细节。

3. 养成良好的剪纸常规，感受坚持和认真的良好品质。

【活动重难点】

活动重点：能用剪纸形式来表现自己坚持的一件事情。

活动难点：尝试用镂空的技法剪出面部表情或细节。

【活动准备】

经验准备：幼儿了解闻鸡起舞的故事。

物品准备：彩纸、剪刀、胶棒、工具盒。

【活动过程】

1. 幼儿表演闻鸡起舞的故事，教师引导幼儿体会坚持做一件事情的成就感。

2. 幼儿分享交流，介绍自己坚持做的一件事。

师：你坚持做过什么事情？你的心情是什么样的？

3. 用镂空的技法剪纸。

（1）分析幼儿剪纸的情况，重点介绍面部表情的剪法。

（2）出示优秀的剪纸作品，介绍不同的镂空方法。

（3）幼儿根据自己的生活经验剪纸，并用粘贴的方法完成剪纸作品。

4. 展示、评价，感受坚持和认真的良好品质。

（1）幼儿展示、介绍自己的作品，同伴欣赏。

（2）幼幼互评，说一说你都看到了什么，觉得怎么样？

（3）教师根据幼儿的展示进行小结。

【活动延伸】

在美工区巩固不同的镂空纹样的剪纸方法。

活动四（艺术领域）：音乐戏剧表演“闻鸡起舞”

【活动由来】

小朋友们对于闻鸡起舞的故事很感兴趣，且已制作好相应的道具。小朋友们急切地问：“老师，我们什么时候排练故事呀？我特别想表演给爸爸妈妈看。”轩轩说：“老师，我想演祖逖大将军，想成为他那样厉害的人。”小朋友们高兴地畅想着自己想演的角色，看到他们如此感兴趣，我们设计了本次活动。

【活动目标】

1. 熟悉故事中每个角色的特征及关系。

2. 能在音乐的带领下，用身体表现故事中的人物造型，进行表演。

3. 愿意进行戏剧表演，感受创作人物形象的快乐。

【活动重难点】

活动重点：能在音乐的带领下，用身体表现故事中的人物造型，进行表演。

活动难点：能够大胆想象与创作人物形象。

【活动准备】

经验准备：了解故事情节，熟悉人物角色形象。

物品准备：道具、音乐。

【活动过程】

1. 讨论故事情节，熟悉人物关系。师生共讲绘本，再次回顾故事内容。

师：小朋友们，故事中有哪些适合我们扮演的角色？

生：祖逖、刘琨、公鸡、大树、旁白等。

师：他们之间的关系是什么？都在故事中何处出现了？

幼儿分析讨论。

2. 角色分工，熟悉所扮演的人物特征。

（1）幼儿自由选择角色，如多人选择同一角色，其他人投票选出最合适者。

（2）分析人物性格。

祖逖：有远大抱负、坚持、有毅力、有能力。

刘琨：有正确价值观、不放弃、有文采。

公鸡：晨起打鸣，叫醒人们。

3. 幼儿故事表演。

（1）根据情节确定音乐背景。

（2）根据故事情节进行表演。

【活动延伸】

在区域活动时，教师指导，小朋友们进行排练。

活动五（社会领域）：自主活动“坚持就是胜利”

【活动由来】

在以“闻鸡起舞”为主题的一系列语言、剪纸、健康活动中，小朋友们对坚持有了一定认知。宣宣说：“我每天都坚持跟妈妈跑步，现在我都不爱生病，更健康了。”蕊蕊说：“我每天都坚持刷牙，现在牙齿很健康。”为让幼儿进一步体会坚持的成就感，我们开展了此次活动。

【活动目标】

1. 知道做事应该要坚持，有决心。

2. 敢于尝试有一定难度的事情并能坚持完成。

3. 感受坚持完成一件事的喜悦和成就感。

【活动重难点】

活动重点：知道做事应该要坚持，有决心。

活动难点：敢于尝试有一定难度的事情并能坚持完成。

【活动准备】

经验准备：听过闻鸡起舞的故事，了解坚持、努力等良好品质。

物品准备：奥运会视频、课件。

【活动过程】

1. 观看视频，体会奥运健儿成功的喜悦。

师：今天老师带领小朋友们走进奥运会。小朋友们，看到运动员比赛获得金牌，在升起我们祖国的国旗的时候，你们是什么心情呀？

2. 观看训练视频，知道做事应该要坚持，有决心。

师：我们一起看一看，他们是怎么取得成功。

（1）视频中，运动员们在做什么？

（2）猜一猜他们都什么时候训练？

（3）他们为什么要坚持？

小结：胜利来之不易，想要获得胜利，坚持是一定要有的。

3. 集体讨论，敢于尝试有一定难度的事情并能坚持完成。

（1）成功坚持的事。

你们有什么事情是一直坚持做的呢？

你成功了吗？成功之后心情是什么样的？

（2）没坚持的事。

你们有什么事情是坚持了几天，就放弃了的？为什么会放弃坚持？

我们一起想一想办法，在想放弃的时候，我们怎么做才能坚持下来？

（3）幼儿自由讨论。

师：可以和你的小伙伴说一说。

幼儿发言，说一说让自己坚持下去的好方法。

小结：结合幼儿发言，总结坚持下去的好方法，鼓励幼儿做事情一定要坚持。

【活动延伸】

鼓励幼儿将自己成功坚持的事情画下来，制作成图书，分享给小伙伴。

大班：主题活动——田螺姑娘

主题活动由来

传统故事中的神话传说不仅凝聚了中华民族的智慧，也反映出了远古人们敬畏自然并希望人与自然和谐相处的愿望。故事中的人物形象鲜明饱满，故事情节生动有趣，故事中的主角是智慧、勇敢、美好的化身，神话故事被赋予了丰富的想象力。

在过渡环节中，我们开展了我最喜欢的传统故事这一活动，很多小朋友说最喜欢田螺姑娘的故事。如昊昊说："我喜欢田螺姑娘是因为田螺姑娘像我的姐姐，很善良，经常帮助别人。"涵涵说："我觉得田螺姑娘是一个非常漂亮的小姑娘，还很勤劳。"彤彤小朋友还提出了一个引人深思的问题："老师，您说田螺姑娘真的是田螺变出来的吗？"带着对故事中人物的想象和思考我们开展了以田螺姑娘为线索的主题活动。

通过故事讲述、故事展现、故事续编、故事表演等多种形式开展主题活动，帮助幼儿了解故事的内容，愿意分享自己的感悟。引导幼儿逐步分析故事中人物的性格特征，学习田螺姑娘的善良、勤劳等品质，并将这些美好的品质融入自己的内心，外化于日常的生活和学习中。

主题活动目标

1. 喜欢参加体育活动，动作协调、灵活，提高跳跃能力。

2. 喜欢听故事，能够完整讲述一个故事，并根据故事的部分情节或图书画面的线索猜想故事情节的发展，发挥想象进行续编。

3. 有任务意识，坚持完成一件事情，遇到问题时能够想办法解决。

4. 关心尊重他人，了解不同的职业，尊重为大家提供服务的人，珍惜他们的劳动成果。

5. 有好奇心和探究欲望，能够对 10 以内的数进行分解和组合，并能通过实物操作或其他方法进行 10 以内的数的分解与组合。

6. 对周围的事物现象感兴趣，能够发现周围事物的规律。

7. 感受艺术作品的美感特点，用手工制作、剪纸、绘画等方式表达自己的感受。

8. 喜欢参加艺术活动，愿意用自己擅长的技能（唱歌、跳舞等）进行表演和展现。

主题活动思维导图

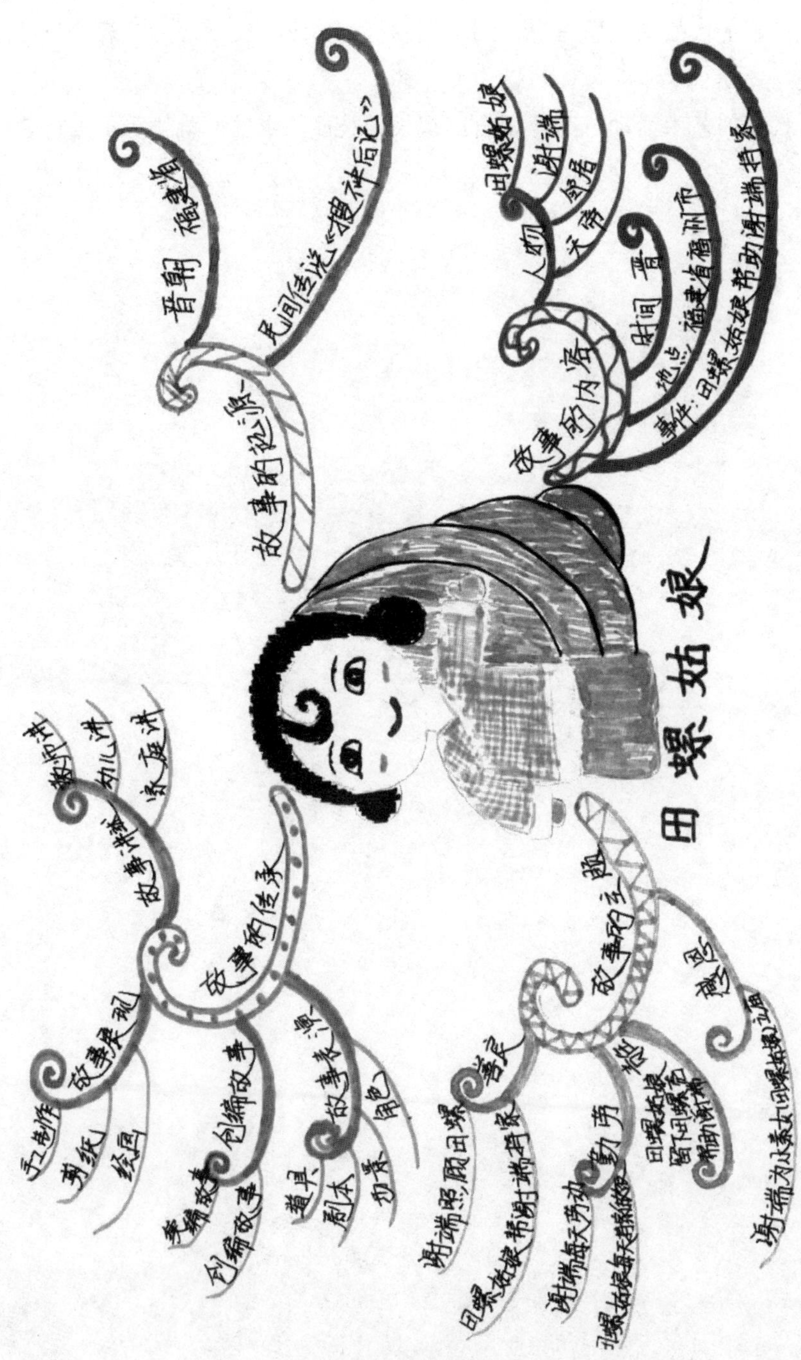
田螺姑娘
故事的起源
晋朝
民间传说《搜神后记》
故事的内容
人物
田螺姑娘
谢端
邻居
天帝
时间：晋
故事的传承
故事讲述
教师讲
幼儿讲
家庭讲
故事展现
手工制作
剪纸
绘画
创编故事
续编故事
创编故事
故事表演
道具
剧本
场景
角色
故事的主题
善良
谢端照顾田螺
勤劳
谢端每天劳动
感恩

主题活动网络图

田螺姑娘
故事我来讲
语言:故事《田螺姑娘》
语言:续编《田螺姑娘》
语言:谈话《美丽的田螺姑娘》
故事我来展
艺术:剪纸《田螺姑娘》
艺术:歌曲《勤劳人和懒惰人》
科学:观察《认识田螺》
数学:分解组成《10个田螺》
故事我来演
戏剧:《田螺姑娘》
艺术:歌曲《勤劳的小蜜蜂》
艺术:舞蹈《做家务》
故事我来学
社会:职业《勤劳的人们》
艺术:歌曲《劳动最光荣》
健康:饮食《健康饮食》
健康:户外游戏
《袋鼠宝宝》

主题活动案例

活动一（语言领域）：故事讲述《田螺姑娘》

【活动由来】

大班幼儿对于故事有自己的理解，也很乐意讲述、阅读故事。田螺姑娘是福州民间传说人物，出自陶渊明的《搜神后记》卷五。故事讲述天帝知道谢端从小父母双亡、孤苦伶仃，很同情他，又见他克勤克俭、安分守己，所以派神女田螺姑娘下凡帮助他。故事主题鲜明，通俗易懂，蕴含深刻的道理，适合大班幼儿阅读。

【活动目标】

1. 激发阅读传统故事的兴趣和欲望。

2. 能够认真倾听故事，理解故事的内容。

3. 能够完整讲述故事的情节，表达自己的想法。

【活动准备】

经验准备：搜集田螺姑娘的故事。

物品准备：田螺姑娘图片，故事课件。

【活动过程】

1. 教师出示田螺姑娘图片，并提问：你们知道她是谁吗？

2. 教师完整讲述田螺姑娘的故事。

3. 你还听过关于田螺姑娘不同版本的故事吗？给大家讲一讲。

4. 幼儿通过各种途径了解田螺姑娘的故事。你讲，我听；我讲，他听，以口耳相传的方式了解故事里有生动有趣的情节和精彩的人物。

5. 幼儿交流、讨论：

（1）这个故事有谁？发生了什么事情？

（2）你喜欢故事中的哪一部分，为什么？

（3）你喜欢田螺姑娘吗？为什么田螺姑娘要给这个年轻人做饭，并成为他的妻子呢？

（4）为什么当年轻人不去田里耕作了，田螺姑娘就不出现了？

（5）你从故事中懂得了什么道理呢？请幼儿说说自己对故事的想法。

6. 播放田螺姑娘课件，幼儿完整讲述故事。

活动二（艺术领域）：美术剪纸《田螺姑娘》

【活动由来】

“老师，我剪了一个田螺姑娘。”琦琦拿着自己剪好的作品给我看。“你剪出来了一个田螺小姑娘，太可爱了。”“她的田螺姑娘剪得太小了，我剪的话会剪出一个大的。”骏骏一边说一边用手当剪刀描画他要剪的轮廓，美工区的小朋友纷纷响应，于是开展了一节剪纸活动。

【活动目标】

1. 用剪纸的方式表达对田螺姑娘的认识和喜爱，体验剪出作品的成功与快乐。

2. 促进幼儿手部动作灵活，锻炼幼儿手部小肌肉。

3. 让幼儿体验自主、独立、创造的能力。

【活动重难点】

活动重点：引导幼儿用剪纸的方式表达对田螺姑娘故事的喜爱。

活动难点：幼儿能够把握纸张的布局，富有创意地进行展现。

【活动准备】

剪刀、彩色卡纸，垃圾盒。

【活动过程】

1. 谈话导入。

在听了田螺姑娘的故事后，有很多小朋友非常喜欢田螺姑娘，你们喜欢田螺姑娘的哪些品质呢？

你能够用语言描述出田螺姑娘的样子吗？

幼儿与同伴说一说自己想象出的田螺姑娘的外貌特征。

2. 基本部分。

我们用剪纸的方式来展现田螺姑娘的故事好吗？

在田螺姑娘身上，让你记得最清楚的是哪一件事情呢？发生在哪里？当时他们的心情和表情是什么样子的？

请幼儿说一件自己喜欢的故事场景。

幼儿动手用剪纸的方式进行呈现。

教师提示幼儿在剪纸的过程中要细致，认真，及时将纸屑放入垃圾盒。

3. 结束部分。

幼儿将自己的作品进行展示，并讲述作品中的故事。

【活动延伸】

区域活动时幼儿可以在美工区继续用剪纸的方式讲述自己和身边的人的故事。

活动三（科学领域）：观察“认识田螺”

【活动由来】

大班幼儿对身边有趣的科学现象感兴趣，喜欢通过自己的观察、探索发现科学现象背后的原理。有一次在户外活动时，一名幼儿对伙伴说：“你看这个虫子背上壳的颜色是蓝色的。”“是呀，好漂亮呀！”可为什么它是蓝色的呢？为了让幼儿获得更多的科学知识，提升科学观察能力，积累科学经验，我设计了本次活动，让幼儿通过自己观察操作，感知、认识田螺的各项特征。

【活动目标】

1. 观察了解田螺的身体结构，以及如何吃食。

2. 坚持定期观察田螺的变化并做记录。

3. 体验照顾小动物的乐趣，爱护身边的动物。

【活动重难点】

活动重点：通过仔细观察了解田螺的特点和习性。

活动难点：能够坚持进行观察并定期做记录。

【活动准备】

经验准备：幼儿有观察和记录的经验。

物品准备：

1. 每组四只田螺，四个放大镜，记录用纸和笔，一张塑料片。

2. 具有螺线结构的物体或图片、食物。

【活动过程】

1. 活动引入。

小朋友们，以前观察过田螺吗？这节课中，让这些田螺成为我们的朋友，让我们来了解和观察一下田螺吧。

2. 田螺身体的观察。

（1）首先让我们了解一下田螺的身体是怎么样的。对于田螺的身体，我们可以观察什么呢？头、腹、尾、壳。投影出示：放大的田螺图，认识田螺身体各部分的名称。

（2）怎样观察呢？幼儿自由发表意见。

（3）分组观察田螺，教师给予支持、指导。

（4）投影出示蜗牛图片，让对照图片，按照一定的顺序，说一说田螺的身体是怎样的。

3. 田螺壳的观察。

（1）对于田螺的壳，你有什么发现？

（2）请你将田螺身上的螺纹画下来。

4. 田螺吃食物的观察。

（1）为了把田螺饲养好，给田螺喂食物，田螺喜欢吃什么食物呢？为什么这样想？请幼儿交流自己的想法。

（2）我们怎样来证实田螺喜欢吃这些食物呢，怎样喂食物呢？请幼儿大胆地发表自己的看法。

观察：田螺是怎样发现食物？田螺选择怎样的食物？

（3）各组领取食物，观察田螺吃食物。

（4）幼儿相互交流自己观察到的现象并做记录。

（5）教师带领幼儿一起梳理观察的结果并进行小结。原来田螺喜欢吃青菜、青苔、米糠等食物，要将食物切碎，田螺才会吃。田螺不需要每天进食，每隔三天进食一次。

【活动延伸】

小朋友们可以回家尝试和爸爸妈妈一起饲养田螺。对田螺进行周期性观察。

活动四（健康领域）：饮食“健康饮食”

【活动由来】

最近发现小朋友们有挑食和偏食的现象，然然每天早晨都说在家吃过饭了，妮妮也经常不想吃早饭，硕硕在领取菜时会说：“我想多要肉，我不喜欢吃菜。”为了改善幼儿挑食、偏食的现象，了解均衡饮食的好处，我们设计了《健康饮食》主题实践活动。

【活动目标】

1. 引导幼儿了解合理的营养结构。

2. 鼓励幼儿为自己设计营养食谱。

3. 培养幼儿养成良好的饮食习惯。

【活动重难点】

活动重点：了解合理的营养结构，为自己制定营养食谱。

活动难点：在日常生活中养成良好的饮食习惯。

【活动准备】

纸、笔（人手一份），健康印章一枚。

【活动过程】

1. 我最喜欢吃的食物。

我们小朋友都有自己喜欢吃的东西，要是让你随便吃，你能吃多少？

幼儿自由发言，可适当引导，如你喜欢吃冰淇淋吗？你能吃下多少？你喜欢吃巧克力，炸鸡腿，糖醋排骨吗？

2. 介绍膳食营养宝塔。

（1）小朋友吃想吃很多很多喜欢的东西，这样合适吗？哪些东西应该多吃，哪些应该少吃？

（2）教师出示挂图。每天应该吃的东西就像一座宝塔，下面的东西应该多吃，上面的东西应该少吃。

（3）吃得最多的应该是什么？（米饭，馒头，面包和面条，还有玉米，土豆和红薯，这些粮食做的食品可以让我们有力气）

（4）可以吃的第二多的是什么？（蔬菜水果也要多吃一些）

（5）比蔬菜水果要吃得少一些的是什么？（牛奶、肉、鸡蛋、鱼，都要吃一些，可是不能吃得太多）

（6）吃得最少的应该是什么？（巧克力这样的甜食和油炸的东西都应该少吃）

3. 定制我的营养食谱。

（1）看了营养宝塔，我们知道哪些应该多吃，哪些应该少吃，不能偏食，不吃不健康的东西。

（2）我们为自己设计一份健康食谱好吗？

（3）将纸折成三折，使它看起来像菜单。把早餐食谱（如水果、牛奶、馒头）画在第一面，把午餐晚餐的食谱依次画在第二面和第三面上。

（4）选取几则比较典型的食谱，引导幼儿讨论他们设计得是否合理，是否有利于健康。

（5）经大家认可后，教师在食谱封面上加盖健康印章。

【活动延伸】

鼓励幼儿为家人定制营养又美味的食谱。

活动五（社会领域）：职业“勤劳的人们”

【活动由来】

一天，小朋友们聊起了爸爸妈妈的职业，熙熙说：“我妈妈是警察，可厉害了。”周围的小朋友非常羡慕地看着她。涵涵说：“我的妈妈是老师，也非常厉害。”为了让小朋友们了解不同职业的重要性，尊重各行业的劳动者，我们开展了本次活动。

【活动目标】

1. 知道生活中有各种各样的职业，了解劳动者的辛苦。

2. 引导幼儿换位思考，学习理解别人，培养乐于助人的品质。

3. 鼓励幼儿努力做好力所能及的事，不怕困难，有初步的责任感，培养幼儿勤劳的品质。

【活动重难点】

活动重点：了解不同职业的工作和劳动者的辛苦。

活动难点：尊重劳动者和他人的劳动成果。

【活动准备】

搜集各行各业人们工作时的图片，晚上工作的人、周末工作的人。

【活动过程】

1. 出示图片，请幼儿说一说自己了解的职业。

（1）请幼儿互相介绍自己爸爸妈妈的工作，说说爸爸妈妈工作时都做些什么？

（2）请幼儿结合图片说一说：自己还知道哪些职业？例如：交警、医生、公安、售货员、公交司机等，他们都在做什么？

2. 请幼儿了解人们工作的时候是在为别人服务，学会尊重、关心劳动者。

（1）请幼儿谈谈自己的感受，说一说晚上和节假日谁还在工作？他们是怎样工作的？

（2）请幼儿结合自己的经验，说一说还有哪些工作是为别人服务的，以及自己曾受到过帮助的经历，进一步体验工作者的辛苦。

（3）请幼儿说一说怎样尊重和关心劳动者。

3. 请幼儿帮助老师做力所能及的事情，体会劳动的辛苦。

（1）请幼儿讨论：自己可以帮老师做什么事情？比如：帮老师整理活动区的玩具、打扫活动室、擦桌椅等。

（2）请幼儿分小组帮老师做力所能及的事情。

【活动延伸】

请家长鼓励幼儿参加家务劳动，或是带孩子参加一些社会实践活动。

阳光中国娃

阳光幼儿的培养，离不开阳光的文化。优秀传统文化深植于五千年的华夏精神沃土，是我们民族的根与魂，是我们劳动人民的智慧之精华，虽历经千载，依然绽放着阳光般的能量与气质。幼儿园汲取传统文化中蕴含的温良谦让、仁爱自强、奋发向上等思想，开展了《龟兔赛跑》(小班)、《铁杵磨成针》(中班)、《金色的房子》(大班)主题教育实践活动，汲取古圣先贤的处世哲学、求学智慧，给幼儿以启迪，培养幼儿的阳光心态，体会生命的热度，体验生活的乐趣，让每一个生命尽情展现如阳光般绚丽的光芒。

小班：主题活动——龟兔赛跑

主题活动由来

最近，我们小一班的教室来了一位客人——小乌龟，小朋友们特别喜欢，每天都会到植物角精心照料，并观察它都喜欢在什么地方生活。有一天林林和我说：老师，乌龟走路好慢啊，它爬个小石头都那么费劲，要是能给它装个马达就好了。暖暖说：“乌龟行走的速度本身就很慢，但是妈妈告诉我小乌龟可以战胜小兔子呢。”暖暖这么一说，小朋友们都很好奇：“乌龟可以战胜小兔子？小乌龟走路那么慢，兔子蹦蹦跳跳的多快呀，怎么可能会战胜小兔子？老师，老师，这是真的吗？”既然小朋友们这么感兴趣，我们不妨来了解一下吧。

主题活动目标

1. 在龟兔赛跑游戏中体验能轻松自然的双脚跳、单脚跳。

2. 初步感知点画带来的乐趣，幼儿能用点画表达自己想法。

3. 喜欢听故事、儿歌，理解其大意，幼儿愿意跟读儿歌，能复述短小的故事。

4. 会使用简单的礼貌用语，如你好、再见、谢谢、对不起等。

5. 喜欢参加音乐活动，能跟随龟兔赛跑游戏的速度打击乐器。

6. 对周围的事物、现象有兴趣和好奇心，喜欢观察乌龟的一日生活动态。

7. 养成良好的习惯能按照顺序摆放好自己的物品。

主题活动思维导图

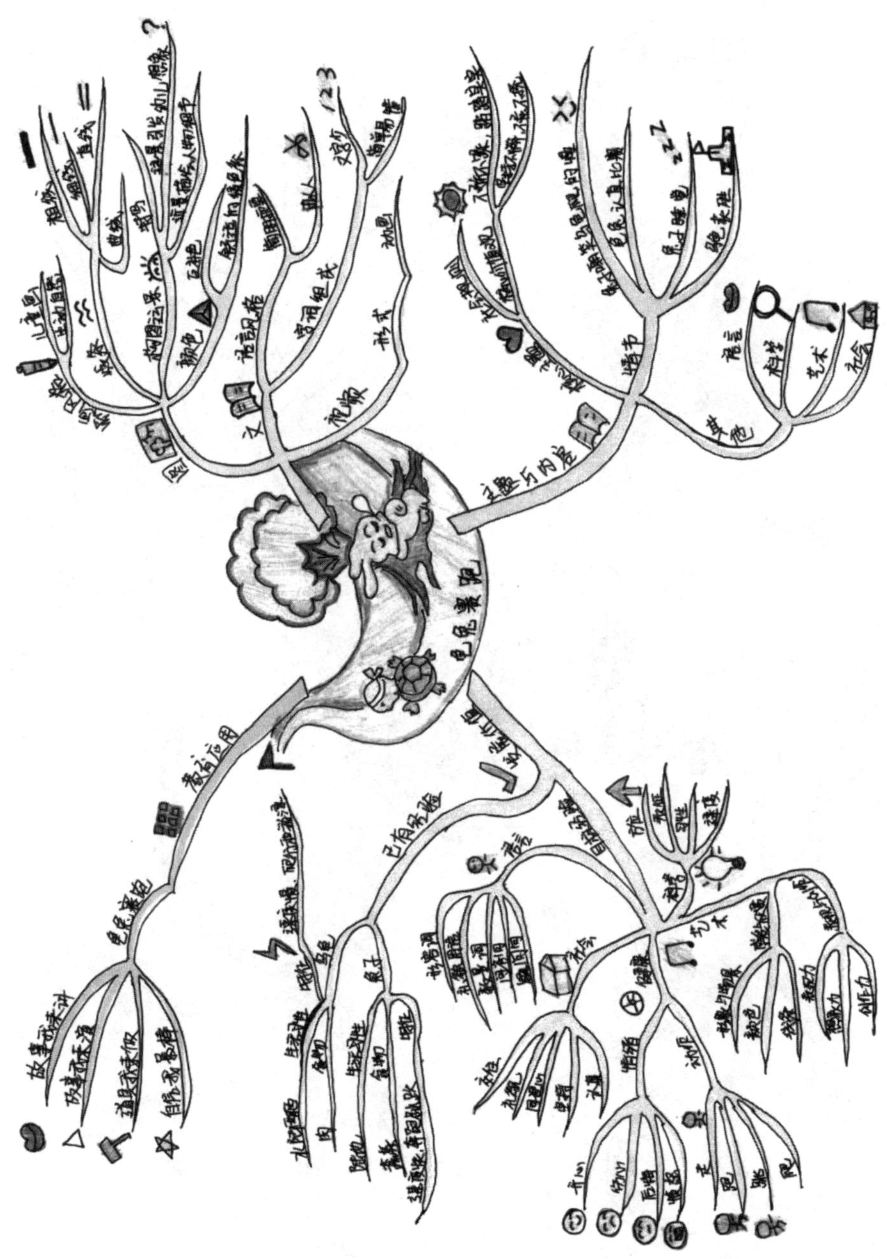

主题活动网络图

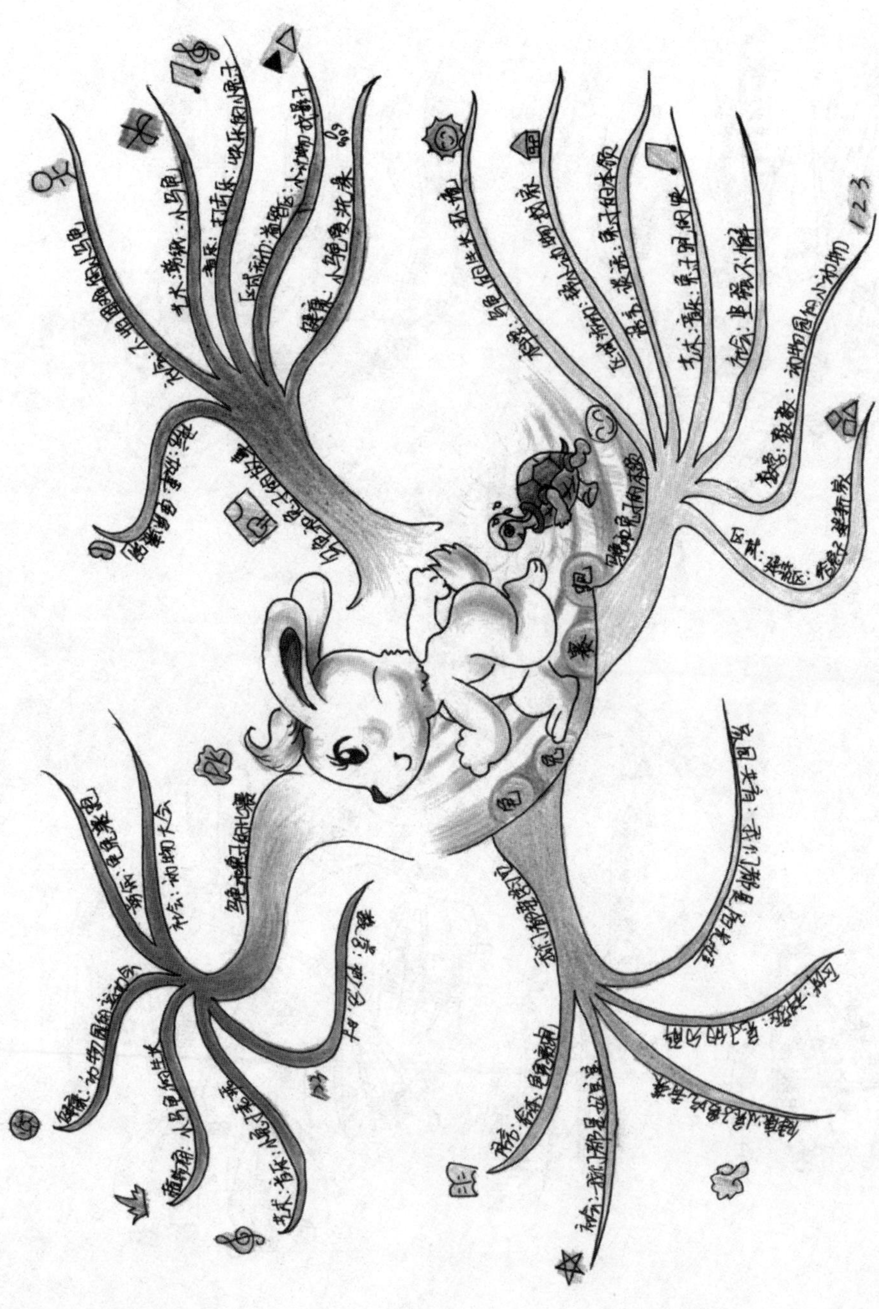

主题活动案例

活动一（语言领域）：故事讲述《龟兔赛跑》

【活动由来】

小朋友们因为班里的一只小乌龟引起了很多话题，比如：小乌龟的生长环境，小乌龟怎么出生的？小乌龟为什么爬得慢？但是讨论最热烈的要数小乌龟为什么可以赢得比赛战胜小兔子的话题。在班级中，教师也投放了绘本《龟兔赛跑》，更加激起小朋友们的好奇心。有的小朋友想让教师讲一讲龟兔赛跑的故事，所以我们设计了此次活动。

【活动目标】

1. 观察图片，幼儿能大胆猜想乌龟和兔子不同的性格特点。

2. 幼儿明白做事情，只要不骄傲，认真，努力，坚持到底一定能成功的故事寓意。

3. 对龟兔赛跑的故事有兴趣。

【活动重难点】

活动重点：幼儿明白做事情，只要不骄傲，认真，努力，坚持到底一定能成功的故事寓意。

活动难点：幼儿能大胆猜想乌龟和兔子不同的性格特点。

【活动准备】

经验准备：幼儿活动前知道龟兔赛跑的故事。

物品准备：课件、绘本《龟兔赛跑》。

【活动过程】

1. 引导幼儿听故事，并对故事内容感兴趣。

师：今天老师讲一个好听的故事，名字叫龟兔赛跑，仔细听听故事里都讲了什么故事？

2. 教师有表情地讲述故事，幼儿猜想乌龟和兔子不同的性格特点。

3. 幼儿观察图片，边听故事边思考：乌龟为什么能战胜兔子。

师：故事讲到这里，小朋友们认真想一想，小乌龟是怎么战胜小兔子的，而一开始领先的小兔子是怎么输的呢?

生1：我知道，因为小兔子觉得小乌龟跑得太慢，肯定不会超过自己，就靠在树上睡着了，输了比赛。

生2：对，小乌龟一直坚持着，虽然很慢，但还是很努力地往前爬，趁着兔子睡着了努力超过它，就赢得了比赛。

师：我们应该学习谁？学习什么?

4. 集体讨论，通过讨论让幼儿理解只要坚持到底一定能成功的故事寓意。

【活动延伸】

师：1. 你喜欢故事中的小兔吗？为什么?

2. 如果你是小兔，你会怎么做呢?

活动二（艺术领域）：音乐节奏游戏“兔子和乌龟”

【活动由来】

小班幼儿的音乐感还不稳定，对于节拍来说还不是很稳定，选用孩子非常喜欢的“兔子和乌龟”两个动作对比明显的形象来引导幼儿感受不同节奏快慢的音乐，增加幼儿将生活中的美好事物融入音乐的情感体验，让幼儿在节奏游戏中学得轻松、玩得愉快。

【活动目标】

1. 让幼儿感知、游戏音乐中速度的快慢变化。
2. 在听听、玩玩、动动中体验音乐游戏的快乐。
3. 知道节奏快慢代表的动物特征。

【活动重难点】

活动重点：尝试用鼓声模仿龟兔赛跑的快慢。

活动难点：跟着音乐节奏打鼓。

【活动准备】

经验准备：幼儿对龟兔两种动物的行动速度的快慢有一定的认知。有打节奏的初步经验。

物品准备：龟兔赛跑课件，龟、兔音乐录音，大鼓小鼓若干。

【活动过程】

1. 欣赏动画，让幼儿感知、游戏音乐中速度的快慢变化。

观看《龟兔赛跑》课件，猜猜龟兔赛跑的结局。

师：我有一个有趣的故事，你们想听吗？今天，森林里要举行一场赛跑。赛跑是什么意思呢？你们想想，谁会来参加赛跑呢？

（播放课件，揭示故事主题——龟兔赛跑）

2. 动作模仿——听辨音乐、感受音乐节奏快慢。

（1）自由模仿兔子、乌龟跑步。

师：激烈的比赛马上就要开始了。来，我们也来学学乌龟和兔子跑步，怎么样？

童谣：

小乌龟，慢悠悠，一步一步往前爬，爬，爬，爬啊爬。

小白兔，白又白，两只耳朵竖起来，蹦蹦跳跳真可爱。

（2）听辨音乐，感受音乐节奏的快慢。

播放音乐，第一段快节奏，第二段慢节奏。

师：嘘，我好像听到小兔子和小乌龟跑过来了。我们听听看，谁是第一个跑过来的，谁是第二个跑过来的？为什么？

你们的耳朵真灵！听到第一段音乐节奏快，就像小兔子在快快地跑；第二段音乐节奏慢，就像小乌龟在慢慢地爬。

（3）跟着音乐模仿兔子和乌龟走路。

学学：我们一起跟着音乐再来学学小兔子和小乌龟跑步，怎么样？

来，小兔子小乌龟准备。预备——跑。

童谣灵活变化：

（音乐变快）谁来啦？谁来啦？小白兔，白又白，两只耳朵竖起来，蹦蹦跳跳真可爱。跑跑跑，跳跳跳。

（音乐变慢）谁来啦？谁来啦？小乌龟，慢悠悠，一步一步爬啊爬，爬，爬，爬啊爬。

3. 鼓声模仿——尝试跟着音乐打鼓、加强节奏感。

（1）自由探索用鼓声模仿跑步。

师：我们用小鼓敲出兔子和乌龟的跑步节奏吧。每个小朋友去找一个鼓，找到鼓以后让你的鼓棒做好准备。

童谣：

小白兔，腿儿长，蹦蹦跳跳跑得快，轻轻的快快的。

小乌龟，慢悠悠，爬——爬——爬，慢——慢——爬。

（2）幼儿示范。

师：刚刚我看到有几个小朋友的耳朵真灵，在跟着音乐节奏敲鼓呢。下面请他们来表演一下。

（3）分角色尝试用鼓声敲出龟兔跑步的节奏。

师：我们也来用他们的办法学学乌龟和兔子跑步吧。

童谣灵活变化：

小兔子，轻轻的，快快的。

（音乐变化）小乌龟，慢慢爬，轻轻的，慢慢的。

4. 跟音乐节奏进行动作创编。

师：小朋友们真棒，能跟着音乐模仿乌龟和兔子比赛，还学会跟音乐的节奏拍拍手、跺跺脚啦，有的还能让自己跟着音乐做动作呢！快给自己鼓鼓掌吧！

师：你们想不想代表乌龟和兔子进行赛跑啊？那我们跟着音乐向运动场出发吧！

【活动延伸】

1. 将两支音乐分给男孩组和女孩组，让幼儿充分感受音乐节奏，提高倾听、分辨能力。

2. 将两支音乐投放到表演区，让幼儿根据节奏创编舞蹈动作。引导幼儿表达对快慢的感受。

活动三（艺术领域）：美术折纸“小乌龟”

【活动由来】

在龟兔赛跑的故事中，小朋友们都特别喜欢坚持不懈赢得比赛的小乌龟。而且自从班里来了小乌龟，小朋友们一有时间就聚在旁边观察它们，还尝试去给它们喂食、换水。小朋友们通过观察和饲养小乌龟，对小乌龟的外貌特征有了更多的认识。针对小班幼儿年龄较小，手部肌肉尚未发育完善，手、眼、脑动作很不协调，又根据孩子对于动手的活动感兴趣的特点，我设计了本次手工制作小乌龟的活动，让他们在折折撕撕中，提高手眼协调、手指灵活性，并引发幼儿感受和创造美。

【活动目标】

1. 初步感知折纸的快乐，让幼儿喜欢折纸。
2. 通过活动让幼儿学会折纸：撕的技巧。
3. 让幼儿有一个将碎纸收好的规则意识。

【活动重难点】

活动重点：让幼儿积极动手、大胆创作小乌龟的外壳。

活动难点：幼儿粘贴不牢，使得小乌龟外壳分布不均。

【活动准备】

经验准备：对小兔和乌龟的特征有一定了解，知道小乌龟的身体由头、身体、四肢和尾巴组成，了解龟壳有不同的纹理图案等。

物品准备：画好乌龟壳（没有涂色）的图画纸若干；各种色彩的蜡光纸，胶棒、装饰好的乌龟范画若干、碎纸盒每组四个。

【活动过程】

1. 谈话导入，激发幼儿学习兴趣。

小朋友们，今天小乌龟打电话告诉老师，它和兔子又要比赛了，它想邀请我们去参观，你们想不想去呀？

我们是小乌龟的啦啦队成员，是不是应该先统一着装，化身为小乌龟呢？

我们自己动手制作一下小乌龟队服吧！

（引导幼儿说出小乌龟的背部纹理色块等特征。）

谁知道乌龟的衣服长什么样子呀？

（引导幼儿观察壳上边的花纹）

请小朋友告诉我小乌龟的壳都有什么颜色的？

小朋友说得真好，乌龟有很多花衣裳。

现在，小朋友们看一看，咱们班谁穿了花衣裳呀？那她们的花衣裳颜色多不多？那花衣裳是怎样变成的呢？

小结：对了，衣服上很多种颜色拼在了一起，就变成了花衣裳。师：老师找来的很多没有颜色的乌龟壳，咱们一起把它装饰成花衣服当作我们的队服，你们愿意吗？

2. 教师讲解示范撕纸与粘贴。

师：我将各种颜色的蜡光纸撕成一块一块的。小朋友们一起来撕一撕，然后均匀地抹上胶水贴在乌龟背上。

（出示装饰好的乌龟范画）

3. 幼儿动手操作装饰小乌龟的壳，教师观察与指导。

小朋友们，小乌龟之间最爱互相帮助了。小朋友们在粘贴的时候，也可以互相帮忙，来装饰乌龟的花衣裳。

在装饰花衣服的时候，可要记住小乌龟特别爱讲卫生，小朋友们也要做讲卫生的好宝宝，把撕下的纸放到碎纸盒里。

幼儿装饰小乌龟的壳。

教师观察并指导，启发幼儿用不同颜色、不同大小的蜡光纸装饰乌龟壳。并注意分布均匀的粘贴，让龟壳更美观。

4. 展示作品，相互欣赏。

幼儿讲一讲自己的作品。

鼓励幼儿相互欣赏作品。

教师讲评作品，鼓励个别幼儿的创造性，增强幼儿的自信心。

互助穿队服，增加幼儿间的愉快互助体验。

让幼儿把队服背面的双面胶取下，请身边的小朋友帮忙贴到自己的后背上，拥抱感谢。

师：好啦，乌龟队们，咱们稍做休息准备出发咯。

【活动延伸】

活动区投放没穿衣服的兔子图片，投放开心果壳、小段吸管，毛线、鸡蛋皮等不同材质的物品，引导鼓励幼儿为兔子穿花衣。

活动四（科学领域）：探索活动“乌龟的生存环境”

【活动由来】

主题活动如火如荼地开展着，还和往常一样，早餐过后小朋友们去浇花和照料动物，楠楠一边给小乌龟喂食一边说：“你来自哪里呀，你应该在哪里生活？”为了解决他的疑惑，我们开展了此次活动。

【活动目标】

1. 发现小乌龟的明显特征。激起幼儿对小动物好奇、喜欢的情感。
2. 体会集体合作游戏的快乐。
3. 培养幼儿敢说，敢表达的习惯。

【活动重难点】

活动重点：发现小乌龟的明显特征，激起幼儿对小动物好奇、喜欢的情感。

活动难点：培养幼儿敢说，敢表达的习惯。

【活动准备】

经验准备：知道小乌龟是水陆动物。

物品准备：小乌龟、小盘子、饲料等。

【活动过程】

1. 出示小乌龟，激发幼儿探索兴趣。

（1）看看小乌龟。

师：小乌龟今天到我们班来做客，想和小朋友们交朋友，我们一起来看一看小乌龟吧。让幼儿围到小乌龟周围，看看小乌龟是什么样子的。

（2）摸摸小乌龟。

师：小乌龟第一次到我们班做客，有点害羞，小朋友主动一些，来和小乌龟握握手吧。

鼓励幼儿摸摸小乌龟，让幼儿自由说出感觉，教师也可以提问，引导幼儿发现小乌龟的明显特征。

师：小朋友，小乌龟累了，现在要休息一会儿，小朋友也回去休息一会儿吧！现在请小乌龟哥哥出来，我们一起来看看它。

（3）教师提问问题，请幼儿回答。

小乌龟长什么样？（有壳、四条腿、头、尾巴、壳上有花纹）

摸小乌龟的壳有什么感觉？（硬硬的）

摸小乌龟的手有什么感觉？（软乎乎）

和小乌龟握手时它有什么反应？（缩进壳里）

（4）学学小乌龟。

小朋友们，我们来学一学，缩进去，伸出来。

为什么缩进去？

哦！原来是有人或是小动物碰它，就立刻把头和四肢缩进硬壳里，乌龟身上坚硬的壳能很好地保护自己。

2. 引导幼儿学学小乌龟爬、游泳的动作和喂喂小乌龟。

（1）学学小乌龟爬。

师：让乌龟哥哥表演一下它的本领吧！（爬）

引导幼儿观察并说出小乌龟是怎样爬的？

一起学一学小乌龟爬，看谁爬得最像。

（2）学学小乌龟游泳。

师：小乌龟会在地上爬，它在水里会怎么样呢？

引导幼儿观察并说出小乌龟是怎样游泳的，可以请胆大的小朋友帮助老师拿小乌龟，轻轻放进水盆里。

一起学一学小乌龟游泳，看谁游得最像。

（3）喂喂小乌龟。

师：小乌龟和我们玩了这么长时间，一定很饿，我们请它吃点东西吧！提问：你知道小乌龟爱吃什么吗？引导幼儿回答。（小鱼、虾、嫩叶、瓜皮）

【活动延伸】

师：小乌龟今天到我们班做客，和小朋友们交上了朋友，小乌龟真高兴，小朋友也很高兴，我们和小乌龟一起来去外面做游戏吧！活动自然结束。

活动五（健康领域）：体育游戏“小兔子”

【活动由来】

随着主题活动的开展，在户外分散活动的时候，小朋友喜欢用自己喜欢的玩具模仿小乌龟爬，小兔子跳，各式各样的都有。一天琪琪过来告状说：“老师，一一说我的小兔子跳不对，不就应该蹦蹦跳跳的吗？”一一很委屈地说：“我明明看过小兔子是可以单脚蹦的。”依据这个话题，我们在户外展开了一次体育活动。

【活动目标】

1. 愿意参加各种体育活动。
2. 尝试用各种简单的器械和玩具模仿小兔子。
3. 能轻松自然地双脚跳、单脚跳。

【活动重难点】

活动重点：尝试用各种简单的器械和玩具模仿小兔子。

活动难点：愿意参加各种体育活动。

【活动准备】

经验准备：小朋友知道了小兔子是蹦蹦跳跳地走路。

物品准备：宽阔场地，呼啦圈。

【活动过程】

1. 学各种动物走路游戏，幼儿尝试用各种简单的器械和玩具模仿小动物。

师：今天我们来到了动物王国，我们也是一个个可爱的小动物，你们想要变成什么动物，就用自己喜欢的方式展现出来。

大老虎，小猴子，小兔子，小乌龟……各式各样的。

2. 全体师生学习兔子走路。

师：小兔子是双脚一起蹦蹦跳跳地走路，我们一起学一下吧。

师：看看哪个兔子的本领大，我们一起比一比。

3. 设置障碍，看看哪个“小兔子”最快。

教师设置简单的障碍物，小兔子们一起通过。

4. 坚持不懈，愿意参加各种体育活动。

师：龟兔赛跑故事里的小兔子总是骄傲自满，我们不能学习那样的小兔子，我们要做一只坚持不懈，迎难而上的小兔子。输了，我们再认真练习、锻炼，一定可以获胜的。

【活动延伸】

模仿其他动物的模样继续比赛。

中班：主题活动——铁杵磨成针

主题活动由来

我班幼儿已经进入中班末期，对耳熟能详的传统美德故事非常感兴趣，并且能够明白大部分传统美德故事中的深意。投放在图书区的传统美德故事绘本《铁杵磨成针》，是小朋友们最爱阅读的绘本之一，小朋友们深深地被诗人李白和老奶奶的对话所吸引。小朋友们在阅读时，也会模仿老奶奶弯腰一上一下打磨铁杵的动作，模仿李白和老奶奶的对话等。通过师生共读、交谈，小朋友们初步了解到故事向我们传达的意义就是要有一种不怕吃苦、坚持不懈的精神。故事满足了小朋友们的心理需求和情感需求，小朋友们反复阅读，乐此不疲。同时，故事画面中的场景、各种动物、植物也蕴含着丰富的教育价值。但是，我班幼儿在做事的坚持性上，仍需要提高，一部分幼儿在遇到困难时还会表现出焦虑情绪。

《3~6岁儿童学习与发展指南》中指导我们：要经常合幼儿一起阅读，引导他以自己的经验为基础理解图书的内容，学习建立画面与故事内容的联系。鼓励幼儿自主阅读，在阅读中发展幼儿的想象和创造力。结合“阳光中国娃”主题月，培养幼儿积极面对困难，坚持完成任务的精神，我们开展了传统美德故事《铁杵磨成针》的主题系列活动，帮助幼儿养成“只要有决心，肯下功夫，多么难的事也能做成功”的精神。

主题活动目标

1. 喜欢听传统美德故事《铁杵磨成针》，理解其大意，愿意了解故事人物，能较为完整地复述故事内容。(语言)

2. 掌握数和量之间的对应关系，理解数量10的多少不受大小、颜色、形状、排列规律的影响。(数学)

3. 在实验中发现摩擦产生静电的现象，感知摩擦起电的现象，并探索生活

中哪些物品可以通过摩擦改变自身原有的形态。（科学）

4. 礼貌待人，愿意使用文明用语进行交流。做事情有恒心，知道“只要功夫深，铁杵磨成针”的道理。（社会）

5. 喜欢参加歌唱活动，愿意用拍手、踏脚等肢体语言表现音乐的节奏和情感。（音乐）

6. 乐于探索剪纸的镂空方式，养成安全的剪纸常规，尝试通过剪纸的形式来表现服装的美。（美术）

7. 喜欢参与体育游戏，用不同方式发展自身动作技能，并具有初步的团队合作意识。（健康）

8. 做事情有决心，肯下功夫，具有坚韧不拔的品质，不怕失败。（学习品质）

主题活动思维导图

主题活动网络图

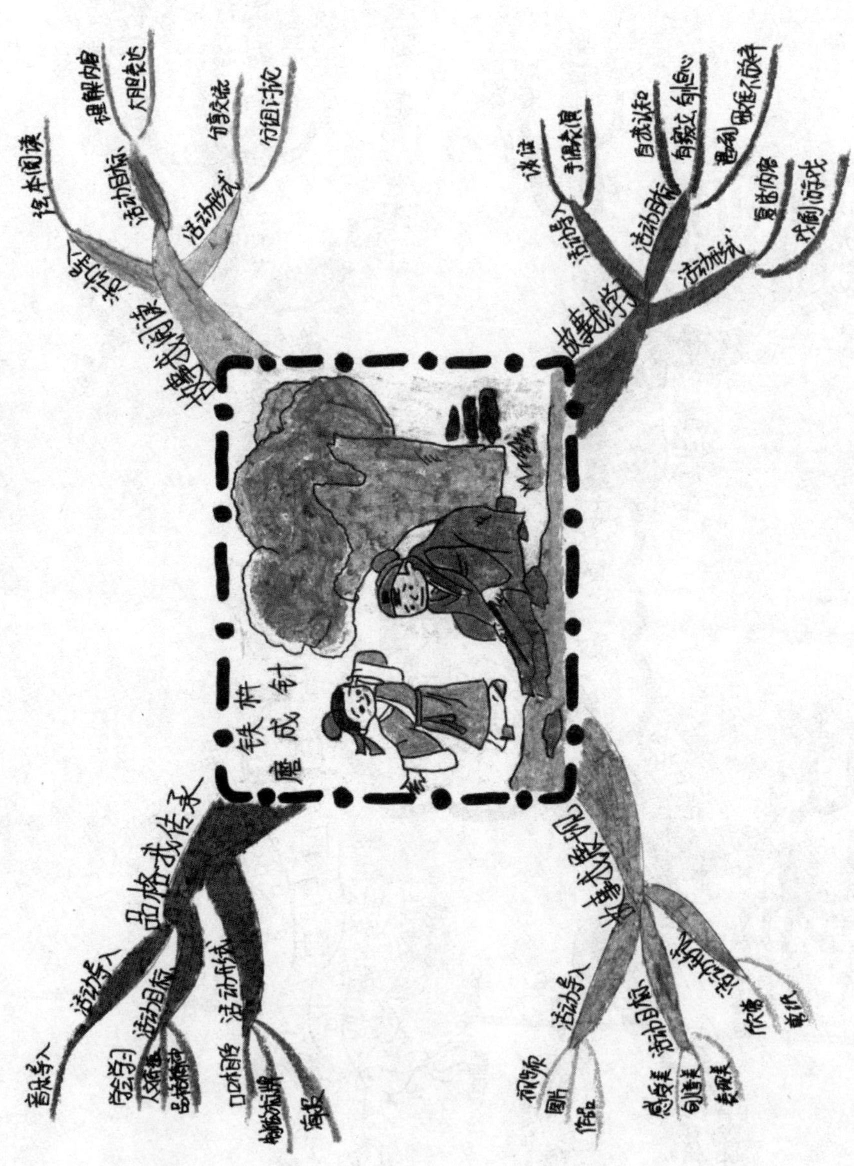

主题活动案例

活动一（语言领域）：故事欣赏《铁杵磨成针》

【活动由来】

在图书区里，小朋友们经常翻看绘本《铁杵磨成针》，喜欢模仿故事中人物的语言、动作和神态，但是还不能体会故事传达的“只要功夫深，铁杵磨成针”的深刻含义。《3~6岁儿童学习与发展指南》指出：要经常和幼儿一起阅读，引导他以自己的经验为基础理解图书的内容。基于此，我们结合我班幼儿喜欢阅读、表演的年龄特点，开展了本次语言领域的故事欣赏活动。

【活动目标】

1. 观察画面内容，感知人物思维特点，积极运用语言进行表达。
2. 初步了解故事内容，感受情节，能较完整地复述故事内容。
3. 体会故事中传达的“有恒心，肯坚持”的人物品质。

【活动重难点】

活动重点：理解故事内容，感知故事情节。

活动难点：充分感知故事人物的对话和意志品质。

【活动准备】

经验准备：经常阅读故事，喜欢阅读传统美德故事《铁杵磨成针》。

物品准备：绘本课件、古诗图片、故事视频。

【活动过程】

1. 教师出示古诗图片，鼓励幼儿感知画面氛围。

（1）教师出示《静夜思》可以按照诗词内容的顺序，给出相应提示，如：床前、明月、地上、霜、举头、低头。

（2）介绍这首古诗的作者李白，和李白小时勤学好问，坚持不懈的优良品质。

2. 师生共同阅读，帮助幼儿了解故事情节和内容，积极进行复述。

（1）带着问题，共同观看视频，思考问题。

①李白贪玩，跑到哪里去了？

②在草地上看见了什么？

③看到天上的小鸟又怎么样？

④看见河边的老奶奶又怎么样了？

（2）复述李白与老奶奶的对话，感知情感变化。

①李白提出了什么问题？老奶奶是怎样回答的？

②引导幼儿观察画面上老奶奶的姿态，感受她的情绪，请幼儿模仿老奶奶的动作。

③请幼儿猜测老奶奶开心的原因，感受老奶奶的情感变化。

④引导幼儿观察比较李白前后的变化。

（3）观察封面，引出故事题目，总结故事内容。

①教师出示故事题目《铁杵磨成针》。

②为幼儿讲述老奶奶的“磨杵”道理。

3. 整体顺读故事，体会故事所传达的美好品质。

（1）教师出示重点页面，请个别幼儿情感分析。

（2）师生共同顺读故事画面，请幼儿深度体会传统美德故事《铁杵磨成针》中传达的“迎难而上，无畏艰苦”的故事含义。

【活动延伸】

讲故事剧本投放到表演区，供幼儿表演。

活动二（语言领域）：谈话活动“我向李白来学习”

【活动由来】

通过对绘本《铁杵磨成针》的阅读，小朋友们认识了唐代大诗人李白，知道了李白学习到老奶奶有恒心的精神后迎难而上最终成为一代诗仙的故事。小朋友们抛出了一个疑问，李白到底是谁呢？他是什么时代的人呢？为了帮助幼儿解答这个问题，我结合我班幼儿的实际情况，认真研读《3~6 岁儿童学习与发展指南》中的语言领域目标：为幼儿创造说话的机会并体验语言交往的乐趣这一目标后，我设计并开展了本次谈话活动，帮助幼儿答疑解惑。

【活动目标】

1. 知道李白是唐代的著名诗人，知道几首李白常见的古诗作品。

2. 愿意为喜欢的古诗进行配画活动，有自己的想法。

3. 愿意从古诗中体会李白的人格品质和人物情感。

【活动重难点】

活动重点：知道李白的平生事迹。

活动难点：能够看图片朗诵古诗《望庐山瀑布》，理解古诗意境。

【活动准备】

经验准备：知道李白学习老奶奶铁杵磨成针的故事。

物品准备：视频、瀑布图片、彩笔、纸。

【活动过程】

1. 视频导入，引出诗人李白的故事，激发幼儿参与谈话的愿望。

（1）教师播放故事视频，回顾《铁杵磨成针》故事的内容，请幼儿进行故事复述。

（2）发起讨论：我所知道的李白古诗。

2. 师生共同讨论，了解李白持之以恒，迎难而上的良好品质。

（1）讨论：故事中的李白是一个怎样的人。（关键词：不怕困难、认真学习、坚持不懈……）

（2）出示李白纵情山水的图片，讨论话题：李白都去了哪些地方。

（3）欣赏瀑布图片，讨论：我觉得瀑布像什么，引出古诗《望庐山瀑布》。

（4）引导幼儿理解古诗，感受画面内容和语言美，感知大自然的魅力。

3. 幼儿创作，鼓励幼儿给《望庐山瀑布》进行配画。

（1）教师为幼儿提供充足的物质材料，鼓励幼儿大胆作画。

（2）请幼儿进行展示，鼓励幼儿用语言表达庐山瀑布的美景。

（3）随着音乐朗读古诗。（模仿古人学堂念书）

【活动延伸】

将图画内容进行展览，鼓励幼儿向家人展示。

活动三（科学领域）：数学数量匹配“10 的守恒”

【活动由来】

小朋友们阅读了绘本《铁杵磨成针》之后，为磨针的老奶奶添加了很多戏剧化的情节，如“老奶奶磨出的针又细又长”“老奶奶磨出的针是十根”，等等。我班幼儿在前期已经有了一定的数物关系基础，在进行 10 以内数物组合时有幼儿摆出了不同排列方法的物体，并引起班级许多小朋友的兴趣，大家都积极尝试不同的排列方法。根据《3~6 岁儿童学习与发展指南》中班幼儿末期数学领域的目标，我设计了本次教学活动，帮助小朋友们更好的认识 10 以内数量的守恒，和小朋友们一起探索关于守恒的概念。

【活动目标】

1. 在感知数量的过程中体验成功的喜悦。

2. 认真观察、逻辑推理，发现数量之间的一一对应关系。

3. 理解数量 10 的多少不受大小、颜色、形状、排列规律的影响。

【活动重难点】

活动重点：感知 10 以内数量的守恒。

活动难点：能尝试不同的排列方法。

【活动准备】

经验准备：幼儿学过 5 以内数的守恒。

物品准备：动物图片、信封、课件。

【活动过程】

1. 出示小海豚图片，激发幼儿参与活动的兴趣。

创设游戏“海底世界要举行音乐舞会”的游戏场景。

教师语言引导：你们看谁来了？小海豚要告诉你们一个好消息，海底世界要举行音乐舞会了，但是参加舞会有两个要求，第一是小动物们要组队参加，第二是每队必须是 10 个。你们听清楚有什么要求了吗？现在跟老师一起看看有哪些小动物来参加舞会了。

2. 利用课件，理解数量的多少不受大小、颜色、形状、排列规律变化而改变。

（1）教师出示四种游戏情景，帮助幼儿直观理解。

①数量多少与大小无关。

教师创设情景：大鲨鱼和小乌龟来参加舞会了，小乌龟说：大鲨鱼个数太多了，不能参加。大鲨鱼说：我们不多，是你们太少了。你们来帮忙数一数小乌龟有几个？大鲨鱼有几个？它们到底能不能参加呢？

小结：鲨鱼很大，乌龟很小，但是他们都是 7 个，都能参加舞会。

②数量多少与颜色无关。

教师创设情景：那下一个入场的是谁呢？有多少水母？能参加吗？小朋友仔细看，这些水母它们一样吗？请你们分开来数一数紫色的有几只，蓝色的有几只，是不是一样多？

小结：虽然水母颜色不一样，但数量是一样的，都是 7 个，都能参加舞会。

③数量多少与形状无关。

教师创设情景：小鱼也成群结队地游来了，有什么样的小鱼？它们能参加舞会吗？圆圆的小鱼有几条，长长的小鱼有几条，他们一样多吗？

小结：虽然小鱼长得不一样，但每队都是 7 个，也能参加舞会。

④数量多少与排列方式无关。

教师创设情景：音乐舞会开始了，第一个表演的是小章鱼，有几只章鱼？它们随音乐翩翩起舞，不停地变换队形，变成人字形，现在变成了几只？一会变成十字形，现在又变成了几只？

小结：虽然小章鱼变换不同的队形，但它们的个数没有变化，还是 10 只。

（2）操作小动物图片，巩固 10 的守恒，掌握数量之间的一一对应关系。

教师创设情景：小章鱼的舞蹈太美了，其他小动物也想要表演，你们想帮它们排什么样的队形？现在老师的信封里有许多小动物，看看里面是谁？先把小动物摆成一排，数数有几个？（请幼儿给动物排队形）它们排的什么队形？每一种小动物有几个？

小结：虽然每种动物的样子不一样，大小不一样，颜色不一样，排的队形也不一样，但它们都是 10 个。

3. 分享交流，感受成功的喜悦。

教师通过物质和语言进行鼓励：小朋友们给小动物排的队形可真好看，小动物很高兴。小海豚说音乐舞会非常成功，谢谢小朋友们，小朋友再见。

【活动延伸】

将操作材料投放到活动区，供幼儿继续使用。

活动四（科学领域）：实验“摩擦我探索”

【活动由来】

小朋友们在观看《铁杵磨成针》动画片时，发生了这样的对话：“快看，老奶奶打磨铁杵的时候，有小火光出现了。”“对呀对呀，我也看到了。”“为什么摩擦的时候会这样呢？”“任何东西摩擦都会出现小火光嘛？”……小朋友们都说不清“小火光”是从哪儿来的？因为这样的摩擦起电现象在生活中时常出现，小朋友们也产生了各种的疑问，针对这一客观存在具有教育价值的课题，我想引领小朋友们去思考、探究，发展孩子的科学的探索能力，感受奇妙的自然现象。

【活动目标】

1. 在实验中发现摩擦产生静电的现象，感知摩擦起电的现象。

2. 体验大胆猜想和认真验证的科学探究过程。

3. 萌生对科学现象的探究兴趣，乐于大胆探究和实验。

【活动重难点】

活动重点：引导幼儿感知摩擦起电的现象，初步了解什么叫摩擦起电，激发幼儿对科学现象的探究兴趣。

活动难点：对幼儿动手能力和思考能力进一步锻炼与提高。

【活动准备】

经验准备：知道摩擦可以产生小火光。

物品准备：橡胶棒，尺子，碎纸屑，泡沫渣，细羽绒，毛线头，小石子等材料分组准备好。

【活动过程】

1. 回忆故事，对老奶奶打磨铁杵的画面感兴趣，感知摩擦产生静电的现象。

在老奶奶打磨铁杵的页面进行重复播放和停留，引导幼儿重点观察打磨铁杵时发生了什么现象。

2. 动手操作，大胆猜想和验证的科学探索的过程。

（1）老奶奶是靠摩擦把铁杵磨成针的，今天老师也把老奶奶的铁杵带来了，老师还带来了一些碎纸片，老师要把这些碎纸片吸起来，（教师偷偷在背后用布摩擦铁棒）一起喊口号：“一二三起”。小朋友们说说你们看到了什么？神奇吗？小朋友想不想自己试一试？

（2）幼儿动手操作，了解什么是摩擦起电现象。

①幼儿操作。

师出示尺子，碎纸屑，让幼儿说它们的名称。

师：小朋友试试能不能把纸片吸起来。

教师提出活动要求，让幼儿用尺子把碎纸屑吸起来，幼儿分组活动，要注意及时提醒幼儿千万不要把碎纸屑掉在地上，要做一个爱清洁，讲卫生的好宝宝。

让幼儿动手操作。幼儿一般情况下是不会吸起纸屑的。

②教师示范。

教师语言引导：刚才大家都开动了小脑筋，可是纸屑没有吸起来呦！别灰心！你们知道吗？老师可是一个有名的魔术师，现在就让我这个大师来给你们变这个魔术吧！

教师动手实验，让幼儿认真观察。教师边做边说，尺子头发擦呀擦，纸屑纸屑起来吧！吸起来了吗？

幼儿再次分组做实验，教师巡回了解幼儿实验情况。让实验成功的幼儿到前面演示一下实验过程，并及时表扬。

思考：为什么之前你们的尺子没有吸上小纸片，而和头发摩擦之后就会把小纸片吸起来呢？

小结：原来尺子和头发摩擦后形成了静电，尺子把纸片吸了起来，我们把这种现象叫作摩擦起电。

③第二次分发活动材料（大块厚卡纸，泡沫渣，细羽绒，毛线头，小石子）。幼儿分组活动，看看摩擦过的尺子除了吸起纸屑，是不是还可以吸起其他东西。

师：现在请小朋友帮老师填表格，看看老师发给小朋友的东西是不是都能被吸起来，能吸起来的打“√”。不能吸的打“×”。（幼儿操作）

（3）游戏结束。

师：我们一起来看看这些东西能不能被吸起来。

教师示范验证结果并鼓励幼儿的参与行为

3. 提出挑战，对科学现象的探究产生兴趣，乐于大胆探究和实验。

（1）生活中有哪些东西是靠摩擦来改变原有形状的呢?

（2）他们的作用是什么呢?

如：汽车轮胎和地面是摩擦，作用是：跑起来。

刹车片和轮胎之间是摩擦，作用是：减速。

拿刷子刷地也是摩擦，作用是：刷掉污渍。

【活动延伸】

请小朋友回家也找一找还有哪些东西也可被吸起来。

活动五（社会领域）：情绪情感“困难再多我不怕”

【活动由来】

我班幼儿心理发展尚不成熟，他们感情脆弱，意志力薄弱，对挫折的承受力很差，加上大人处处迁就他们，导致他们碰上困难灰心丧气。在幼儿园里，我班孩子经常说“太难啦，我不会”“这可怎么办”“我再也不画了”“老师我够不到”等遇到困难轻言放弃的话语。《幼儿园教育指导纲要》指出，幼儿的学习是以直接经验为基础，在游戏和日常生活中进行的。社会学习具有潜移默化的影响，它不是教师直接“教”的结果，幼儿主要通过在实际生活中和活动中积累有关经验和体验而学习。为了让小朋友们珍视游戏和生活的独特价值，不怕困难，敢于战胜困难，用自己的努力去赢得胜利。

【活动目标】

1. 知道“只要功夫深，铁杵磨成针”的道理。

2. 体验战胜困难的乐趣，做事情要有恒心，不怕困难。

3. 在游戏中接受挑战，体验不怕困难、获得成功的快乐。

【活动重难点】

活动重点：尝试克服困难遇到困难时想办法不退缩。

活动难点：体验战胜困难的乐趣，激发战胜困难的勇气。

【活动准备】

经验准备：知道《铁杵磨成针》的故事中李白的坚持。

物品准备：《铁杵磨成针》视频；关于幼儿遇到困难时的勇气兄弟的图片等。

【活动过程】

1. 视频播放《铁杵磨成针》，体验老奶奶战胜困难的乐趣。

2. 师生共同讲述，分享自己的故事，懂得“只要功夫深，铁杵磨成针”的道理。

（1）幼儿讲述自己遇到的困难。

师：你们每天都会遇到什么困难呢？你们遇到困难会怎么办呢，是哭鼻子、发脾气吗？

（2）遇到困难时要想办法解决。

师：有了困难哭鼻子、发脾气是没有用的，要想办法去解决它。老师给你们介绍几个好朋友（出示图片），他们叫勇气兄弟，他们从来不怕困难，你们愿意和勇气兄弟一样勇敢吗？

3. 游戏比赛，愿意接受挑战，体验不怕困难、获得成功的快乐。

（1）激发幼儿战胜困难的勇气。

师：小朋友们，你们想成为战胜困难的勇士吗？谁能想办法把自己的外套穿好，那就一定能成为战胜困难的小勇士！

师：把写有必胜勇士的头饰发给小朋友，你们想办法系在自己头上，这样就成为真正的不怕困难的勇士了。

（2）穿衣服比赛。

师：我们都是不怕困难的小勇士了，什么困难我们都不怕，一定能战胜它！我们来比赛吧。

小结：我们遇到困难并不可怕，只要肯想办法就会有很多战胜困难的方法，询问、坚持、努力、分工合作、商量协调都是能解决困难的好办法。为我们不怕困难的勇敢精神鼓掌。坚信只要功夫深，铁杵磨成针的道理。

【活动延伸】

讲述自己“迎难而上”小故事。将自己战胜困难的故事绘制成自制图书。

大班：主题活动——金色的房子

主题活动由来

《幼儿园教育指导纲要（试行）》指出：幼儿与成人、同伴之间的共同生活、交往、探索、游戏等，是其社会学习的重要途径。大班的小朋友能够辨别他人的行为，同时也逐渐学会认识自己。能够复述简单的故事情节，《金色的房子》的故事语言自然优美，重点语句反复吟唱，极富感染力。对话简洁、生动，语言节奏感强，富有韵律美。幼儿喜欢翻看这个绘本，喜欢复述这个故事。通过《金色的房子》的主题活动，小朋友们能够从中了解不同的人物有不同的优点、缺点，并能够从故事中发现与人交往的方法。在复述、表演活动中，能提高幼儿语言表达能力、交往能力，在群体中感到安全与快乐，使幼儿各方面得到培养和发展。

主题活动目标

1. 能倾听、理解故事中内容，学习故事中的对话，并尝试用完整、生动的语言来复述故事内容。

2. 知道别人的想法有时和自己不一样，能倾听和接受别人的意见。知道同伴之间要友好相处，团结友爱。

3. 利用投、跳等多种活动发展身体平衡和协调能力，并初步学会有意识地控制自己的情绪。

4. 喜欢并积极参与歌唱活动，感受歌曲轻松愉快的情趣。尝试运用线描、折纸的方法装饰制作房子。

5. 理解 10 以内序数，能从不同方向确认物体的排列次序和相互间的位置关系。认识磁铁，感知磁铁的异极相吸同级相斥的特性。

6. 能够与同伴合作创编、表演简单的故事情节，在表演活动中获得充分的愉悦感。

主题活动思维导图

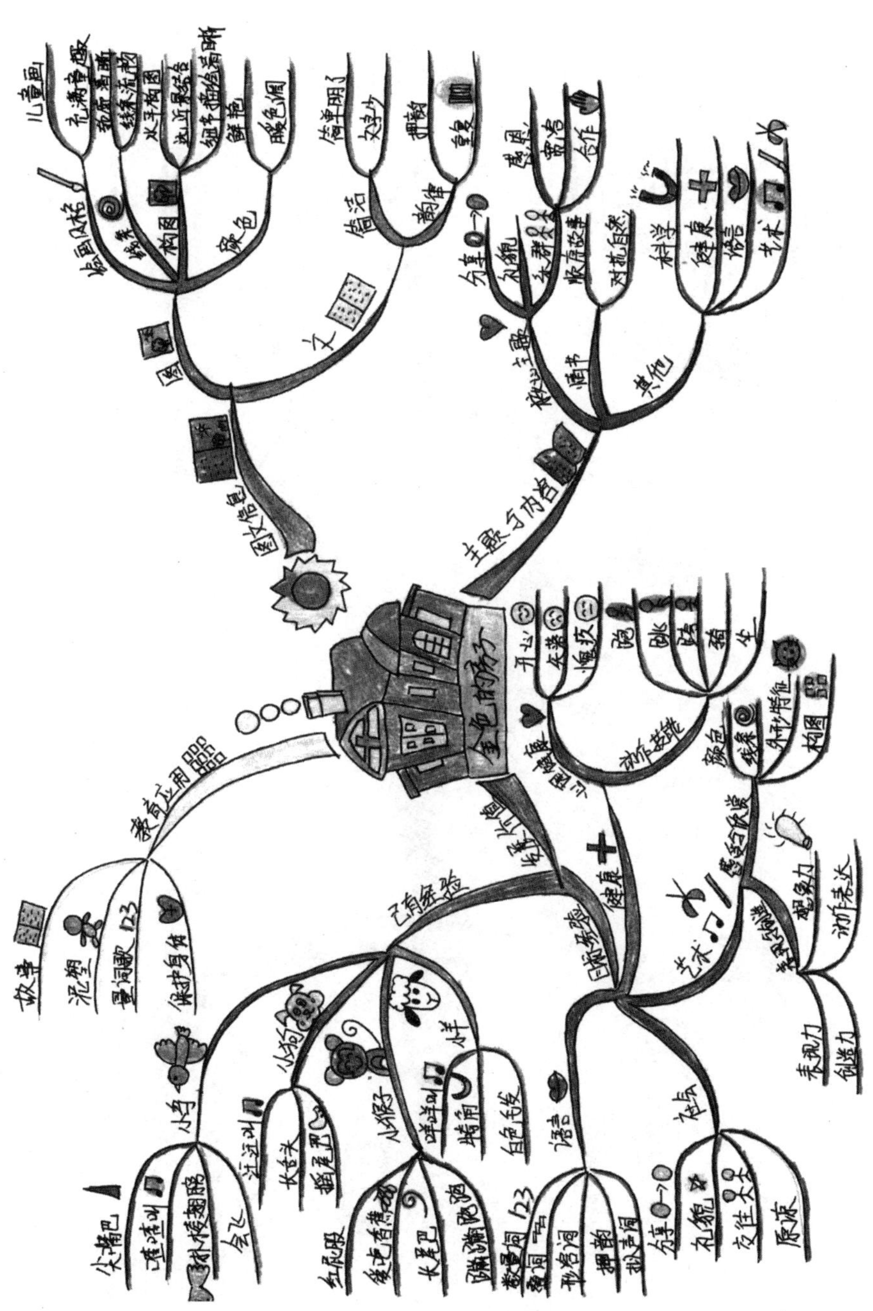

主题活动网络图

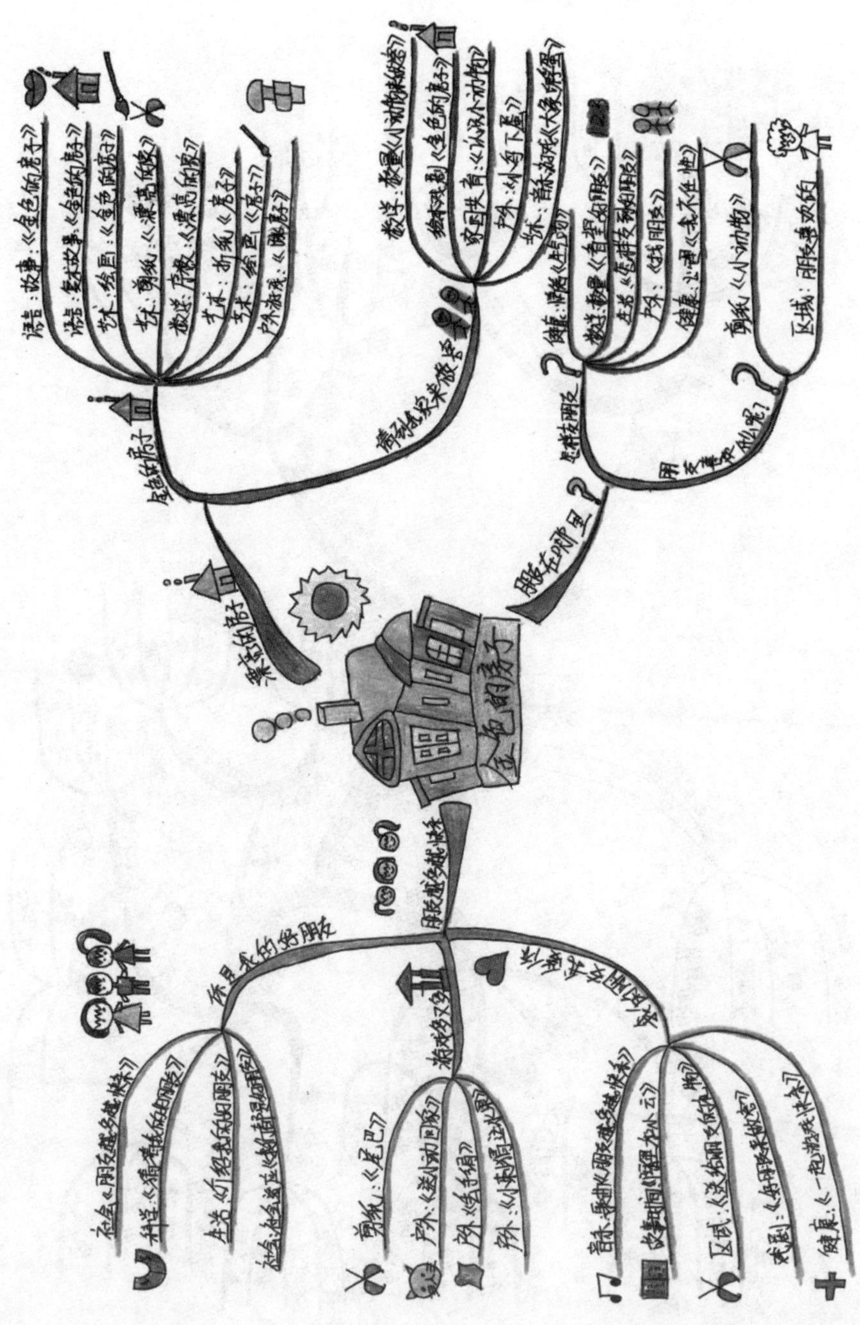

主题活动案例

活动一（语言领域）：故事讲述《金色的房子》

【活动由来】

餐后自主阅读时，芊雨看起了故事《金色的房子》，在与小朋友们分享时，她绘声绘色地根据自己的理解讲述了故事，小朋友们都对这个故事很感兴趣，争相传阅这本书。结合阳光月的主题活动，为了让幼儿在理解故事的基础上，乐意与好朋友分享，因此开展此次活动。

【活动目标】

1. 能注意倾听故事，理解故事中的内容。
2. 初步学习故事中的对话，并用自己的语言来讲述故事。
3. 能与同伴友好相处，懂得与好朋友共同分享才更快乐的道理。

【活动重难点】

活动重点：倾听故事，理解故事内容。

活动难点：用完整语言讲述故事内容。

【活动准备】

经验准备：幼儿看过图书《金色的房子》。

物品准备：背景图一幅，多媒体课件、故事《金色的房子》视频活动过程。

【活动过程】

1. 教师出示图片，引出故事。

（1）出示课件，请幼儿看背景图。

师：小朋友们，你们说说图上有什么？（房子、大树、花草）

房子是什么颜色的呢？（金色的房子，红的墙，绿的窗）

（2）根据图片内容，引出故事。

师：今天李老师为你们带来故事和图片相关的《金色的房子》。

2. 教师完整讲述故事，请幼儿仔细听故事。

3. 教师通过提问，引导幼儿逐步回忆出故事内容。

（1）教师提问，引导幼儿说出金色的房子的特点和主要人物。

师：这是一座什么样的房子?

生：红的墙，绿的窗，金色的屋顶亮堂堂。

师：房子里住着谁？故事里还有谁?

生：小姑娘。小羊、小鸟、小狗和小猴。

（2）教师提问，引导幼儿说出小羊、小鸟、小狗和小猴的对话。

师：小羊见了小姑娘的房子是怎么说的?

生：小姑娘，您早，您那金色的房子真好，红的墙，绿的窗，金色的屋顶亮堂堂!

师：还有哪些动物也这么说?

生：小鸟、小狗、小猴。

（3）教师继续提问，引导幼儿回忆出小姑娘对小动物们说的话。

师：小羊、小鸟、小狗和小猴都想到小姑娘的房子里玩，它们都是怎么说的呢?

生：小姑娘，让我进去玩玩吧!

师：小姑娘分别对小羊、小鸟、小狗和小猴是怎么说的呢?

生：对小鸟说“不行，你扑棱扑棱地乱飞，会把我的房子弄脏的”；对小狗说“不行，你汪汪汪地乱叫，会闹得我睡不着觉的”；对小猴和小羊说“那更不行，你们啪嗒啪嗒地乱跑，会把我家的地板踩坏的”。

（4）通过追问，引导幼儿发现金色的房子里和房子外的不同，引导幼儿重点将小姑娘和小动物们的对话表述出来。

4. 再次欣赏故事视频，幼儿跟随视频大胆表述故事中的对话。

5. 总结提升。

（1）引导幼儿发现故事中小姑娘没有朋友玩和有朋友玩的变化。

师：小姑娘开始不让小动物去房子里玩，后面小姑娘为什么又邀请小动物去玩呢?

生：小姑娘不让小动物们去房子里玩，她一个人在房子里一点都不快乐，很寂寞。所以，小姑娘就邀请小动物们到房子里玩，她变得快乐极了。

（2）教师总结提升，让幼儿了解快乐的含义。

师：小朋友们，你们说说，是有朋友一起分享快乐，还是自己一个人快乐。

生：和朋友分享快乐。

小结：小朋友要与同伴友好相处，让伙伴们来分享自己的快乐才快乐！

【活动延伸】

请小朋友分别复述故事中不同角色的对话。

活动二（社会领域）：社会适应“我们都是好朋友”

【活动由来】

如今的孩子都是家中的宠儿，分享、合作、关心他人的意识薄弱。通过《金色的房子》的故事，幼儿体会到了同伴间交往和分享的快乐。班上的孩子开始愿意与同伴一起玩，可由于缺少交往经验与能力，在活动中常因不能满足自己的需要，与同伴发生争吵的现象。为了使幼儿更清楚地知道同伴之间要团结友爱，互相帮助，满足幼儿交友的渴望与需求，故开展此次活动。

【活动目标】

1. 在歌唱、绘画的活动中，体验与同伴一起游戏的快乐。

2. 在集体面前大胆地表现自己。

3. 学会换位思考，能设身处地为他人着想。

【活动重难点】

活动重点：体验与同伴一起游戏的快乐。

活动难点：能设身处地为他人着想。

【活动准备】

经验准备：已玩过游戏《我们都是好朋友》。

物品准备：歌曲《找朋友》、图片。

【活动过程】

1. 播放歌曲《找朋友》，幼儿边唱边找朋友。

师：《金色的房子》故事中，小女孩和小动物们一起让我们游戏，成了朋友，别提多高兴了，那我们也现在跟着音乐一起唱起来，动起来，去找一找自己的好朋友吧！

2. 游戏《我们都是好朋友》

（1）出示小鸟的头饰。师：听到你们都找到了好朋友，小鸟也飞来和你们一起做好朋友了。边念儿歌，边做游戏。

“许多小鸟飞，许多小鱼游，小朋友，手拉手，一起向前走。拍着手，唱着歌，我们都是好朋友。”

（2）说说自己的好朋友

师：刚才我们多找到了自己的好朋友，那谁愿意告诉老师，你的好朋友是谁呢？为什么要找他做你的好朋友呢？

①幼儿交流自己的好朋友。说出来之后，和好朋友抱抱、亲亲。

②教师小结：你们的好朋友本领真大，有的有爱心，有的自己会穿衣服，还有的上课很爱动脑筋的。老师也愿意和他们做好朋友。

（3）出示朋友间出现的几种情况的图片，引导幼儿观察并表达自己的想法。

①出示三幅图片，引导幼儿说出面对这三种情况时自己会怎么做。

第一幅图：朋友间争抢玩具。

第二幅图：朋友摔倒了。

第三幅图：朋友身体不舒服，不能和你一起玩。

②鼓励幼儿大胆表达，引导幼儿理解朋友间的关系。

3. 总结提升。

教师总结：朋友间要互相帮助，互相体谅，一起分享，才会更快乐。

【活动延伸】

我们有好朋友，小动物也有好朋友，那我们去找找看，还有什么东西有好朋友呢？

活动三（健康领域）：心理健康“我不任性”

【活动由来】

《金色的房子》中的小女孩，因为小动物身上的一些习性，就任性的不让它们进到金色的房子里一起玩，导致自己一点也不快乐。为了让幼儿了解什么是任性，任性有哪些后果，在活动中以多种方式引导幼儿认识、体验并理解基本的社会行为规则，学习自律和尊重他人，逐步提高幼儿的自我约束力，因此开展此次活动。

【活动目标】

1. 了解什么是任性，知道任性是不好的心理品质和行为。

2. 能初步学会有意识地控制自己的情绪和愿望，使之符合当时的客观要求。

3. 感受不任性带来的好处和快乐。

【活动重难点】

活动重点：了解什么是任性，知道任性是不好的心理品质和行为。

活动难点：初步学会有意识的控制自己的情绪和愿望。

【活动准备】

经验准备：幼儿了解会看图讲述。

物品准备："应该怎样？"任性教学课件、"谁对谁不对"教学课件、图片及笑脸娃娃贴纸、哭脸娃娃贴纸、"我要吃冰淇淋"看图讲述图片若干。

【活动过程】

1. 通过回顾《金色的房子》中小女孩的行为，引出什么是任性。

2. 幼儿看课件，分析里面三位小朋友的行为。

师：三位小朋友这样做对吗？为什么？他们是什么样的孩子？

教师小结：这三位小朋友都是任性的孩子，是大家不喜欢的孩子。

任性就是自己想得到的东西或想做的事情，不管条件允许或不允许非要达到目的不可，任着自己的脾气去做，并不听从他人的劝告。这样做是不对的。是不好的习惯。

3. 通过谈话提高幼儿的情绪管理能力。

（1）师：如果你是三位小朋友，你说说你会怎样做？

（2）教师引导幼儿做一个听从劝告、懂道理的好孩子。

4. 通过看图讲述《我要吃冰淇淋》，使幼儿明确任性带来的不良后果。

（1）幼儿每人一张图片分小组自由讲述，并学习概括故事的内容。

（2）教师提问：冬冬由于任性遇到了怎样的麻烦事？

（3）教师小结：任性的孩子不但大家不喜欢它，而且还伤害了身体住进了医院，任性一点儿好处也没有。

5. 游戏“笑娃娃和哭娃娃”。

教师播放几种行为视频，幼儿在正确的行为图片下方，贴一个小笑脸，不正确的贴一个哭脸。

幼儿游戏后，教师播放课件，验证对错。

6. 幼儿结合自身实际，提高认识。

在生活中，你是一个任性的孩子吗？以后应该怎样做？

【活动延伸】

过渡环节，请幼儿间互相交流自己任性的故事，应该怎么改变。

活动四（艺术领域）：学唱歌曲《朋友越多越快乐》

【活动由来】

小朋友们通过一系列的活动，已经深深地感受到了朋友的重要性。为了让幼儿在轻松愉快的歌曲中感受到朋友多的乐趣，从而乐意大胆地进行交流与大家交朋友，并可以用动作声调体现出来，因此开展此次音乐活动《朋友越多越快乐》。

【活动目标】

1. 喜欢并积极参与歌唱活动，感受歌曲轻松愉快的情趣。
2. 会用身体、动作、声调表现歌曲的情绪情感。
3. 学唱八度以内五声音调的歌曲。

【活动重难点】

活动重点：学唱五声音调的歌曲。

活动难点：会用身体、动作、声调等表现歌曲内容。

【活动准备】

经验准备：幼儿在过渡环节听过歌曲《朋友越多越快乐》。

物品准备：小鸟道具、小鸭道具、小鸭的头饰（总量与幼儿人数相等），《朋友越多越快乐》歌曲音频。

【活动过程】

1. 欣赏音乐旋律，感受音乐轻松，愉快的情绪。

（1）教师播放音乐，启发幼儿随音乐情绪自由做小鸟飞，小鸭走，小羊走的动作进入活动室。

（2）（出示头饰小鸭，小鸟，小羊）这几个小动物都成了好朋友，它们可会唱歌了，我们一起来听听它们是怎么唱的？

2. 理解歌曲内容，学习演唱歌曲。

（1）欣赏歌曲第一段，采用提问的方式理解歌曲内容。

①教师提问：是谁树上落？小鸟是怎样唱起歌的？小鸟叽叽喳喳唱的什么歌？

②播放幻灯片借助幻灯片理解歌词。

师：我们一起来看图片说说歌词：请小朋友和老师一起说“一只小鸟树上落吆，叽叽喳喳地对我唱起歌呀，小鸟小鸟唱的什么歌？奥！朋友越多越快乐！”

③教师弹琴采用跟唱的形式指导幼儿演唱，小朋友边唱边表演。

（2）欣赏歌曲第二段，采用提问的方式理解歌曲内容。

①教师提问：是谁下了河？小鸭子是怎样叫的？小鸭笑什么？

②播放幻灯片借助幻灯片理解歌词。

师：我们一起来看图片说说歌词：一群小鸭下了河吆，嘎嘎嘎嘎对我笑呵呵吆，小鸭小鸭你们笑什么，朋友越多越快乐。

③教师弹琴采用跟唱的形式指导幼儿演唱，小朋友边唱边表演。

（3）欣赏歌曲第三段，采用提问的方式理解歌曲内容。

①教师提问：是谁下了在山坡？小羊是怎样叫的？小羊笑什么？

②播放幻灯片借助幻灯片理解歌词。

师：我们一起来看图片说说歌词：一群小羊在山坡吆，咩咩咩咩对我把话说要，小羊小羊你们说什么？奥！朋友越多越快乐！

③教师弹琴采用跟唱的形式指导幼儿演唱，小朋友边表演表唱。

（4）教师小结：小鸟，小羊，小鸭他们共同唱了一首歌叫朋友越多越快乐，小朋友感觉到朋友越多越快乐了吗？为什么？

3. 幼儿自由选角色演唱。

（1）鼓励幼儿选择自己喜欢的小动物头饰表演唱，教师随时肯定，表扬表情及动作特点的幼儿。

（2）鼓励幼儿加上动作表演歌曲，夸张的展示音乐轻松，愉快的情绪。

（3）教师总结：我们朋友多，有了困难也不怕，大家会一起帮助你，所以你的心情是怎么样（高兴愉快）我们在唱这首歌的时候也要高兴地唱。

【活动延伸】

教师提问：要想有很多的好朋友小朋友应该怎样做呢？请小朋友仔细想想明天告诉老师！

活动五（艺术领域）：戏剧表演《金色的房子》

【活动由来】

幼儿已经非常熟悉《金色的房子》的故事内容和对话，能够完整复述故事。在表演区表演时，小朋友们也是热情高涨，每天都有幼儿在利用道具表演。但表演过程中幼儿的动作、表情不够夸张，语调也不能根据角色有所变化，为了提高幼儿的表演能力，开展了此次活动。

【活动目标】

1. 愿意尝试创编与合作简单的戏剧，在表演活动中感到愉悦。

2. 能够通过动作、语言、表情等方式，表现出角色的特点。

3. 进一步了解故事的内容和主旨。

【活动重难点】

活动重点：通过动作、语言、表情等方式，表现出角色的特点。

活动难点：通过动作、语言、表情等方式，表现出角色的特点。

【活动准备】

经验准备：幼儿已经熟悉故事内容及对话。

物品准备：表演道具（小鸟、小羊、小猴、小狗、小姑娘），立体的金色的房子一座。

【活动过程】

1. 出示立体房子。

问：这是什么？这座房子是怎么样的？（引导幼儿说出：红的墙，绿的窗，金色的屋顶亮堂堂。）

这座房子是谁的家？大家都觉得这座房子怎么样？谁夸奖这座房子？他们是怎么说的？

2. 请幼儿一起回顾复述故事，复述时就尝试融入角色的特点。

3. 幼儿分层次进行戏剧表演。

（1）请全班幼儿分成五组，每一组当一个角色，并戴上头饰，集体表演一遍，引导幼儿一同练习对话，并互相学习表演。

（2）教师和幼儿共同点评表演情况，并且请语言表述好，动作有创新、表演生动的幼儿到讲台上去表演，全班幼儿学习。

（3）请愿意展示的幼儿上台进行表演。

师：谁表演得好？你觉得什么地方好？（从动作、表情上加以引导）他们是怎么商量分配角色的？

（4）全体幼儿分组表演。

全体幼儿分成若干组，由教师指导，重点在语言的熟练掌握程度和动物们的音色变化上，适当引导幼儿发挥想象，做出不同动作。

4. 讲评。

针对幼儿表演情况，提出下次表演时的注意事项。

【活动延伸】

将表演道具投放到表演区，供幼儿表演。